회복적 생활교육으로
학급을 운영하다

회복적 생활교육으로
학급을 운영하다

초판 1쇄 발행 2018년 12월 17일
초판 5쇄 발행 2021년 9월 15일

지은이 | 강현경, 김승아, 김준호, 노슬기, 박수미, 이현주, 전안나, 한득재

발행인 | 최윤서
편집장 | 허병민
디자인 | 김수경
마케팅 | 최수정
펴낸 곳 | 교육과실천
도서문의 | 02-2264-7775
인쇄 | 031-945-6554 두성 P&L
일원화 구입처 | 031-407-6368 (주)태양서적
등록 | 2018년 4월 2일 제2018-000040호
주소 | 서울특별시 중구 창경궁로 18-1 동림비즈센터 505호
ISBN 979-11-963601-6-0 (13370)

회복적 생활교육으로
학급을 운영하다

ㅣ 강현경 · 김승아 · 김준호 · 노슬기 · 박수미 · 이현주 · 전안나 · 한득재 씀 ㅣ

학생과 공동체의
건강한 성장을 위한
관계의 집짓기

교육과실천

평교사이지만 정년퇴직하기를 꿈꾼다. 교사로서의 투철한 사명감 때문이 아니다. 교사로서의 삶이 너무 보람되고 행복해서도 아니다. 현재의 내 자리에서 내가 행복할 수 있는 방법을 찾아서 노력하고 싶기 때문이다. 그리고 그것이 나에게 의미 있고 행복을 주는 일이기 때문이다.

내가 가장 불행하다고 느끼는 순간은, 아무것도 할 수 없을 때이다. 그것이 내 능력이 부족해서이든 상황 때문이든.

초임 4년을 빼고 인문계 고등학교에서 12년간 근무하다 다시 중학교로 왔다. 인문계 고등학교에서의 12년은 몸은 편했지만, 마음은 불편했다. 수업시간에 아무리 깨워도 일어나지 않는 아이들을 보면서, 한 사람도 대답해주지 않는 적막이 가득한 수업을 하면서, 손에 몽둥이를 들고 복도를 왔다 갔다 하며 떠드는 아이들을 감시하고 불러내 혼내는 야간 자율 학습 감독을 하면서, 삶의 의미를 찾을 수 없었다. 그때 나를 채웠던 건, 어쩔 수 없다는 생각과 한숨이었다.

　아이들이 수업시간에 덜 자게 하기 위해 모둠 수업을 시작했다. 연수를 들을 때는 잘할 수 있을 것 같았는데 현실의 벽은 높았다. 아무리 설득해도 아이들은 서로 돕거나 협력하지 않으려 했다. 아주 드물게 협력이 잘 일어나는 모둠이 있었는데 모둠 내 아이끼리 친한 경우였다. '관계'가 좋아야 학급 분위기가 좋고, 학급 분위기가 좋아야 수업이 잘된다는 생각이 들었다.

　수업을 더 잘해보고 싶은 마음에, 더 많은 시도가 허용되고, 활동 에너지가 넘치는 중학교로 옮겼고 관계에 관심을 가지게 되었다. 아이끼리의 좋은 관계를 만들어주기 위해 시작한 공부가 '비폭력대화'였고, 그 당시 대두되던 '회복적 정의'에도 관심을 두게 되었다. 처음 공부를 시작했을 때 부장 교사 자리에 있었다. 연수를 통해 배우는 것은 많았지만, 그것을 실천해볼 기회가 없었다. 고작해야 모둠 활동을 하다가 갈등이 생기면, 그 아이들과 둥글게 둘러앉아 대화를 나누곤 했는데 신기하게도 대화를 나누고 나면 아이들이 서로 조심하면서 약속을 지키려 노력했다. 그런 모습을 보면서 배운 것을 실천하는 것이 재미있었다.

　그러다 중학교 1학년 담임을 맡게 되었다. 개인적으로 아픈 만큼 성숙한다는 말을 참 싫어하는데(내가 너무 아플 때 누군가 이 말을 하면 이런 생각이 든다. '그래서 어쩌라는 겁니까? 아픔을 기쁘게 겪으라는 말입니까? 당신 일이 아니라고 참 함부로 말하는군요') 이 말이 참 어울리는 한 해였다. 처음부터 우리 반은 눈에 띄는 반이었다. 목소리가 매우 크고 자기표현이 솔직한 여학생 여러 명, 막 사춘기에 들어선 듯 날이 선 눈빛을 한 남학생 여러 명, 순진무구한 모습으로 기상천외한 장난을 멈추지 못하는 남학생 여러 명, 다른 사람의 감정을 읽는 능력이 부족해 소외당하는 학생, 그리고 나머지는 의사 표현을 하지 않는 아주 조용한 학생. 게다가 대다수 아이에게 '재미'가 가장 소중한 욕구였고 아이들은 그것을 다양한 방법으로 실현했다. 우리 반에 들어오시는 선생님들은 매우 힘들어하셨다. 수업을 하고 나서 내게 아이들이 어떤 행동을 했고 그래서 얼마나 힘들었는지를 얘기하시는 선생님 앞에서 나는 한없이 작아지고 작아졌다. 계속되는 장난과 욱하는 성격 때문에 아이들 간의 소소한 갈등은 계속 벌어졌다.

그때 내게 비폭력대화가 없었다면 나는 어떻게 그 일 년을 보냈을까를 생각하면 아직도 머리털이 쭈뼛 선다. 힘든 만큼 회복적 생활교육 방법이 나에게는 절실했다. 강하게 억누르면 더 튀어 오를 아이들이었기에 더 절실했다. 끊임없이 대화를 나눴다. 편안한 대화 장소가 없어서 여러 장소를 찾아다니기도 했다. 이런 나의 모습을 보며, 우리 반 어떤 학생은 "선생님. ○○○ 선생님처럼 좀 강하게 나가세요. 대화한다고 애들이 달라지지도 않잖아요. 매일 얘기한다고 시간만 낭비하는 것 같아요"라고 말하기도 했고, 주변 선생님 중 한 분은 "자기가 노력하는 건 알아. 하지만 달라지지 않잖아. 이제 다른 방법을 좀 써 보지 그래?"라고 얘기하기도 하셨다. 그러나 당시 나는 내가 동의할 수 있는 다른 방법을 찾을 수가 없었다. 조금씩 좋아지기도 하는 아이들의 모습, 갈등이 생기면 "선생님, 우리 서클해야겠어요"라고 말하는 아이들의 모습, 서클을 통해 진정으로 연결되어 서로의 고통을 들여다보고 연민하는 아이들의 모습을 보면서 힘을 얻었다. 나와 같은 공부를 하는 선생님들께 상황을 이야기하고 공감을 받으면서, 희망을 버리지 않으면서, 앞에 놓인 산을 그저 하나씩 넘고 있었다.

그다음 해, 2학년 부장이 되었다. 그 아이들과 함께 일 년을 더 보내기로 했다. 또다시 지난(至難)한 일 년을 보내게 될까 봐 두렵기도 했지만,

정들었던 아이들과 헤어지기 아쉬워서였다. 그 일 년도 갈등의 소용돌이 속에서 최선을 다했다. 실패에서 오는 뼈아픈 절망도 있었고, 진정한 연결을 경험하고 다시 즐겁게 지내는 아이들을 보면서 보람도 느꼈다.

올해는 생활안전부장이 되었다. 물리적 폭력보다는 말로 인한 갈등의 비중이 훨씬 더 높았다. 언어폭력이나 SNS상의 폭력이라고 명명되는 갈등은 다루기도 매우 조심스럽고 평화롭게 해결되기도 매우 어려웠다. 회복적 생활교육을 몰랐다면 이런 갈등들과 잘 만날 수 있었을까? 갈등이 꼬여 앞길이 보이지 않았을 때 어떻게 했을까?

학년 말, 학급 아이들에게 받은 롤링페이퍼 한편에 나는 이렇게 썼다.

"NVC(비폭력대화)로 아이들과 만났던 첫해. 많은 시간이 드는 힘든 과정이었지만, 이렇게 아이들과 가까워질 수 있었다. NVC를 알게 된 건 정말 감사한 일이다."

"왜 회복적 생활교육을 계속하세요?"

누군가 묻는다면, 이렇게 대답하고 싶다.

"자기와의 연결을 통해 진정으로 내가 원하는 것을 얻는 데 에너지를 쏟으며 살아가기를 바라기 때문입니다. 교사로서 자포자기하지 않고, 기꺼운 마음으로 내가 할 수 있는 선에서 최선을 다해 보고 싶기 때문입니다. 사람들과 마음을 열고 연결되는 기쁨을 누리고 싶어서입니다. 아이들이 비폭력적인 방법으로 갈등을 해결하는 경험을 하고 그것을 배워서 사용하기를 바라기 때문입니다. 그리고 갈등이 넘쳐나는 세상 속에서 그 갈등을 편안히 바라보고 평화롭게 살고 싶기 때문입니다."

평화는 서서히 생각을 바꾸고, 천천히 오래된 장벽들을 허물고 조용히 새로운 구조를 만드는 매일, 매주, 매월 진행되는 프로세스이다. 전혀 극적이지 않더라도 평화를 추구하는 일은 계속되어야 한다. _ 존 F. 케네디

회복적 생활교육의 길은 멀고 먼 여행길이다. 때로는 낯선 장소에서 헤매기도 하고 답답하기도 하고 짜증 나기도 하고 길을 찾아야 한다는 생각에 조바심 나기도 하지만, 눈 앞에 펼쳐지는 새로운 광경에 가슴 설레고 한없이 기쁜 순간이 있을 것이다. 새로운 광경을 찾기 위해 무리하게 뛰어가지 않았으면 한다. 천천히 걸어가면서, 때로는 길을 가지 않고 나무 그늘에서 쉬면서, 그러나 걷기를 포기하지는 않으면서, 설레고 기쁜 순간을 만나길 바란다. 내가 그랬듯, 이 책을 읽는 여러분도 그렇게 조금씩 평화에 물들기를 바란다.

2018년 12월
지은이를 대표하여
강현경

차 례

1장

왜
회복적 생활교육인가?

1

학급운영
들여다보기

사람이 온다는 건

사실은 어마어마한 일이다

그는

그의 과거와

현재와

그리고

그의 미래와 함께 오기 때문이다

한 사람의 일생이 오기 때문이다

부서지기 쉬운

그래서 부서지기도 했을

마음이 오는 것이다—그 갈피를

아마 바람은 더듬어볼 수 있을

마음

내 마음이 그런 바람을 흉내 낸다면

필경 환대가 될 것이다.

_ 정현종 '방문객'

　이 시의 의미를 가장 무겁게 짊어지는 사람이 교사가 아닐까? 2월에 정들었던 아이들을 떠나보내고 나면 섭섭함을 느낄 새도 없이 그 자리를 채우는 또 다른 아이들과 만나게 된다. 그 만남 하나하나가 아이들의 인생과 만나는 것이라 생각할 때 교사는 아이들을 만나는 순간에 대해 좀더 신중하고 겸허한 마음을 갖게 된다. 회복적 생활교육으로 학급을 운영하고 있는 교사들의 이야기를 통해 아이들과의 만남을 들여다보고 자신만의 학급운영 비전을 만들어보자.

한득재　　안녕하세요? 선생님들과 함께 이야기를 나누게 되어 정말 설렙니다. 선생님들은 학급을 운영하면서 행복했거나 힘들었던 순간이 언제였나요?

이현주　　중학교에서 담임교사를 할 때 학생들이 매일 배운 내용을 복습하는 습관을 기르도록 도와주고 싶었어요. 아이들이 공부에서 자존감을 가지기를 바랐거든요. 복습 노트 쓰기를 꾸준히 실천했는데, 공부에 어려움을 느끼던 아이가 학기 말에 선생님 덕분에 공부하는 방법을 알게 되고 자신감도 갖게 되었다고 하더라고요. 교사가 제일 행복한 순간은 '선생님 덕분에'라는 말을 들을 때가 아닐까요? 아이들에게 저의 진심이 전달된 것 같아 너무 행복했어요.

반면 학교가 원하는 것과 제가 지향하는 바가 일치하지 않은 상황에서 어쩔 수 없이 아이들에게 무언가를 강제할 때 힘들었어요. 몇 년 전까지만 해도 방과 후 수업을 학생 의사와 상관없이 강제할 때가 있었잖아요. 그때 제가 임신 중이었는데, 반 아이들이 '선생님은 집에 가고 우리만 남아서 공부해야 해요?'라고 말했을 때 속상했어요. 서로에 대한 이해가 부족했고 소통도 제일 안 되던 때였죠.

김준호 1학년 담임을 처음이자 마지막으로 했을 때였습니다. 도덕이 집중이수제가 되어 1학기에 수업이 없는데도 담임을 했어요. 수업을 하지 않으니 아이들을 파악하기가 어려웠고, 학교 업무로 바쁘니까 아이들에게 복종을 요구하고 휘몰아치면서 닦달을 했죠. 큰 소리를 내며 다른 반에 뒤처지지 않게 따라가게 했는데, 그때는 유능한 교사는 그렇게 해야 한다고 생각했던 것 같아요. 힘든 상황에서도 잘 해내서 다행이다 안심하면서요. 그런데 우리 반 아이들이 말을 잘 안 듣는다는 다른 교사들의 원망, 수업 분위기가 나쁘다는 학부모의 원망이 시나브로 생겼고, 무엇보다 아이들이 매우 힘들어했어요. 명령하는 절대 권력자 앞에서 관계를 만들 틈이 없었어요. 뒤돌아보니 가장 힘들었던 순간이고 아이들에게 미안한 마음이 들어요.

좋았던 기억은 아이들에게 주도권을 넘겨주었을 때예요. 학교를 옮기면서 학생회 운영을 맡아 학생 자치를 고민하다 보니 학급에서도 자치가 가능하다는 것을 알게 되었어요. 학급 일을 스스로 기획하고 움직일 기회를 주니 아이들 스스로 무언가를 이뤄내고, 자연스레 아이들과 수직적 관계가 아닌 평등한 관계가 되더라고요. 제가 다정다감한 스타일이 아니지만, 아이들의 의견을 듣고 받아들여 주다 보니 교사를 바라보는 시선도 따뜻하게 변했어요. 민주적인 학급운영으로 교사도 행복하고 교사와 학생의 관계도 좋아질 수 있다는 걸 알았어요. 무엇보다 아이들이 모두 학급의 주인공 같아서 좋았어요.

강현경 저는 무언가를 강제하는 것을 아주 싫어해요. 아이들에게서 의견이 나오면 늘 이야기를 충분히 들어요. 논쟁을 벌이기도 하지만, 힘들어하면서도 천천히 가는 거죠. 제 방식대로. 그런데 학교라는 공간은 논리적으로 설득할 수 없을 때가 많고, 교사가 원하지 않아도 학생들에게 무언가를 강제해야 할 때가 생기고, 빠르게 처리해야 할 일이 많아요. 아이들의 이야기를 듣는 저를 주변에서는 답답하다는 시선으로 봤고, 저는 가끔 냉탕과 온탕을 넘나들었죠. 이상과 현실 사이의 괴리라고 할까요?

작년이 특히 그랬어요. 오랜만에 학급 담임을 하면서 회복적 생활교육을 하고 싶었어요. 그런데 첫 서클부터 자기 생각을 말하기 힘들어하면서 장난을 치더라고요. 서클을 하면서 아이들을 혼내고 있는 저를 발견했고, "샘, 그런 방식으로 학급운영 못 하세요. 세게 나가시죠"라고 말하는 아이가 있을 정도였죠. 주변 선생님들도 지켜보니 효과가 없다면서 걱정하셨어요. 그때마다 흔들렸어요. 다시 냉탕으로 돌려야 하나? 확신도 없고 내 능력도 부족하고 효과도 바로 안 나타나고 할 일은 많은데 시간은 없고 악순환이었죠. 그래도 지탱할 수 있었던 것은 비폭력대화 모임에 나가서 고민을 나누고 동료와 이야기 나누며 지지를 받을 수 있어서였어요.

행복한 기억은 2학기 들어서서 '선생님 서클해야겠어요'라는 요청이 들어온 거예요. 아이들은 경험에서 배운다더니 서클을 통해 스스로 변하는 것을 느낀 모양입니다. 큰 변화는 아니지만, 갈등을 대화로 풀어보려는 아이들을 보며 제가 포기하지 않고 시도했던 방식이 의미가 없지는 않았다고 느낄 수 있어 행복했어요. 종업식 하면서 서클 할 때 '선생님의 노력을 알고 있었다. 죄송하다'는 아이들의 말이 오래 남고 그것만으로 충분하다는 생각이 들었어요.

전안나   갈등이나 문제가 생겼을 때 학생끼리 서로 의논하고 해결하는 모습을 볼 때 가장 뿌듯해요. 작년에 여느 학급처럼 힘든 아이도 있었지만, 친구끼리 서로 품어나가는 모습이 남달라 담임교사로서 뿌듯했어요. 다양한 갈등 상황을 만들어내는 아이가 있었는데, 다른 아이들이 차이를 인정하고 친구를 챙겨주는 모습이 인상 깊었어요.

힘들 때는 아이들과의 관계에 어려움이 생길 때예요. 학급에는 특히 더 돌봄이 필요한 아이가 있죠. 학급운영을 하려면 천천히 규범을 함께 만들고 경계를 세워야 하는데, 이런 학생은 경계와 규범을 자주 허물어뜨리기 때문에 관계 맺기가 힘들고 시간도 오래 걸려요. 학기 초에 아이들과 천천히 관계 맺기를 위해 노력하는 것도 힘들지만, 담임이 지도를 안 해서 학급운영이 안 된다고 주변에서 평가할 때 더 힘들었어요. 학생들과 함께 관계를 맺는 과정을 기다려주지 않더라고요.

노슬기 교사가 되어 처음에는 이게 맞는지 저게 맞는지 몰랐어요. 놀리거나 싸우거나 지각하는 등의 수많은 일에 어떻게 대처해야 할지 모르겠고, 지금 제대로 안 하면 계속 문제가 커질까 봐 겁이 났어요. 담임 역할을 제대로 하지 못해 학급의 상황이 점점 안 좋아진다는 생각이 들었는데, 제가 해볼 수 있는 것은 제가 학생 때 경험했던 선생님들의 방식을 따라 해보는 것뿐이었어요. 그런데 우리 학교 선생님들은 다르시더라고요. 천천히 가지만 신념을 가지고 아이들을 대하는 모습을 보고 저도 할 수 있다는 용기가 생겼어요. 무엇보다 경험이 부족한 저를 지지해주고 격려해주셔서 좋아요.

강현경 얘기 듣다가 힘들었던 순간이 떠올랐어요. 다른 선생님께서 수업하다 우리 반 아이를 데리고 와서 제 옆에 두고 가실 때 힘들었어요. 갈등은 다른 선생님과 있었고, 들어보니 아이의 의견은 일리가 있는데, 나는 아이를 혼내서 그 선생님께 사과를 시켜야 하는 상황이 답답했어요. 회복적 생활교육은 관련 있는 사람이 다 모여 이야기 나누는 거잖아요. 갈등이 있는 사람들이 모두 모여 이야기 나눈다면 저도 기꺼이 참여하겠는데, 갈등의 당사자도 아닌데 아이를 일방적으로 혼내고 일깨워야 한다거나 학급에서 일어나는 갈등은 담임이 모두 지도해야 한다는 압력이 주어질 때 힘들더라고요. 저는 갈등은 갈등 당사자가 풀어야 한다고 생각해요.

노슬기 여러 아이가 한 아이를 비난할 때 힘들어요. 예전에는 당연히 잘못된 행동이니까 왜 그런지 이유를 설명하고 사과하게 했죠. 생각해보면 소리만 지르지 않을 뿐이지 답은 정해져 있었어요. '사과해야 해. 이런저런 이유로 네가 잘못했으니까' 하면서요. 작년에 반 아이들이 관계가 오랫동안 약했던 아이를 부정적으로 몰아가는 현상이 있었어요. 게임 레벨이 낮다는 이유로 별명을 지어 놀리고 현실에서 다른 것도 원래 못하는 아이라고 놀리는 분위기였죠. 발표할 때 다른 아이들은 박수로 격려하면서 이 아이에게는 일부러 질문을 하더라고요. 하루는 너무 불편해서 그 친구 기분은 어떨까 얘기를 했는데, 그냥 장난이었다면서 제가 너무 예민하다는 거예요. 내가 정말 예민한가? 고민이 되었죠.

다른 선생님들은 어떻게 하실까? 이런 분위기가 되지 않도록 미리 막으셨을까? 아니면 아이들에게 다르게 말씀하셨을까? 제게는 확고한 신념이나 철학이 아직 없어요. 제가 하는 행동이나 말에 확신이 없어서 늘 불안해요. 똑같은 상황이 생겨도 또다시 말할 용기가 없어서 눈 감고 피하게 되죠. 저 자신에 대한 믿음이 없다 보니 아이들과의 관계도 조심스러워요. 속상하지만 선생님들의 도움으로 방법을 찾아가고 있습니다.

관계가 약했던 아이가 행복해할 때 다행이다 싶어서 안심이 돼요. 단합대회 때 '한 게임만 더 하면 안 돼요?' 하면서 땀을 뻘뻘 흘리는데, 정말 기분이 좋았어요. 또 학년 말 배드민턴 대항전에 학급 대표로 나갔는데 친구들이 응원을 해주었어요. 게다가 복식 게임이었는데 관계가 아주 좋은 아이와 한 팀이 되어 협력하는 모습을 보여줬어요. 시합에 졌는데도 친구들이 '잘했어' 하며 격려하고 지지하기도 했죠. 아이들이 언제 이렇게 컸지 하는 생각에 대견하고 관계에서 힘을 얻어 가는 모습에 안심이 되었죠.

작년에 첫 만남 신뢰서클에 도전하고 바로 포기했어요. 진행하는 제가 오글거려서 못하겠더라고요. 아이들도 어색해하고 '저도요. 저도요.' 단답으로 대답했어요. 다른 장치를 마련해야 했는데, 어떻게 해야 할지 몰라 그냥 진행했고 결국 나랑은 안 맞는가보다 싶어 포기했죠. 올해는 서클 시나리오도 있고, 토킹피스랑 센터피스도 준비하고, 시도 읽고 몸놀이도 하다 보니 아이들도 진솔하게 자기 얘기를 하더라고요. 오글거려 하던 아이들도 두 문장씩 말하고요. 다음에 또 서클을 해야겠다는 자신감이 생겼어요. 남자아이들이 자기 기분을 말하고, 끄덕끄덕하는 모습을 보면 서로 연결되고 있나 보다 생각이 들어서 행복했어요. 귀엽고 사랑스러워요.

박수미 울다가 웃는 노슬기 선생님의 눈물과 행복의 이야기네요. 저는 옛날 담임이에요. 요즘 담임을 못 해서 아쉬워요. 노슬기 선생님이 말씀하신 연결이라는 단어를 제가 참 좋아해요. 아이들과 마음이 통할 때 행복해요. 첫 담임을 특성화고등학교에서 했는데 너무 힘들었어요. 무단조퇴를 밥 먹듯 해서 출석부가 무지 복잡한 반이었죠. 어떤 여자 선생님 반은 무서운 남자 선생님께서 한 달 동안 분위기를 잡아주고 나서야 담임을 인계할 정도였죠.

담임을 하자마자 아이들을 무섭게 대했어요. 하지만 표정과 말투만 무서울 뿐 내공이 없어 제 지도는 통하지 않았고, 아이들과의 관계도 당연히 일 년 내내 어려웠어요. 어느 날은 점심 먹고 들어오는데 우리 반 아이 셋이 학교 밖으로 나가는 거예요. 무단조퇴였죠. 화가 나고 속상했어요. 어른스럽던 반장 아이가 어느 날 밤 한 톨을 손에 쥐여 주었는데 위로가 되더라고요. 언제나 학교에 가면 긴장 상태였거든요. 제가 힘든 것을 알아주는 것 같아서 위로가 되었어요.

행복했던 기억은 교직 10년 차 때쯤 고1 담임을 할 때였는데 야간자율학습 시간을 빼서 학급 단합대회도 하고, 꽤 먼 남이섬으로 소풍을 가기도 했어요. 학생들이 스스로 프로그램을 짜서 진행했고 모두가 함께 정말 잘 놀았어요. 소외되는 아이 한 명 없이 신나게 놀아서 행복한 순간이었어요. 요즘은 이렇게 공동체를 느낄 기회가 아이들에게 별로 없는 것 같아 아쉬워요.

한득재 중학교 2학년을 딱 두 번 담임을 했는데 한 번은 행복하게, 한 번은 힘들게 보냈어요. 힘들었던 때는 아픈 손가락 돌보느라 안 아픈 손가락 돌보지 못했던 때로 기억나요. 부모와의 갈등으로 힘든 아이, 공부에 관심 없어 매일 장난만 치는 아이, 전학 와서 남자아이들 서열 싸움에 휘말린 아이, 이렇게 3명을 특별히 더 돌보느라 정신이 없었어요. 돌아가면서 이 아이들에게 일이 생겼거든요. 싸움을 하거나 무단외출을 하거나 선생님께 대들거나. 아이들에게 일 생기면 무슨 일인지 듣고 어떻게 할지 이야기하다 보면 하루가 금방 갔어요. 그런데 이렇게 세 아이를 돌보다 보니 나머지 아이들 사이에 작은 균열이 생겼고, 작은 갈등에 관심을 두지 않는 저에 대한 아이들의 원망이 들려왔죠. 매일 뻥뻥 터지는 큰일에 매여 아이들의 작은 갈등에 무관심했어요. 아직도 그때 아이들에게 미안한 마음이에요.

행복했던 때는 학급에 특수학급 학생이 있었는데 특별한 돌봄도 필요했고, 서로에 대한 배려가 더 많이 필요했어요. 우리 반 구성원이 특수학급 학생을 존중하고 공동체의 일원으로 함께 어울릴 기회를 주고, 일상 속 갈등을 지혜롭게 풀어야 할 때도 많았죠. 학기 초부터 학급소통신문을 통해 학생, 학부모와 소통하면서 작은 갈등은 서로 이해하면서 풀게 되었고, 필요한 대화를 자주 나눌 수 있어서 평화로운 학급으로 기억돼요. 그때 사진은 지금 봐도 따뜻하게 느껴져요.

김승아   작년에 학급 갈등을 풀기 위해 노력하다가 외부 선생님까지 모셔서 남학생들 서클을 했어요. 학생 개인마다 3~4시간 정도 서클 및 교육에 참여하고 공감하는 시간을 가졌죠. 서클 시간이 일과 시간보다 길어졌고 종례 없이 여학생들을 먼저 집에 보냈는데 교육을 끝마친 남학생들이 이 사실을 알고 어떻게 했는지 아세요? 제가 옆에 있는데도 심한 욕설을 하는 거예요. 그 모습을 보고 그날의 노력과 새 학기에 관계를 맺기 위해 한 노력이 아무 성과가 없다고 느껴져서 힘들었어요. 온종일 투자했지만, 그 하루가 아이들을 바꿀 수 없다는 사실을 깨달았죠. 공동체를 평화롭게 만든다는 것이 어렵다는 것을 알았어요.

반대로 친한 친구랑 문제가 생겨 저에게 서클을 요청한 아이가 있을 때 행복했어요. '저희가 선생님이랑 얘기할 필요가 있을 것 같아요. 도와주세요' 라고 했을 때 지금까지 회복적 생활교육을 통해 갈등을 풀어가려는 노력을 아이들이 긍정적으로 보고 있다는 생각이 들었고, 천천히 변화가 일어나고 있다는 생각에 기뻤어요. 어색해하던 서클에 아이들도 익숙해지고 있구나 느껴요.

강현경　익히는 시간이 필요하다는 것과 극적인 변화가 없다는 것을 알고 회복적 생활교육을 시작하는 것이 중요해요. 평화롭게 구조를 바꾸는 것이니까요. 10여 년 동안 폭력적 구조에서 살던 아이들을 서클 한 번으로 평화적으로 바꾼다는 것 자체가 말이 안 되죠. 지치지 않고 조급증을 버리는 것이 회복적 생활교육을 실천하는 우리에게 필요한 것 같아요.

박수미　쉽게 지치지 않기 위해서는 같이 하는 것이 중요해요. 동료교사의 지지와 협력이 필요해요. 지난 수업시간에 힘든 모둠이 있었는데, 담임이신 전안나 선생님과 의논했어요. 선생님께서 모둠 서클을 열어주셨고, 서클 후 달라지는 아이들의 모습을 보며 서클의 힘을 느꼈어요. 서클에서 아이들의 이야기를 듣게 되어서 좋았어요. 자신의 힘든 상황을 말하며 도움을 부탁하기도 하고 노력해보겠다는 약속을 하기도 했어요. 아이들 마음과 상황을 알게 되어 제 마음도 편해졌고, 나에게 문제가 있나 생각했었는데 기다려주는 마음이 생겼어요.

전안나　서클을 해보면 각자의 상황을 서로 듣는 게 전부예요. 같은 모둠으로 함께 있어도 서로의 마음을 모르고 상황을 잘 몰라요. 서클은 서로를 아는 시간인 거죠. 서로를 알면 인정해주고 배려해주는 마음이 생겨요.

강현경　10대 때리다 100대 때렸다는 얘기가 있잖아요. 하지만 체벌이나 벌로 아이들이 변하지 않는다는 것을 교사들은 알죠. 솔직하게 말하고 서로의 말이 들리게끔 하는 것이 중요해요. 회복적 생활교육으로 학급을 운영한다는 것은 관계를 세우고 갈등을 다루는 법을 배우는 과정이에요. 교육에서 중요한 것은 속도가 아니라 방향이라고 하죠. 방향을 정하고 지금처럼 지치지 않고 함께 가는 것이 필요해요.

한득재 정말 따뜻한 시간입니다. 회복적 생활교육으로 학급운영을 실천하고 계신 선생님들의 웃음과 눈물, 행복과 슬픔의 이야기를 들으니 위로와 격려를 받는 느낌이에요. 또한 우리 모두 아이들과 함께 성장하고 있다는 생각이 들어 행복합니다. 사실 제가 이 질문을 드린 이유는 담임으로서 행복했던 순간과 힘들었던 순간 속에서 우리가 꿈꾸는 학급의 가치를 찾아 학급운영의 비전을 세우기 위해서입니다. 행복했던 학급 속에 빛나던 가치와 힘들었던 순간 속에 놓쳤던 가치를 찾아서 우리가 함께 나아갈 학급운영의 비전을 만들어봅시다.

우리가 꿈꾸는 학급의 가치

"감사, 소통, 연결, 평화, 공동체, 배려, 격려, 관계, 사랑, 자치, 존중, 자치, 책임, 신뢰, 평등, 철학, 기다림, 마음"

▼

"마음으로 연결되는 평화로운 공동체"

회복적 생활교육으로 학급을 운영하는 과정은 관계의 집을 짓는 과정과 같다. 3월 아이들과의 첫 만남, 학부모와의 첫 만남에서 교사는 관계의 밑돌을 잘 놓아야 한다. 존중하는 마음과 태도를 가질 수 있도록 서로 알아가는 과정을 만들어야 하고, 상처가 없는 관계를 맺기 위해 함께 만든 약속으로 교실 내에 평화적인 압력을 만들어야 한다. 학기 중에는 관계의 기둥을 세우고 갈등을 다루는 방법을 함께 배워야 한다. 소통을 통해 서로 지지하고 격려할 수 있게 만들어주고, 스스로 학급의 주인공이 될 수 있도록 경험하게 해줘야 하며, 갈등 상황을 들여다보고 공동체 회복을 위해 책임지는 경험을 갖게 해야 한다. 학년이 끝날 때는 관계의 지붕을 얹어야 한다. 학생과 학생, 교사와 학생, 교사와 학부모 사이의 관계를 성찰하고 그 속에서 배움과 성장이 일어날 수 있도록 도와줘야 한다. 이와 같이 관계의 밑돌을 놓고 기둥을 세우고, 갈등을 다루며 관계의 지붕을 얹을 때, 일 년 동안 공들여 지은 관계의 집이 완성된다. 이렇게 만들어진 집은 우리가 꿈꾸는 '마음으로 연결되는 평화로운 공동체'가 될 것이다.

교육은 효용성보다 방향성을 더 고민해야 한다고 말한다. 교사의 선택이 교사뿐만 아니라 학생 삶의 질을 결정하기 때문이다. 학급은 학생들의 삶의 터전이다. 따라서 교사는 끊임없이 학급운영의 방향을 고민하고 성찰해야 하며 학생들에게 무엇을 경험하게 할지 고민해야 한다. 마음으로 연결되는 평화로운 공동체를 꿈꾼다면 소통과 지지, 공감과 존중, 격려와 연결, 협력과 회복, 공동체 등이 아이들의 마음에 자리 잡을 수 있도록 학급운영을 계획해보자.

2

회복적 생활교육의 밑바탕
_ 회복적 정의와 비폭력대화

다른 학생을 때리는 학생에게 "왜 그랬니? 그렇게 하면 안 되지"라고 훈계하면, 그 학생은 변명을 하고 억울함을 호소하는 데 에너지를 쏟는다. 맞은 학생과 그 부모, 교사는 남을 때리고도 큰소리치는 학생의 모습에 너무 답답하고 화가 난다. 그래서 더 강력한 처벌을 원하게 된다.

경기도에서 학생인권조례가 발표됐을 때, 교사들은 무기력감에 빠졌다. 체벌이 금지되면 위와 같은 상황뿐 아니라, 일상적인 학급운영이나 수업 장면에서 아이들을 통제할 수단이 사라진다고 생각했기 때문이다. 체벌의 대안으로 상벌점제를 도입했지만, 그 효과에 의문이 생기면서 그마저 없어졌다. 구체적 대안도 없이 그나마 의존했던 방법을 쓸 수 없는 막막한 상황에서 교사들은 많은 고통을 느끼고 있다. 명예퇴직을 했거나 생각하고 있는 교사 대다수가 그 이유를 '생활지도의 어려움'으로 꼽는 것을 보면 고통이 얼마나 큰지 알 수 있다.

그러나 과거 체벌이 있었을 때 아이들을 통제할 수 있었던가를 생각해보자. 처벌을 내리면 그 행동이 멈추었던가를 생각해보자. 벌을 주면 지각하던 아이들이 지각을 하지 않고, 다른 아이들을 괴롭히던 아이들이 그 행동을 완전히 멈추었던가? 교사의 눈을 피해 숨어서 하지 않았던가? 학교폭력이 일어났을 때, 가해자와 그 부모는 오히려 큰소리치고, 가해자는 벌을 받지만 피해자는 여전히 고통받으며 계속되는 두려움에 떨다가 전학 가는 일이 있지는 않았는가?

지금 우리는, 처벌이나 통제가 아닌 다른 교육 방법을 모색해야 할 상황에 있다. 그러나 방법을 모색하기에 앞서 좋은 철학을 정립하는 것이 중요하다. 회복적 정의와 비폭력대화라는 철학을 바탕으로, 현재의 생활지도에 대해 성찰하고 새로운 생활교육 방법을 모색해보기를 제안한다.

현재의 생활지도 돌아보기

12월쯤, ○○중학교 2학년 한 학급으로 A가 강제전학을 왔다. 이전 학교에서 교권을 크게 훼손한 일이 있었고 이 일로 처벌받아 왔다고 했다. 이 학생의 부모는 아이의 심성은 착하다며 선생님들이 사랑으로 대해 줄 것을 부탁했다. A는 수업시간에 엎드려 자기는 했으나 눈에 띄는 행동을 하지는 않았고, 그렇게 3학년이 되었다.

3학년이 된 A는 시간이 지나면서 조금씩 행동이 바뀌기 시작했다. 교사들을 가장 힘들게 하는 건 수업 방해 행동이었다. 수업시간에 늦게 들어오는 경우가 많아졌고, 수업 중간에 화장실이나 보건실에 가겠다고 하는 횟수도 늘어났으며, 교사가 이를 허락하지 않으면 신경질적인 반응을 보이기도 했다. 1학기 말쯤에는 수업 중에 교실을 돌아다니거나 종이비행기를 날리거나 큰소리로 잡담하는 등의 행동을 했고 교사의 제지에도 그 행동을 멈추지 않았다. A와 친해진 친구 중에 이와 비슷한 행동을 보이는 아이의 수도 늘어났다. 교사들은 수업 방해 행동 횟수를 체크하여 5회가 됐을 때 방과 후에 남겨 명심보감을 옮겨 적게 하는 벌을 주기로 했고, 담임교사만 방과 후 관리를 하면 피로감이 쌓이니 3학년 담임교사 전체와 교과 교사(부장, 비담임)가 순번을 정하여 관리하기로 했다.

처음에는 교사의 지시를 따르는 듯했다. 그러나 시간이 조금 흐르자 A는 수업 방해 행동을 했을 때 체크하려는 교사와 실랑이를 벌이기 시작했다. 다른 선생님은 체크하지 않는데 왜 선생님만 하느냐, 다른 아이도 비슷한 행동을 했는데 왜 자기만 체크하느냐면서 억울하다는 것이었다.

이미 수업 방해 행동으로 4회의 체크가 누적되어 한 번만 더 체크되면 남아야 하는 상황이었던 어느 날, B 교사의 수업 시간이 되었다. B 교사는 원칙을 지키는 스타일로 A가 수업 방해 행동을 하자 바로 체크를 했고, A가 강하게 항의했으나 이를 들어주지 않았다. 그날 방과 후 지도 교사도 마침 B 교사였다. 방과 후에 남아서 명심보감을 적던 A가 의자를 발로 차는 사건이 생긴다. 친한 친구와 함께 남게 된 A는 명심보감은 적지 않고 친구와 큰소리로 웃으며 잡담을 했고, 이를 제지하던 B 교사가 화를 내자 A가 화를 내며 의자를 발로 찬 것이다. 다음 날 아침 담임교사는 A를 교무실로 불러 이 일로 선도위원회가 열릴 것이라는 사실을 말했고, A는 교무실에서 나가면서 눈이 마주친 학생에게 "뭘 봐!"라며 소리를 질렀다.

선도위원회에서 A는 다른 교사도 그러지만, 특히 B 교사가 다른 아이들은 봐주면서 자기만 체크한다며 자신은 차별 대우를 당했고 그것 때문에 화가 많이 나서 의자를 찼다고 말했다. A의 부모도 자신의 아이를 낙인찍어서 교사들이 과하게 대하는 것 같다며 불만을 토로했다. A는 결국 교내봉사(교내 청소, 방과 후 독서)라는 징계를 받았다. 그러나 이후에도 수업 방해 행동은 줄어들지 않았고, B 교사의 수업시간에는 더 심하게 행동하기도 했으며, 방과 후에 남으라는 말에 따르지 않기도 했다. 학급에서 A가 심하게 행동해도 말리는 학생이 아무도 없으며, A와 모둠이 되면 힘들어하면서 자리를 바꿔 달라고 하는 경우가 더 많아졌다.

결국, 수업시간에 체크하고 방과 후에 학생을 남겨서 명심보감을 쓰게 했던 '벌'은, 잘못된 행동을 멈추게 하는 효과는 없고 교사에게 피곤함만 안겨준다는 결론으로 흐지부지 없어졌다.

A와 같은 학생은 어느 학교에나 있다. 이런 학생들을 보며 교사는 속만 끓인다. 입으로는 차마 담을 수 없는 욕설을 속으로 하거나, 주변 교사들과 이 학생의 악행에 관해 이야기하면서 울분을 표현하거나, 체벌을 부활시켜야 한다고 목에 핏대를 세우며 말하기도 한다.

처벌로 행동을 멈추게 할 수 있을까?

잘못을 했을 때 벌을 주면 아이들은 잘못된 행동을 멈춘다. 그러나 문제는 멈추는 시간이 짧거나 교사의 눈을 피해 그 행동을 여전히 하고 있다는 점이다. 그저 처벌이 주는 고통에 대한 두려움(혹은 수치심)을 피하기 위해 그 행동을 잠시 멈출 뿐이다. 앞의 사례에서 방과 후에 남는 일과 아주 작은 글씨로 빽빽하게 빈 종이를 채우는 일은 A에게는 피하고 싶은 고통이었을 것이다. 그래서 A는 교사의 지시를 잠시 따랐을 뿐 자신의 행동이 잘못됐다는 것을 깨닫지는 못했다.

잘못했기 때문에 행동을 멈추는 것이 아니라 단지 처벌을 피하기 위해 행동을 멈추었기 때문에, 사람들은 자신의 행동으로 다른 사람들이 어떤 피해를 받았는지가 아니라 처벌 때문에 자신에게 가해지는 고통에 집중하고, 고통을 줄이기 위해(가벼운 처벌을 받고자) 최선의 노력을 하게 된다. 이 과정에서 자신이 한 행동을 부정하거나, 다른 사람들도 자신과 똑같은 행동을 하는데 자신만 재수 없게 걸렸다고 말하거나, 상대가 나에게 한 잘못된 행동 때문에 자신이 그런 행동을 할 수밖에 없었다고 말하기도 하는데, 이런 말들이 수용되지 않으면 처벌권자 혹은 피해자들에게 분노, 원망, 비난의 감정을 갖게 된다.

앞의 사례에서 A는 자신이 수업시간에 했던 행동을 반성하는 것이 아니라, 처벌을 피하기 위해 '자신은 그 행동을 하지 않았다'거나 '다른 아이들도 한 행동인데 왜 자기만 체크를 하느냐?'며 교사에게 항의하는 데 에너지를 집중했다. 그것이 받아들여지지 않자 교사에게 분노와 원망의 감정을 품으며 교사를 비난한다. 즉 자신의 잘못된 행동 때문이 아니라 '자신만 혼내는 데다 억울하다는 자신의 말을 들어주지 않는' 교사 때문에 자신이 벌을 받는다고 생각하며, 친구나 부모 등 주변 사람들에게 'B 교사는 차별대우하는 교사'라고 비난한다. 또한 자신의 분노를 이 일과는 무관한 제3자에게 표현하기도 하는데, 담임교사에게 선도위원회가 열린다는 얘기를 듣고, 복도에서 눈이 마주친 학생에게 "뭘 봐"라며 화를 낸 것이 이에 해당된다.

A는 선도위원회 이후 방과 후에 남아서 독서를 하거나 교내봉사를 했으니 이미 자신의 행동에 대한 대가를 다 치렀다고 생각한다. 마음에 남는 것은 B 교사에 대한 분노, 원망, 비난의 감정이다. 그래서 B 교사의 말은 다른 교사들의 말보다 더 듣지 않는 것으로 반감을 표현한다. 즉 소극적으로 저항하는 것이다.

응보적 처벌의 결과

처벌 → 분노, 원망 → 비난 → 화풀이 → 소극적 저항

KOPI 회복적 정의/생활교육 워크숍 자료, P.37

처벌이 주는 고통은 잘못된 행동을 멈추게 하기도 하지만, 처벌을 피하고자 노력하게 만들기도 한다. 잘못을 끝까지 부정하거나, 잘못은 인정하나 다른 사람이나 상황에서 그 이유를 찾거나(변명 혹은 다른 사람 탓하기), 처벌권자에게 들키지 않고 그 행동을 할 수 있는 다양한 방법을 찾기 위해 노력한다. 그 과정에서 처벌권자에게 분노, 원망, 비난, 소극적 저항 등을 하는 경우도 심심치 않게 생긴다. 처벌은 '그 행동을 멈추게' 하기도 하지만 '처벌을 피하기 위해 에너지를 집중하게' 만들기도 하며, 후자의 경우 때문에 공동체가 무너지는 경우가 많다. 따라서 처벌로는 처벌이 추구하는 목적인 '깨달음과 멈춤'을 이루기 어렵다.

가해자가 처벌을 받으면 모든 것이 해결되는가?

앞의 사례에서 피해자는 누구일까? 준비해 간 수업을 제대로 펼치지 못하고 학생들에게 존중받지 못한 교사, 편안하게 수업을 받을 수 없는 학생들, 단지 눈이 마주쳤다는 이유로 화풀이 대상이 됐던 학생이 아닐까? 그런데 앞의 사례에서 이들 피해자에 대한 조치는 아무것도 없다. B 교사는 오히려 차별대우하는 교사로 비난받았고, 학급 학생들은 A의 행동을 참는 것 이외에 할 수 있는 것이 없으며, 화풀이 대상이었던 학생도 A에게 사과받지 못했다.

A의 잘못된 행동을 처리하는 과정에서 A의 에너지는 자신이 받을 처

벌을 최소화하는 데, 처벌권자의 에너지는 A의 잘못을 밝히고 벌을 주는 (A의 수업 방해 행동이 있을 때마다 실랑이를 벌이며 체크하고 방과 후에 남겨 명심보감을 쓰게 하고, 선도위원회를 열고 교내봉사를 시키는) 데 집중되었다. 그 결과, 처벌은 끝났지만 문제 해결은커녕 A의 잘못된 행동으로 인한 피해는 회복되지 않고 고스란히 남았다.

잘못된 행동을 하는 사람을 공동체 밖으로 추방할 수 있을까?

A가 결석한 어느 날, 수업이 편안한 분위기로 진행되었다. 학급 아이들과 교사들은 표현하지는 않았지만 'A가 우리 반에 없으면 좋겠다'라는 생각을 했을 것이다. A는 이 공동체에서는 불필요한, 나아가 피해만 주는 사람이 되었다.

파커 파머(Parker J. Pamer)는 '내가 가장 함께하고 싶지 않은 사람이 있는 그곳, 하지만 그 사람이 떠나가면 똑같은 사람이 또 오는 곳이 공동체'라고 말했다. A와 같은 사람이 없는 공동체는 현실에서 존재하지 않는다. 특히 학교라는 공간에는 서로 다른 환경에서 자라고 성향이 다양한, 아직 성숙하지 않은 아이들이 모여 있다. 학교 공동체 안에서의 갈등은 당연하며, 오히려 갈등이 없는 공동체가 정상적이지 않은 것일 수도 있다.

A와 같은 학생 중에는 폭력적 성향을 지닌 경우가 많으며, 강제전학을 계속 다니다가 겨우 고등학교에 들어갔지만, 일 년을 마치지 못하고 자퇴하는 경우도 많다.

사람들은 수치심 때문에 참을 수 없이 고통스러울 때 자기 안에 있는 수치심을 남한테 떠넘겨서 수치심에서 벗어나려고, 혹은 참을 수 없이 고통스러운 수치심을 아예 처음부터 피하려고 폭력을 휘두른다. 사람들이 남을 해치는 이유는, 더 약하고 수치심을 느껴야 하는 것은 내가 아니라 남임을 증명하려는 마음에서다. _ 제임스 길리건(James Gilligan)

브레네 브라운(Brene Brown)은 『나는 왜 내 편이 아닌가』에서 '자신의 결점으로 인해 사랑이나 소속감을 누릴 가치가 없다고 생각할 때 느끼는 극심한 고통'인 수치심을 거부하기 위해서 사람들은 반사회적 행동을 선택한다고 했다. 수치심을 느끼는 사람에게 처벌은 수치심을 강화하는 역할을 한다. 수치심을 거부하기 위해서 더 큰 반사회적 행동을 선택하고 그 결과 더 큰 처벌을 받고 다시 더 큰 반사회적 행동을 선택하는 악순환이 반복되는 것이다.

어느 공동체에나 A 같은 학생은 존재한다. 그러나 그런 학생을 공동체 밖으로 추방할 수도 없다.(다른 학교로 보낸다고, 퇴학을 시킨다고 공동체 밖으로 추방될 수 없다고 생각한다. 그렇게 된다고 해도 우리는 그 아이와 함께 대한민국이라는 같은 공동체에서 살아가야 한다) 또한 지금과 같은 방식으로는 A에게 자신의 행동이 잘못되었다는 것을 깨닫게 해줄 수도, 행동의 변화를 유도할 수도, 결과적으로 건강한 공동체의 일원으로 성장하게 할 수도 없다.

처벌로는 문제가 해결되지 않기 때문에 학급 구성원인 교사나 학생들은 A를 미워하면서 참거나, 비난하면서 공동체에서 배제하거나, 무감각해지게 된다. '내가 가장 함께하고 싶지 않은 사람'과 어떻게 공동체 속에서 함께할 것인가를 고민하고 방법을 찾으면서 성장할 기회를 얻지 못한다. 결국 처벌로는 '마음으로 연결되는 평화로운 공동체'를 이루기 어렵다.

새로운 패러다임 첫 번째-회복적 정의[1]

회복적 정의는 처벌을 통해 정의를 이루는 것이 아니라, 누군가의 잘못된 행동으로 피해가 발생했을 때, 관련된 사람이 모두 모여 피해 회복을 위해 필요한 것을 함께 찾고 실천하면서 그 피해가 회복될 때 정의가 이루어진다는 개념이다.

회복적 정의의 관점에서는 '교칙이나 법을 위반했기 때문에 잘못'이라고 보지 않는다. 회복적 정의가 말하는 잘못은 관계를 훼손하는 것, 이로 인해 누군가 고통을 겪는 상태이다. 따라서 잘못, 즉 훼손된 관계를 회복하기 위해 필요한 것을 찾는 데 에너지를 집중한다. 피해자와 가해자는 모두 회복의 대상이고 이들의 요구와 필요를 채우는 것이 정의를 이뤄가는 과정이며 이 과정을 통해 진정한 화해와 치유가 이루어진다.

회복적 정의는 책임, 피해의 회복, 관계, 공동체, 정의라는 5가지 열매를 매우 중요하게 여긴다. 공동체 구성원 모두는 잘못에 직면함으로써 자신의 행동에 자발적으로 책임을 지고, 잘못으로 생긴 피해나 훼손된 관계와 공동체가 회복됨으로써 진정한 정의를 실현하는 데 모든 관심과 에너지를 집중해야 한다는 점을 강조한다. 앞에서 소개한 사례처럼 수업 방해 행동을 체크함으로써 어떤 잘못을 했는지를 확인하고 교사들이 모여 그에 합당한 처벌이 어떤 것인지 고민한 후 방과 후에 학생을 남겨 처벌을 주기 위해 에너지를 쓰는 것이 아니라, 어떤 피해(고통)가 발생했고, 피해를 입은 사람들의 요구(필요)가 무엇이며, 피해를 회복하기 위해 누

---

1 '한국평화교육훈련원(KOPI, 2017), 회복적 정의/생활교육 연수 자료집'을 참고로 정리했다. 회복적 정의나 이에 기반한 다양한 회복적 생활교육의 방식을 공부하고 싶다면, 한국평화교육훈련원에서 실시하는 다양한 연수에 참여하는 것이 도움이 된다. 연수에 관한 정보는 이 단체의 홈페이지에서 제공하고 있다.

가 어떻게 책임을 질 것인가 하는 데에 에너지를 쏟자는 것이다. 이런 일련의 과정에서 피해가 회복되고, 피해를 준 사람과 피해를 받은 사람 그리고 옆에서 지켜본 사람들도 건강한 공동체의 일원으로 성장할 수 있다고 보는 것이 회복적 정의이다.

새로운 패러다임 두 번째-비폭력대화[2]

우리 대부분은 다른 사람을 분석·판단·비판하는 것에는 익숙하지만, 자신의 느낌과 욕구를 솔직하게 표현하는 것은 익숙하지 않다. 자신이 원하는 것을 말하기보다는 상대방에 대한 평가나 해석 등을 표현하여 오해와 갈등을 일으키기도 한다.

비폭력대화는 마셜 로젠버그(Marshall B. Rosenberg)가 창시한 것으로 연민의 대화, 삶의 언어라고 부르기도 한다. 여기서 비폭력이란 간디의 아힘사(ahimsa) 정신에서 나온 것으로, 우리 마음 안에서 폭력이 가라앉고 우리의 본성인 연민으로 돌아간 자연스러운 상태를 말한다.

비폭력대화에서는 어떤 상황이 생기면, 왜 그런 일이 생겼는지를 분석하고 누구 때문인지 비판할 대상을 찾아 비난을 하는 대신에, 자신(또는 상대방)을 관찰하고 그것에 대해서 어떻게 느끼는지, 무엇을 원하는지에 초점을 두고 내면의 소리에 귀를 기울이라고 한다.

로젠버그가 제안한 비폭력대화로 표현하는 방법은 비폭력대화의 4가

---

2 마셜 B. 로젠버그 저, 캐서린 한 역(2015), 『비폭력대화』, 한국NVC센터'와 'NVC 연수교재'를 참고하여 정리했다. 책과 연수를 활용하여 비폭력대화를 제대로 공부하기를 추천한다. 한국NVC센터 홈페이지(www.cnvc.org)에서 다양한 연수와 지역연습모임 등 유익한 정보를 제공하고 있다.

지 모델(관찰-느낌-욕구-부탁)을 이용하여 자신을 솔직하게 표현하기와 타인의 말을 공감으로 듣기, 두 가지로 구성되어 있다. 자신의 느낌과 욕구를 알아채고 그것을 상대방에게 제대로 전달하는 것이 중요하고, 상대방의 행동 이면의 욕구를 파악하는 것도 중요하다. 상대방에게 말할 때는 "내가 ~을 보았을 때/들었을 때(관찰), 나는 ~라고 느껴요.(느낌) 왜냐하면 나는 ~이 필요/중요/원하기 때문이에요.(욕구) 이 말을 들었을 때 어떻게 느끼나요?/생각하나요?(연결 부탁) 또는 ~을 해줄 수 있나요?(행동 부탁)"라고 솔직하게 말한다. 상대방의 말을 들을 때는 "당신은 ~를 보았을 때(관찰), 당신은 ~라고 느끼나요?(느낌) 왜냐하면 당신은 ~가 중요하기 때문인가요?(욕구) 당신은 내가 ~하기를 원하나요?(부탁)"라고 공감하며 듣는다.

예를 들면, 학생이 수업에 늦게 들어왔을 때 "네가 수업 시작종이 친 이후에 교실에 들어오는 걸 보았을 때 선생님은 속상해. 왜냐하면 선생님은 수업이 안정되게 진행되는 게 중요하기 때문이야. 수업 종이 치기 전에 들어올 수 있겠니?"라고 표현할 수 있다. 한 학생이 다른 학생을 때리는 것을 보았을 때는 "네가 ○○를 때리는 걸 보았을 때 선생님은 놀랍고 걱정이 돼. 선생님은 우리 반 친구들이 모두 안전하게 지내는 게 중요해. 다음부터는 마음에 안 드는 일이 있을 때 네 마음을 말로 표현하면 좋겠어. 어떻게 하면 좋을까?"라고 말할 수 있다.

다른 사람에게 화가 날 때는 상대방을 비난하는 대신에 먼저 충족되지 않은 자신의 욕구를 살펴보고 자신의 느낌을 전달하며 욕구를 충족시키기 위한 부탁으로 표현한다. 다른 사람이 자신에게 화를 낼 때는 상대방이 한 말에 즉각적으로 반응하기보다는 상대방의 욕구를 알아채는 것이 중요하다. 말과 행동만 보면 상대방을 이해하기 어렵지만, 상대방의 행동이나 말에 숨어 있는 욕구를 알게 되면 공감하게 되고 마음 깊은 곳에서 연민이 올라오고 마음으로 연결될 수 있다.

비폭력대화는 자신의 욕구를 충족하기 위한 수단이 아님을 강조하고 싶다. 학생들이 곧바로 수긍하거나 행동이 바뀌기를 기대하지 말라는 것이다. 비폭력대화의 목적은 행동 수정이 아니라 '연결'이다. 비폭력대화를 통해 자신을 있는 그대로 관찰하고 느낌과 욕구를 인식하고 솔직하게 표현함으로써 자신과 연결되고, 다른 사람의 행동이나 말을 통해 그 사람의 욕구를 들여다봄으로써 공감과 연결을 경험할 수 있다.

비폭력대화는 대화의 기술이 아니라 삶의 철학이자 에너지이다. 연민과 공감을 바탕으로 자신을 솔직하게 표현할 수 있고 상대방의 말에 담긴 진정한 의도를 알아차리고 공감할 수 있다면 평화로운 학급을 만들 수 있을 것이다.

회복적 생활교육

경기도교육청 민주시민교육과에서 발행한 '2014 평화로운 학교를 위한 회복적 생활교육 매뉴얼'에서는, 우리가 지금까지 써 왔던 '생활지도'라는 단어에는 교사가 제시하는 규칙을 잘 지키는 것이 옳은 일이기 때문에 규칙을 잘 지키도록 학생들을 훈련하는 것이 중요하고 그 과정에서 처벌은 필수적이라는 가치관이 내포돼 있다고 말한다.

반면 '회복적 생활교육'이라는 말에는, 규칙을 잘 지키는 것이 아니라 '피해, 관계, 공동체의 회복'에 목적을 두고, 처벌과 보상으로 학생들을 훈련하는 것이 아니라 스스로 깨달아서 그 목적을 위해 기꺼이 변화하거나 그 목적을 위한 활동에 참여할 수 있는 사람으로 '교육' 하자는 철학이 담겨 있다.

여기서 가장 어려운 것이 '스스로' 와 '기꺼이', 이 두 단어이다. 이 두 단어를 실현하기 위해서 필요한 것은 두 가지이다. 첫 번째는 발생한 문제를 해결하기 위해 사용할 수 있는 새로운 대안, 즉 처벌이 아닌 다른 해결 방법이고, 두 번째는 평화로운 공동체를 만들기 위한 일상의 활동이다. 정진의『회복적 생활교육 학급운영 가이드북』(P.26~28)을 보면 다음 내용이 있다.

교사가 회복적 생활교육 방식으로 학급 변화를 모색하고 있다면, 가장 먼저 학급 공동체의 하부구조를 평화적으로 형성하려는 노력을 기울여야 한다. 학급 구성원 전체 인원을 100%라고 볼 때, 피라미드 구조로 형성된 상위 구조는 문제와 갈등에 노출된 수위가 높은 고위험군 아이들의 구성비로 약 1~5%를 차지한다. 그 바로 아래의 15%는 쟁점과 이슈를 유발하는 아이들의 구성비이며, 맨 아래의 80%는 보통의 평범한 아이들의 구성비를 나타낸다. 사실 대부분의 교사가 자의 반 타의 반으로 관심을 두는 영역은 1~5%의 고위험군 아이들인데, 이는 눈에 보이는 문제가 드러났을 때 그것을 해결하기 위해 최대한의 노력을 기울인다는 방증이다. 반면 80%의 평범한 아이들에 대한 개입은 학습의 정보 제공이나 관리 정도만으로도 괜찮다고 여기는 경우가 많아 특별한 상담 주간이 아니고는 구체적 만남이나 개입 자체가 이뤄지지 않을 때가 많다. 그러다 보니 아무 문제가 생기지 않게 하는 것 정도가 학교의 생활교육 목표가 될 뿐, 공동체의 평화적 역량을 키워 가거나 문화를 만들어가는 수준까지는 여력이 미치지 못하고 있다.

그러나 이 부분을 조금 다른 시각으로 바라본다면 전혀 다른 여정이 만들어질 수 있다. 피라미드 구조의 구성비를 교실의 인원 구성으로 보지 않고 교사의 생활교육 개입 정도로 보는 것이다. 그렇다면 가장 많은 개입과 관심을 기울여야 할 곳은 문제와는 관련되지 않은 80%의 일상에서 만나는 아이들로 바뀐다. 관계의 판을 새롭게 짜야 하는 고위험군 아이들에게는 5%의 정확한 개입만이 필요하다는 의미다.

이러한 시각 변화가 주는 의미는 눈에 보이는 문제와 갈등을 무시하거나 외면하라는 것이 아니라, 학급에서 발생하는 압력의 근거가 무엇인지 분명히 하라는 뜻이다. 고위험군 아이들의 문제에 분명하게 개입하는 것은 응당 해야 할 일이지만, 그것을 해결할 수 있는 최대의 힘은 어쩌면 교사 개인의 지도 방식을 통한 직면이 아니라 학급 전체가 지닌 공동체의 평화적 압력이기 때문이다.

학급을 운영할 때 가장 먼저 이름을 외우고 가장 많은 대화를 나누는 아이가 누구인가? 나를 잠 못 들게 하고 생각만 해도 마음이 답답해지는 '그 아이'가 아닌가? 앞의 인용에서는 이런 아이들을 '문제와 갈등에 노출된 수위가 높은 고위험군 아이들'이라고 부른다. 실제로 이런 1~5%의 아이들에게 교사의 에너지 80% 이상이 들어간다. 그런데도 아이는 달라지지 않는다. 그래서 일상이 벅차고 우울하다.

정진은 이런 상황을 다른 시각으로 바라보라고 말한다. 고위험군 아이들에 대한 개입을 최소화하고 일상의 회복적 생활교육을 통해 학급 전체의 '평화적 압력'을 만드는 데 교사의 에너지 80%를 사용하라고 이야기한다. 이것을 통해 문제나 갈등을 예방하거나, 발생했을 때도 교사 개인의 힘이 아니라 공동체의 힘으로 해결해보자고 제안한다. 아이들은 교사의 말보다는 친구의 말을 더 잘 듣는다. 학급의 친구들은 고위험군 아이들과 하루를 함께 보내며 그들을 지켜보고 그들의 행동으로 직접적 피해를 입게 되는데, 제3자가 바르게 살라고 조언하는 것보다는 직접 피해를 입은 당사자의 말에 더 큰 울림이 있기 때문이다.

교사는 피해가 발생하는 상황에서 학생들이 해결에 대한 두려움과 막막함 때문에 그 피해를 모른 척하거나 참는 공간이 아닌, 평등하고 평화로운 관계 속에서 누구나 말할 수 있는 안전한 공간을 만들기 위해 노력해야 한다. 안전한 공간이 돼야만 평화적인 압력도 만들어질 수 있다. 문제가 발생했을 때 그것을 해결하는 것도 중요하지만, 평화로운 공동체를 만들기 위한 일상의 여러 가지 활동이 더 중요하다. 이 책의 17개 꼭지 중 3장의 '2. 비폭력대화 기반의 그로그 상담', 4장의 '2. 회복적서클과 긴급중재'와 '3. 문제해결서클' 3가지만 학급에서 문제가 발생했을 때 그것을 해결하기 위한 방법이며, 나머지 14개는 평등하고 평화로운 관계 속에서 누구나 말할 수 있는 안전한 학급 공간을 만들기 위해 일상에서 활용할 수 있는 방법을 소개하는 이유도 이와 맥락을 같이 한다.

익숙한 것을 버리고 새로운 것을 실천하는 것은 언제나 두렵고 막막하다. 그러나 현재의 모습 그대로 가는 것도 두렵고 막막하긴 마찬가지이다. 그럴 때 무엇을 선택해야 할까? 포기하고 주저앉을 것인가 실패하더라도 새로움에 도전할 것인가?

회복적 생활교육을 한다고 해서 아이들이 180도 변화하지는 않으며, 모든 문제가 단숨에 해결되지도 않는다. 그러나 꾸준히 실천하다 보면, 아이들의 관계가 좋아지는 것은 분명하다. 소수 의견을 가진 아이들도, 목소리가 작은 아이들도 자신의 목소리를 내기 시작한다. 목소리가 크던 아이들도 자신의 목소리를 조금 줄이고 다른 사람의 목소리에 귀를 기울이기 시작하며, 문제를 일으켰던 아이들도 조심해야 할 선을 알고 조금은 조심하게 된다. 교사가 일방적으로 지시하는 '선'이 아니라 자신들이 긴 시간 의논하며 정한 '선'이기에 가능하다고 생각한다. 회복적 생활교육의 성패를 좌우하는 가장 중요한 점은 문제가 일어났을 때 서클을 통해 문제를 해결하는 것이 아니라, 평소 공동체 내부에 평화적으로 문제를 해결하고 피해를 회복하는 힘을 기르게 하는 것이라는 점을 다시 한 번 강조하고 싶다.

2장

학기 초
관계의 밑돌 놓기

1

따뜻한
교실 맞이

매년 어김없이 맞이하게 되는 아이들과의 첫 만남! 약간의 긴장감과 어색함이 감도는 조용한 교실에서 학생들은 '담임선생님은 누구일까? 담임선생님은 어떤 분이실까? 같은 반 친구들은 누구일까? 오늘은 몇 시에 끝날까?' 등의 궁금증을 안고 앉아 있을 것이다.

교사들은 2월 업무분장이 끝나면, 수업과 업무에 대한 고민과 함께 '올해는 어떤 아이들을 만날까? 학급을 어떻게 운영해볼까? 새 학기 첫날 아이들을 만나면 어떤 인상을 먼저 남기는 것이 좋을까?' 하는 학급운영에 대한 여러 가지 생각으로 머릿속이 분주할 것이다.

첫 만남은 그렇게 설렘, 두려움, 어색함, 호기심 등 여러 가지가 복합적으로 얽혀 있는 가운데 말 하나 행동 하나에 좀 더 신경을 쓰고 신중하게된다. 그러나 정작 교실에 들어가서는 아이들과 눈을 맞출 새도 없이 조금은 굳은 표정으로 메모해둔 전달사항을 안내하고 가정통신문을 나누어주는 주는 데 그치기 일쑤며 교실은 긴장으로 채워진다. 따뜻함, 배려, 설렘이 떠올려지는 교실 장면이 아쉽다. 이제는 쏟아지는 전달사항은 뒤로하고 첫 만남만큼은 온전히 아이들에게 집중해보는 것은 어떨까?

따뜻한 교실 맞이, 어떻게 실천할까?

따뜻한 교실 맞이란, 새 학년의 첫날 담임교사가 아이들을 맞이하는 방법 가운데 하나로 평화로운 학급운영 실천의 첫 단추라 할 수 있다. 쭈뼛쭈뼛 들어선 교실에서 편안한 음악이 흐르고, 궁금한 것들이 칠판에 안내되어 있으며, 책상 위에 교사의 환영 인사와 함께 초콜릿이나 사탕 같은 선물이 있다면, 아이들의 두려움과 긴장감이 조금은 누그러들지 않을까? 어색한 교실이 좀 더 따뜻하게 느껴지지 않을까? 아직 얼굴도 보지 못한 담임선생님이지만, 좀 더 쉽게 마음을 열 수 있을 것이다.

처음 교실로 들어서는 아이들의 마음이 어떨지, 좀 더 교실을 편안하게 만드는 장치에는 무엇이 있을지 고민하고 논의하면서 교사가 준비할 것들을 함께 살펴보자.

미리 교실 출입문을 열어 두고 전등도 켜 둔다. 3월이지만 학교는 아직 춥기 때문에 가능하다면 따뜻하게 난방도 해두면 좋다. 아직은 어색한 교실, 신입생이라면 학교가 낯설고 편안하지 않을 수 있다. 어색함과 불편함을 자연스럽게 없애주는 따뜻한 음악이 아이들이 들어서는 교실에서 흘러나오면 좋을 것이다. 음악은 자연스러운 분위기를 만들어주고 교사에게도 편안한 마음으로 아이들을 맞이할 수 있는 장치가 될 수 있다. 그리고 향후 서클을 진행할 때 배경 음악으로도 활용할 수 있다.

음악은 사전에 교사들과 협의한 것 중에 적절한 곡을 골라 교사 개인의 노트북과 교실의 TV를 연결하여 잔잔하게 흘러나오게 한다. 블루투스 스피커나 다른 장비를 이용해도 좋다.

교실로 처음 들어서는 아이들은 어디에 앉아야 할지를 모른다. 친한 친구끼리 삼삼오오 모여 앉기도 하지만, 새로운 친구가 대부분이거나 소극적인 학생인 경우에는 자리에 앉을 때 다른 친구들의 눈치를 보기도 한다. 그래서 어쩔 수 없이 남아 있는 제일 앞자리에 앉을 수밖에 없다.

각 학교의 교실 상황에 맞는 자리 배치표를 칠판에 게시한다. 또한 자리 배치표를 교탁에도 미리 붙여 두면, 담임교사는 처음 만나는 아이들의 얼굴을 보며 이름을 불러줄 수 있고 수업에 들어오는 다른 교사들도

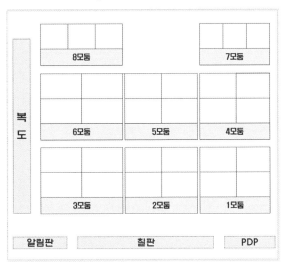

자리 배치표 예시

아이들의 이름을 좀 더 빨리 익힐 수 있다. 학교에 자리 배치표 양식이 따로 있다면 그 양식에 맞게 작성해도 되고, 사전에 교사들과 양식을 공유하여 작성하는 것도 좋다.

아이들은 '오늘 학교에선 무엇을 하는지, 무엇을 준비해야 하는지, 언제 끝나는지' 등 하루 일정에 대해 궁금한 것이 많지만, 물어보는 것을 불편해할 수 있다. 첫날 일정을 미리 게시하는 것은 긴장감 속에 하루를 보내야 하는 아이들을 위한 작은 배려이다. 학교나 학년에 따라 3월 2일의 일정이 다를 수 있다. 보통 첫날 일정을 주무 부서에서 미리 메신저 등을 통해 공유하므로 이를 활용하여 작성하고 칠판에 게시해두면 아이들

✎우리의 첫날, 3월 2일 일정

시 간	내 용	장 소	당부의 말
~09:00	등교	3-2교실	-
08:50~09:15	교실	강당	
09:20~09:40	강당으로 집합	강당	20분에 안전하게 의자 들고 천천히 이동하기
09:40~09:50	입학식 예행연습	강당	-
09:50~10:40	입학식	강당	진지하게 차분하게 참여하기
10:50~11:35(3교시)	학교폭력예방교육	강당	경청하기, 궁금한 점 질문하기
11:45~12:30(4교시)	담임시간(신뢰서클)	교실	
12:30~13:30(점심)	3학년먼저! 12시 30분에 시작.	식당	안전하게 질서 지키기 계단에서 뛰지 않기 감사한 마음으로 먹기
13:30~14:15(5교시)	학급별 학생회 활동 소개	교실	
14:25~	학생봉사 사전교육 및 대청소	교실	안전하게 귀가하기 교통규칙 지키기

✎우리의 첫 주 임시 시간표

교시	월	화	수	목	금
1	수학	과학2	국어	역사	체육
2	국어	체육	수학	영어	과학1
3	사회	사회	사회	수학	음악
4	영어	역사	기가	과학2	영어
5	기가	국어	영어	과학1	미술
6	기가	스포츠	☺	음악	미술
7	☺	스포츠	☺	국어	☺

일정표 및 시간표 안내 예시

이 하루 일과를 미리 알고 편안하게 준비할 수 있을 것이다. 또한 학교마다 계획된 일정이 있겠지만, 교육과정 속에 담임교사와 아이들 간의 온전한 만남이 이루어질 수 있는 시간을 확보하는 것이 좋다.

아이들이 처음 앉게 될 책상 위에 달콤한 초콜릿이나 사탕과 함께 환영의 메시지가 담긴 편지를 올려둔다. 편지를 준비할 시간이 부족하다면, 만남을 주제로 한 시나 좋은 글귀만으로도 충분하다.

좀 더 욕심을 내 본다면, 첫 만남을 마무리하는 종례 시간을 활용하여 학부모 편지(2장의 '6. 학부모 편지와 가정방문' 참조)를 아이들 편에 전달할 수도 있다. 담임을 하다 보면 아이들과 소통할 때 겪는 어려움도 있지만, 학부모와의 갈등으로 겪는 불편함과 어려움도 만만치 않다. 학부모의 요구도 날이 갈수록 커져 담임으로서 학부모를 대하는 것은 늘 부담이 되며, 현실적으로 학부모 총회나 수업 공개의 날을 제외하고는 교사의 교육 철학이나 아이들을 지도할 때 중요하게 생각하는 것들을 학부모와 소통하며 나눌 기회나 시간이 거의 없다.

아이들과 처음 만나는 날은 담임교사와 학부모의 관계가 첫걸음을 내딛는 날이기도 하다. 학부모 편지는 교사와 학부모 간에 이해와 신뢰의 싹을 틔우는 수단이 될 수 있다. 편지에는 학부모 입장에 대한 공감과 이해를 표현하고, 교사의 교육관이나 교육 철학, 학급운영 방침(학급을 운영할 때 중요하게 생각하는 것이나 가정의 협조가 필요한 부분 등)을 자연스럽게 드러내며, 아이들의 하루 일과표, 학사일정 및 교사 개인의 시간표와 상담 가능한 연락처 등을 안내할 수 있다.

새 학년의 첫날! 아이들과 좀 더 마음의 여유를 갖고 만나고 싶지만, 학기 초에는 담임교사가 각 부서에 제출할 것이 참 많다. 그중에 가장 먼저 제출해야 할 것 중의 하나가 바로 비상연락망이다. 학생과 학부모의 휴대폰 번호를 입력하면서 이런 일은 누가 대신해주면 좋겠다고 생각했던 적도 있었다. 교사가 업무 부담에서 벗어날 때 아이들의 얼굴을 더 자세히 볼 마음의 여유가 생긴다. 나 역시 동료 교사의 도움으로 좀 더 효율적으로 비상연락망을 작성하는 방법을 알게 되었고, 이를 통해 절약한 시간을 아이들과 소통하는 활동에 좀 더 쓸 수 있었다.

'따뜻한 교실 맞이'를 하면서 칠판의 게시물이나 책상 위에 올려둔 초콜릿이나 사탕과 함께 준비한 환영의 메세지 속에 교사가 사전에 작성해둔 구글 설문지의 주소를 QR코드로 내려받아 입력해두면, 아이들이 해당 주소에 접속하여 설문지 작성을 쉽게 할 수 있다. 설문지에 예시 답안을 제시해두면 아이들이 좀 더 쉽고 정확하게 입력할 수 있다. 설문 작성이 끝나면 엑셀 파일로 저장하여 학기 초 비상연락망 작성 등에 활용할 수 있다.

사랑하는 ○-○반 학생들에게.

안녕 ○반. ^^ 2018년 여러분과 함께 할 담임입니다. 새 학기 설레는 마음, 긴장된 마음. 여러 마음을 가지고 등교했겠네요. 저는 30명의 소중한 인연을 만나게 되어 기쁩니다. 소소한 선물이지만 여러분의 긴장이 사르르 녹길 바랍니다. 여러분은 이미 ○반이라는 이유 하나만으로도! 선생님에게 사랑받을 이유가 충분합니다. 사랑하고 축복합니다.

♡ 선생님이 올 때까지 오른쪽에 있는 QR코드를 스캔하여 설문지 작성을 해주세요. ^^

QR코드 예시

1. 구글 계정을 만든다.(간단한 정보 입력으로 계정을 만들 수 있다)

2. 구글 설문지 작성을 이용해 설문지를 만든다.

   - 설문지 제목 입력(예: ○학년 ○반 연락처 정보)

   - 설문지 질문 입력(학번과 이름, 본인 휴대폰 번호, 부모님 휴대폰 번호, 집 전화

     번호 등 문항을 만들고 단답형으로 작성할 수 있도록 선택)

     ※ '설정'에서 '설문지 작성 시 로그인 필요'란의 체크 해지해야 함

   - 설문지 작성 완료 후 오른쪽 상단의 '보내기'를 누르고 URL 주소를 복사하여 포

     털사이트의 QR코드 만들기를 통해 QR코드를 생성하여 이미지 다운로드

   - 다운로드 받은 이미지를 교실의 게시물이나 아이들의 책상 위 환영의 메시지에

     삽입

3. 학생들이 제출한 설문지를 확인하고 엑셀 파일로 저장하기

   - 구글 설문지 작성했던 창으로 이동하여 상단의 응답 클릭

   - ✚ (스프레드시트에서 응답 보기)를 클릭하면 학생들이 입력한 정보를 확인할

     수 있음. 확인 후 파일로 저장하기

구글 설문지를 활용하여 학생 주소록을 쉽게 작성할 수 있지만, 나는 학생들에게 내 휴대폰 번호를 알려주고 자기소개 메시지를 보내 달라고 요청한다. 해를 거듭할수록 학생들 이름을 외우기가 쉽지 않다. 아이들의 이름을 빨리 익혀서 좀 더 친근하게 다가서고 싶은 교사의 마음을 아이들에게 표현하면, 아이들은 자기 이름으로 삼행시를 짓거나 자신의 별명이나 강점을 표현해서 문자를 보내준다. 이를 통해 아이들 이름을 좀 더 효과적으로 익힐 수 있고 성격이나 성향을 파악할 수도 있다.

○반 아이들아 만나서 반가워.
선생님 이름은 ○○○! 올 한해 너희들과 함께 행복한 교실을 꿈꾸며 많이 설레고 긴장도 된단다. 앞으로 잘 부탁해! 지금 휴대폰을 꺼내서 선생님에게 자기소개와 이름, 학번을 문자로 보내줄래? 기발한 자기소개와 이름, 학번, 이 세 가지를 꼭 입력해서 보내줘~. 선생님 폰에 너희들 전화번호 잘 입력해 두고, 너희들 하나하나 잘 이해하고 이름 외우는 데 적극 활용할게...

해보니까 이래요

'따뜻한 교실 맞이'는 아이들에 대한 교사의 존중과 배려의 의미가 담겨 있다. 누군가가 나와의 만남을 위해 미리 무언가를 준비해주었다면 그것만큼 값지고 행복한 경험이 또 있을까? 내가 속하게 될 공동체에서 나를 반갑게 맞이해주는 경험, 내가 환영받고 있다는 경험은 다양한 감정을 안고 교실로 들어서는 아이들에게 소중한 기억이 될 것이다. 일상에서 존중과 배려를 경험해본 아이들이 또 다른 존중과 배려를 만들어낼 수 있을 것이다.

교사라면 누구나 '올해는 어떤 녀석들을 만날까?'라는 두려움과 기대를 품고 아이들을 만난다. 아이들로 인해 상처받았던 경험, 학교에서 벌어지는 일상의 사건을 보고 듣고 경험하면서 올해는 좋은 아이들을 만나길 바라는 마음은 어쩌면 당연할지도 모른다. 그러나 어떤 아이들을 만나느냐보다 어떻게 만날 것인가가 더 중요할 수도 있다.

학교 업무를 열심히 쫓아가다 보면, 어느 순간 아이들과는 한참 동떨어져 있다고 느낄 때가 종종 있다. 그 순간 교실은 교사에게 더 이상 행복한 공간이 될 수 없다. 따라서 교사 스스로 행복하기 위해서라도 아이들과의 관계는 무엇보다 소중하고 가장 우선되어야 할 것이다. 따뜻한 만남을 준비하는 것도 결국은 교사 자신의 행복을 위한 준비 과정인 것이다. 어떤 아이를 만나든지 그 만남이 어떻게 이루어지느냐에 따라 교사와 학생의 관계는 좀 더 평화롭고 행복해질 수 있을 것이다.

'따뜻한 교실 맞이'에서부터 교실의 평화로운 관계 맺기가 시작되는 만큼 섬세하고 따뜻하게 맞이하기 위한 준비는 그 과정 자체만으로도 교사에게 행복과 성장을 가져다준다.

'아이들은 새 학기 첫날 어떤 마음으로 학교에 올까?', '교실에 들어선 아이들은 어떤 마음일까?' 하는 궁금증은 '따뜻한 교실 맞이'를 준비할 때 갖는 자연스러운 질문이다. 짧은 아침 시간 잠깐의 만남을 위해 무슨 준비를 그리 할 것이 있나 할 수도 있지만, 아이들의 마음과 상황을 헤아려 교실을 좀 더 따뜻하게 만들려는 교사의 노력과 준비는 교실에 들어서는 아이들의 미소를 보는 순간 괜한 일을 한 것이 아님을 알게 된다. 또한 준비 과정에서 함께 소통한 동료 교사와의 관계도 좀 더 자연스럽고 따뜻해질 수 있다.

'따뜻한 교실 맞이'는 담임교사 한 명의 몫이 아니다. 담임교사들과 학년 부장 간에 경험을 나누며 소통하고 준비하면서 새로운 아이디어가 나오기도 하고 혼자서는 미처 생각하지 못했던 점도 깨우치게 된다. 또한 학교 일정을 주관하는 부서의 부장 교사와의 소통으로 새 학기 첫날 일정에 담임교사와 아이들이 온전히 함께할 시간을 확보할 수 있고 준비 과정에서 지지와 협조를 얻을 수도 있다. 함께 이야기하고 고민하고 편안하게 생각을 나눌 동료 교사가 있다는 것은 교사에게 큰 힘을 준다. 이처럼 '따뜻한 교실 맞이'는 아이들과 교사, 교사와 교사를 연결하는 첫 단추가 되는 것이다.

교사와 학생의 의미 있는 첫 만남은 교사의 학생에 대한 이해, 학생의 교사에 대한 신뢰를 쌓는 밑거름이 된다. '따뜻한 교실 맞이'는 교사와 아이들에게 의미 있는 첫 만남의 토대가 될 것이며, 교사 또한 아이들을 맞이하는 준비 과정을 통해 아이들과 만들어갈 한 해를 좀 더 구체적으로 계획할 수 있을 것이다. 튼튼한 관계의 밑돌을 차근차근 쌓아가면서 교실 안에서의 평화로운 소통은 실현될 것이며, 관계는 더욱 공고해질 것이다.

2

첫 만남 신뢰서클

3월 2일, 우리 반 아이들과 처음 만나는 날이다. 교실에는 설렘과 긴장이 공존한다. 아이들은 어색한 표정으로 앉아 있다. 아는 친구와 인사를 나누기도 하지만, 곧 침묵이 이어진다. 어떻게 하면 첫 만남의 어색한 분위기를 해소하고 일 년 동안 함께할 친구들을 좀 더 편안하게 만날 수 있을까? 첫 시간을 어떻게 보내면 우리 반을 따뜻한 공동체로 만들어가는 데 도움이 될까?

새로운 학년을 시작하면서 서로 얼굴을 바라보고 함께 이야기를 나누며 연결되는 것을 경험하는 '첫 만남 신뢰서클'을 제안한다. 마음으로 연결되는 평화로운 공동체를 만들어가는 첫걸음이 될 것이다.

서클 알아보기[3]

1. 서클이란?

동그랗게 모여 앉아서 이야기를 나누는 모임이다. 동그랗게 둘러앉는 것은 대화의 참여자가 모두 동등하다는 것을 의미한다. 한 사람이 대화를 주도하는 것이 아니라, 모두 동등한 발언의 기회를 가지며 평등하게 소통한다.

2. 서클 준비하기

1) 토킹피스: 서클에서 이야기하는 사람이 쥐고 있는 도구이다. 토킹피스를 차례로 옆 사람에게 건네며 대화를 진행한다. 토킹피스를 가지고 있는 사람만 이야기를 하고 다른 사람들은 경청한다. 토킹피스는 손으로 잡기 편하고 서클의 목표와 어울리는 물건으로 준비하는 것이 좋다.

토킹피스_기린 인형

토킹피스_이름 볼펜

---

3 회복적 생활교육 교사 동아리 '구인회'의 자료집, 정진(2016) 『회복적 생활교육 학급운영 가이드북』(피스빌딩), KOPI '새학기 준비 워크숍' 자료, 경기도교육청(2016) 「평화로운 학급공동체 워크북(중등)」을 참고했다.

2) 센터피스: 둘러앉은 원의 가운데에 여러 물건을 두는데 이를 센터피스라고 한다. 센터피스는 사람들의 시선이 원 안에 편안하게 머무를 수 있도록 돕는다. 마음을 평온하게 하고 따뜻한 분위기를 형성할 수 있는 물건으로 꾸미는 것이 좋다. 서클의 의미나 목적을 표현할 수 있는 물건이나 서클에서 활용하는 도구로 꾸며도 좋다. 예를 들면, 색종이나 천을 바닥에 깔고 그 위에 향초, 꽃이나 화분, 비폭력대화를 상징하는 기린 인형, 털실 등으로 꾸밀 수 있다. 서클에서 활용할 그림 카드나 그로그 카드, 서클 규칙을 적은 종이로 꾸밀 수도 있다. 블루투스 스피커를 놓아 밝고 따뜻한 분위기를 형성하는 음악을 재생할 수도 있다.

3) 자리 배치: 서클 진행자를 포함한 모든 참여자가 동그랗게 둘러앉는다. 일반적으로 책상은 치우고 의자만 가지고 모여 앉는다.

4) 서클의 규칙[4]: 솔직하고 편안하게 대화를 나누기 위해서 몇 가지 규칙이 필요하다. 참여자들이 추가하고 싶은 규칙이 있는 경우, 서클의 목표에 어긋나지 않는다면 추가할 수 있다.

---

4   KOPI '회복적 정의 포스터 시리즈 1'에서 인용했다.

① 토킹피스를 가진 사람만 이야기할 수 있다.

② 다른 사람의 이야기를 경청한다.

③ 서클을 처음부터 끝까지 유지한다. 일방적으로 자리를 떠나지 않는다.

④ 서클에서 나온 이야기는 비밀로 한다.

3. 서클 활용하기

  1) 신뢰서클: 따뜻한 분위기에서 관계 맺기를 통해 평화로운 공동체를 만들기 위한 대화 모임이다. 첫 만남 신뢰서클, 소규모 집단상담, 학부모 신뢰서클, 학년말 신뢰서클 등으로 활용할 수 있다.

  2) 회복적서클: 갈등이 발생했을 때 갈등과 관련 있는 사람들이 동그랗게 모여 앉아 대화를 나눔으로써 관계 회복으로 나아가도록 돕는 대화 모임이다.

  3) 문제해결서클: 공동체에 발생한 문제를 함께 고민하고 평화로운 해결 방법을 탐색하는 대화 모임이다.

  ※ 이 책에서는 대표적인 3가지의 서클을 소개하지만, 서클의 형태는 진행자가 상황에 따라 달리할 수 있다.

첫 만남 신뢰서클 알아보기

첫 만남 신뢰서클은 일 년 동안 함께할 학급 구성원 전체가 얼굴을 마주하는 첫 번째 공동체 활동이다. 서로 얼굴을 바라보고 친구들의 이야기에 귀 기울이며 공동체를 만들어가는 것을 목표로 한다.

이러한 목표를 바탕으로 신뢰서클의 시나리오를 기획한다. 신뢰서클의 기본 흐름은 '환영 인사-몸놀이-여는 의식-서클 안내-여는 질문-주제 질문-소감 나누기'이다. 서클의 순서는 고정된 것이 아니고, 목적과 상황에 따라 바꾸어 진행해도 된다. 첫 번째 서클인 만큼 아이들이 서클에 대해 긍정적으로 생각하도록 기획하는 것이 중요하다. 편안하고 따뜻한 분위기를 조성하고 서클을 하는 이유와 서클의 의미를 전달하기 위해 꼼꼼히 준비해야 한다.

첫 만남 신뢰서클을 진행하는 데 필요한 준비물에는 토킹피스, 센터피스, 음악과 음악을 틀 수 있는 기기(휴대폰과 블루투스 스피커 등), 그림 카드, 시를 적은 종이 등이 있다. 프리즘 카드와 같이 다양한 그림이 있는 카드는 대화를 풍성하게 한다. 서클의 목표에 적절한 시를 적은 종이를 참여자의 수만큼 준비한다. 음악은 밝고 따뜻한 분위기를 형성하는 데 도움이 되는 잔잔한 음악으로 준비한다.

서클을 진행하기에 앞서 교실을 정돈한다. 책상을 치우고 의자만 모아서 서클 형태로 (동그랗게) 배치한다. 서클 중앙에 센터피스를 꾸미고, 칠판에 서클 규칙을 적어 놓는다. 첫 만남을 축하할 수 있는 음악을 틀고 아이들을 서클의 자리로 초대한다.

아이들이 모두 둥글게 앉으면 먼저 '환영의 인사'를 하며 서클의 목표를 이야기한다. 서클의 자리로 초대하며 서클의 자리에 온 아이들을 환영하는 시간이다.

두 번째로는 몸을 움직이면서 즐겁게 다른 사람과 연결되도록 돕는 '몸놀이'를 진행한다. 몸놀이를 통해 첫 만남의 긴장감을 완화하고 편안한 분위기를 만들 수 있다. 승패가 있는 경쟁적인 게임보다 서로 알아갈 수 있는 공동체 놀이로 준비한다. 자리를 섞는 몸놀이를 통해 진한 친구와 자연스럽게 떨어져 이후의 대화에 집중하도록 돕는다.

　세 번째로는 시, 노래, 동영상 등을 활용하여 첫 만남 신뢰서클의 취지를 소개하는 '여는 의식'을 갖는다. 마음이 따뜻해지고 대화할 수 있는 분위기를 형성하는 데 도움이 된다.

　네 번째로는 서클의 의미와 규칙을 소개한다. 이때 토킹피스나 센터피스를 간단하게 소개하여 서클의 목적을 다시 한번 되새길 수도 있다.

　다섯 번째로는 부담 없이 솔직하게 대답할 수 있는 '여는 질문'을 한다. 가볍게 자기소개를 할 수 있는 질문이나, 현재 자신의 마음 상태를 살펴볼 수 있는 질문과 같이 아이들이 쉽게 대답할 수 있으면서도 서로 알아갈 수 있는 질문을 준비하는 것이 좋다.

　여섯 번째로는 서클의 목표와 관련된 '주제 질문'을 한다. 열린 질문을 준비하고, 그림 카드를 활용하여 대답하도록 하면 좀 더 많은 이야기를 나눌 수 있다. 마지막으로 소감을 나누며 서클을 마무리한다.

첫 만남 신뢰서클 해보기

첫 만남 신뢰서클 시나리오[5]

0. 사전 준비

- 소요 시간: 45분

---

5 시나리오에서 제시된 활동은 한국NVC센터(2015~2017) 비폭력대화 연수 자료, KOPI(2017) '새학기 준비 워크숍' 자료, 정진(2016)『회복적 생활교육 학급운영 가이드북』(피스빌딩), 교사 동아리 구인회(2015) '회복적 생활교육 자료집(KOPI)', 경기도교육청(2016) '평화로운 학급공동체 워크북(중등)'을 참고 및 인용했다.

- 준비물: 토킹피스, 센터피스(색종이, 꽃 등), 밝고 따뜻한 음악, 음악을 틀 수 있는 기기(휴대폰, 블루투스 스피커 등), 그림 카드(프리즘 카드), 시를 적은 종이 등
- 할 일: 동그랗게 자리 배치하기, 센터피스 꾸미기, 칠판에 서클 규칙 적어 놓기, 음악 틀어놓기

1. 환영 인사

- (미리 틀어 놓은 음악을 끈다) "반가워요. 오늘 첫 만남의 자리에서 서로 얼굴을 바라보고 이야기를 나누는 시간을 가지려고 해요. 서로 알아가는 시간이 되면 좋겠어요."

2. 몸놀이

- "좀 더 편안한 분위기에서 서로 알아가기 위해 간단한 놀이를 하나 하려고 해요. '바람이 분다'라는 놀이를 아나요? 방법은 이렇습니다."
  ① 의자를 인원수보다 1개 적게 놓고 시작한다.
  ② 진행자가 원의 가운데에서 바람이 부는 동작(양손을 좌우로 흔들기)을 하며 '바람이 분다. 바람이 분다. ~한 사람에게 바람이 분다'라고 말한다.
  ③ 해당하는 사람은 자리를 옮긴다. 단, 옆자리로 옮기는 것은 안 된다. 이때 진행자도 빈 의자에 앉는다.
  ④ 의자에 앉지 못한 사람은 원의 가운데에 서서 다시 '바람이 분다'를 진행한다.
  "이해가 되었나요? 자, 먼저 선생님이 해볼게요." (밝은 분위기의 음악을 튼다) "바람이 분다. 바람이 분다. 아침밥을 먹고 등교한 사람에게 바

람이 분다."

【이 외 몸놀이 예시】

- '손님 초대하기' '당신은 당신의 이웃을 사랑하십니까?' 등

3. 여는 의식

- "긴장이 풀리고 편안해졌나요? 우리의 대화를 시작하면서 시를 하나 선물하려고 해요. (시를 나누어준다) 함께 읽어볼까요?"

  예) 나태주의 '풀꽃2', "이름을 알고 나면 이웃이 되고 / 색깔을 알고 나면 친구가 되고 / 모양까지 알고 나면 연인이 된다. / 아, 이것은 비밀"

- "이 시처럼 여러분이 서로의 이름을, 얼굴을, 특징을, 생각을 알아가는 시간이 되면 좋겠어요. 우리가 서로 연결되어 공동체를 만들어가는 데 도움이 되는 시간이기를 바랍니다."

4. 서클 안내

- [서클의 의미 설명] "지금 동그랗게 앉아 있는데, 이 원은 우리가 평등하게 하나가 되는 것을 의미해요. 한 사람만 이야기하는 것이 아니라, 모두 동등한 발언의 기회를 가지며 평등하게 소통할 수 있는 자리라는 것이죠. 이렇게 동그랗게 앉아서 이야기를 나누고 소통하는 모임을 '서클'이라고 합니다. '토킹피스'라는 도구를 옆 사람에게 건네며 대화를 나눌 거예요. 토킹피스를 가진 사람은 자신의 이야기를 하고, 다른 친구들은 경청하면 됩니다. 만약 말할 차례가 왔는데 할 말이 생각나지 않으면 '패스'라고 말하며, 다음 사람에게 토킹피스를 넘기고 다시 자신의 차례가 돌아올 때 이야기를 해도

괜찮습니다."

- [서클의 규칙 소개] "솔직하고 편안하게 대화를 나누기 위해서는 몇 가지 규칙이 필요해요. 여러분도 동의할 수 있는지 살펴봐 주세요. 칠판에 있는 서클 규칙 4가지를 다 같이 읽어볼까요?"

① 토킹피스를 가진 사람만 이야기할 수 있다.

② 다른 사람의 이야기를 경청한다.

③ 서클을 처음부터 끝까지 유지한다. 일방적으로 자리를 떠나지 않는다.

④ 서클에서 나온 이야기는 비밀로 한다.

"여러분, 동의할 수 있나요? 혹시 추가하고 싶은 규칙이 있나요?"

(대부분 없다고 대답하지만, 혹시 추가하고 싶은 규칙이 있다고 할 때, 신뢰서클의 목표에 어긋나지 않는다면 되도록 수용한다)

5. 여는 질문

- "먼저 내가 가장 좋아하는 것과 함께 나를 소개해볼까요? 첫 번째질 문은 '여러분의 이름은 무엇인가요? 그리고 가장 좋아하는 것과 그 이유는 무엇인가요?' 입니다. 잠시 생각하는 시간을 가질게요. 저부 터 이야기해 볼게요.(첫 서클이기 때문에 교사가 먼저 시범을 보이는 것이 좋 다) 제 오른쪽으로 토킹피스를 돌리겠습니다. 생각이 잘 나지 않는 친구들은 토킹피스를 옆 사람에게 넘기고, 다시 자기 차례가 돌아 오면 이야기를 해도 괜찮습니다."

- "두 번째 질문은 '지금 나의 기분을 색깔로 표현한다면 무엇인가 요? 그 이유는 무엇인가요?' 입니다. 잠시 생각하는 시간을 가질게 요. (아이들이 생각하는 동안 주제 질문에 활용할 그림 카드를 바닥에 펼쳐 놓는다)

이번에는 제 왼쪽 방향으로 토킹피스를 돌릴게요. 방법은 이전과
같습니다."

【이 외 질문 예시】

- 내가 가장 좋아하는 사람은? 그 이유는?

- 지금 나의 느낌을 날씨/계절로 표현한다면? 그 이유는?

6. 주제 질문

- "세 번째 질문은 '우리 반은 어떤 반이 되면 좋을까요?' 입니다. 자
  신이 바라는 우리 반의 모습을 가장 잘 표현한 그림 카드를 한 장씩
  골라주세요. 그림 카드와 연결하여 내가 바라는 우리 반의 모습을
  이야기해 봅시다. 잠시 생각하는 시간을 가질게요. (서클 참여자 모두
  카드를 고를 때까지 충분히 기다린다) 저부터 이야기해 볼게요. (교사가 먼저
  시범을 보이는 것이 좋다) 말할 준비가 된 사람 있나요? 먼저 준비된 ○
  ○을 중심으로 오른쪽으로 돌아가겠습니다."

- "네 번째 질문은 '올해 우리 반 친구들과 꼭 하고 싶은 활동과 그 이
  유는 무엇인가요?' 입니다. 잠시 생각하는 시간을 가질게요. 이번에
  는 제 왼쪽으로 토킹피스를 돌릴게요."

【이 외 질문 예시】

- 작년 반에서 좋았던 점은?

- 행복한 학급을 만들기 위해 필요한 것은?

7. 소감 나누기

- "마지막으로 소감을 나누겠습니다. 오늘 서클로 대화하면서 들었던
  생각이나 느낌을 자유롭게 이야기해 주세요." (토킹피스를 돌린다)

- "저의 소감은 시로 대체하겠습니다. 앞서 나누어준 종이에 있는 두 번째 시예요." (한 줄씩 돌아가면서 읽어도 좋다)

  예) 용혜원의 '함께 있으면 좋은 사람'. "당신을 처음 만나던 날 / 느낌이 참 좋았습니다. / 착한 느낌, 해맑은 웃음 / 한 마디, 한 마디 말에도 / 따뜻한 배려가 있어 / 잠시 동안 함께 있었는데 / 오래 사귄 친구처럼 / 마음이 편했습니다. / … "

- "여러분을 만나 참 좋습니다. 솔직하게 자신을 보여준 우리에게, 끝까지 자리를 지켜준 우리 모두에게 박수를 보내줄까요? 수고했습니다." (박수)

첫 만남 신뢰서클 사례 엿보기

교사 반갑습니다. 오늘 첫 만남의 자리에서 서로 얼굴을 보면서 대화하는 시간을 가지려고 해요. 서로 알아가는 시간이 되면 좋겠습니다. 좀 더 편안한 분위기에서 대화를 나누기 위해서 먼저 간단한 놀이를 하려고 해요. '바람이 분다' 라는 놀이를 아나요? 선생님이 예를 들어 볼게요. (교사의 의자를 서클 밖으로 뺀다) 진행자가 원의 가운데에서 양손을 좌우로 흔들면서 바람이 부는 동작을 해요. 그리고 '바람이 분다. 바람이 분다. ~한 사람에게 바람이 분다' 라고 하면 해당하는 사람은 모두 자리를 옮겨 앉아야 합니다. 단, 옆자리로는 이동하는 것은 안 됩니다. 더 멀리 떨어진 자리로 이동해서 앉으세요. 이때 진행자도 빈자리에 들어가서 앉으면 됩니다. 마지막까지 의자에 앉지 못한 사람은 원의 가운데에 서서 다시 '바람이 분다'를 진행하면 됩니다. 자, 선생님이 먼저 해볼게요. '바람이 분다, 바람이 분다, 아침밥을 먹고 등교한 사람에게 바람이 분다.'

학생들 바람이 분다. 바람이 분다. 안경 쓴 사람에게 바람이 분다.

학생 바람이 분다. 바람이 분다. 뭐 하지? 카디건을 입은 사람에게 바람이 분다.

(중략)

교사 자, 여기까지 할게요. 간단한 놀이를 한번 해봤는데요. 아까보다 몸의 긴장이 풀리고 편안해졌나요? 대화를 시작하면서 선생님이 첫 만남을 기념하는 시를 하나 선물하려고 해요. 옆으로 돌려볼까요? 모두 받았나요? 왼쪽에 있는 '풀꽃 2'라는 시에요. 한번 같이 읽어봅시다. 시작!

학생들 '이름을 알고 나면 이웃이 되고, 색깔을 알고 나면 친구가 되고, 모양까지 알고 나면 연인이 된다. 아, 이것은 비밀'

교사 이 시처럼 여러분이 서로 이름도 알게 되고 얼굴도 좀 더 익히고 서로의 색깔, 특징도 알게 되고 서로의 생각도 알아가는 시간이 되면 좋겠어요. 오늘 대화를 통해 우리 반이 따뜻한 공동체로 서로 연결되기를 바랍니다. 우리가 지금 동그랗게 앉아 있잖아요. 이렇게 동그랗게 앉아서 대화하는 모임을 '서클'이라고 해요. 한 사람만 이야기하는 것이 아니라 모두 동등한 발언의 기회를 가지고 평등하게 생각을 나누는 자리예요. 평등하게 대화할 수 있는 시간을 바로 서클이라고 해요. 서클로 대화를 나눌 때 '토킹피스'라는 도구를 옆으로 돌릴 거예요. 토킹피스를 가진 사람은 자신의 이야기를 하고, 다른 친구들은 말하는 사람의 얼굴을 바라보면서 경청하면 됩니다. 오늘 토킹피스로 가져온 물건은 선생님에게 굉장히 소중한 볼펜이에요. 볼펜에 뭐라고 쓰여 있나요?

학생 C '슬기쌤'이요.

교사 맞아요. 선생님의 이름이에요. 오늘 첫 만남의 자리에서 선생님의 이름을 기억 해주길 바라는 마음에서 가지고 왔어요.

토킹피스_이름 볼펜

사실, 이 볼펜은 첫 제자들과 이별하면서 나누었던 선물이에 요. 이 볼펜을 보고 있으면 그 친구들과 함께한 추억이 떠올 라서 행복해지는 것 같아요. 우리도 그렇게 소중한 관계가 되 면 좋겠다는 의미를 담아서 이 볼펜을 토킹피스로 사용하려 고 해요. 솔직하고 편안하게 대화를 나누기 위해서는 몇 가지 규칙이 필요해요. 선생님이 준비한 규칙은 4가지에요. 칠판 에 있는 서클 규칙을 다 같이 읽어볼까요?

학생들 첫째, 토킹피스를 가진 사람만 이야기할 수 있다. 둘째, 다른 사람의 이야기를 경청한다. 셋째, 서클은 처음부터 끝까지 유 지한다. 일방적으로 자리를 떠나지 않는다. 넷째, 서클에서 나온 이야기는 비밀로 한다.

교사 특별히 강조하고 싶은 부분이 있어요. 두 번째, 경청하는 것 이 제일 중요해요. 친구들의 이야기를 잘 듣고 서로 알아가는 시간이면 좋겠어요. 그리고 네 번째, 서클에서 나온 이야기는 우리만의 비밀로 해야 합니다. 비밀이 지켜져야 서로 믿고 솔 직하게 이야기를 나눌 수 있어요. 모두 동의할 수 있나요?

학생들 네.

교사	혹시 추가하고 싶은 규칙이 있나요?
학생들	없어요.
교사	좋아요. 그럼 지금부터 토킹피스를 돌리면서 대화를 나눌 거예요. 만약 말할 차례가 되었는데, 할 말이 생각나지 않으면 '패스'라고 말하고 토킹피스를 옆 사람에게 넘겼다가 다시 자기 차례가 돌아왔을 때 이야기를 해도 괜찮습니다. 충분히 준비가 되었을 때 편안한 마음으로 대화를 하면 좋겠어요. 먼저 자기 소개하는 시간을 가져볼까요? 첫 번째 질문은 '여러분의 이름은 무엇인가요? 그리고 가장 좋아하는 것과 그것을 가장 좋아하는 이유는 무엇인가요?' 입니다.
학생 D	좋아하는 것이 사람이어도 돼요?
교사	네, 사람이어도 좋아요. 말이나 행동, 취미, 과목 등 어떤 것이어도 괜찮아요. 잠시 생각할 시간을 가져볼까요? (조용히 생각할 시간을 가진다) 음, 첫 번째 질문은 저부터 이야기해 볼게요. 저의 이름은 노슬기입니다. 저는 여행을 정말 좋아해요. 왜냐하면 자유롭게 이곳저곳 다니면서 새로운 사람들을 만나고 새로운 것을 경험할 때 정말 설레고 신나기 때문이에요. 그러면 이제 토킹피스를 오른쪽으로 돌릴게요. 생각이 잘 나지 않는 친구는 토킹피스를 옆 사람에게 넘기고, 다시 자신의 차례가 돌아올 때 이야기하면 됩니다.
학생 A	제 이름은 김○○이고요. 할머니 집에서 먹다가 잠드는 것을 제일 좋아해요. 왜냐하면, 할머니 집에 가면 한적해서 기분이 좋아요. 게다가 할머니께서 해주시는 맛있는 음식도 먹을 수 있고, 배부른 상태에서 제가 제일 좋아하는 잠자기까지 할 수

있어서 그것을 제일 좋아해요.

학생 B 저는 장○○입니다. 저는 음식을 좋아하고, 그 이유는 음식은 맛이 있고 배가 불렀을 때의 포만감을 좋아하기 때문입니다.

학생 C 제 이름은 이○○입니다. 제가 제일 좋아하는 것은 친구이고, 그 이유는 친구들과 함께 있으면 항상 재미있고 행복하기 때문이에요.

학생 D 저의 이름은 유○○이고요. 가장 좋아하는 것은 친구들과 노는 것입니다. 왜냐하면 친구들과 놀 때 가장 많이 웃기 때문입니다.

(중략)

교사 네, 그럼 두 번째 질문입니다. '지금 나의 기분을 색깔로 표현한다면?' 이유와 함께 이야기해 주세요. 한번 생각해 볼까요? (조용히 생각할 시간을 가진다) 자, 그럼 준비됐나요? 이번에는 토킹피스를 왼쪽으로 돌릴게요.

학생 E 지금 제 기분을 색깔로 표현하자면 분홍색입니다. 왜냐하면, 지금 이 분위기가 따뜻한 느낌이고, 자기 생각을 말할 수 있는 것이 좋기 때문입니다.

학생 F 저의 기분을 색깔로 표현하자면 연두색입니다. 왜냐하면, 연두색 하면 풀이 떠오르는데, 풀처럼 자유로운 분위기이기 때문에 연두색이 떠오릅니다.

학생 G 지금 저의 기분은 보라색 같습니다. 왜냐하면, 보라색은 오묘하고 그런 느낌이라서 지금 분위기 같아요.

(중략)

교사 세 번째 질문은 '우리 반이 어떤 반이 되면 좋겠어요?' 입니다. 센터피스 주변으로 그림 카드들이 놓여 있죠? 이 중에서 자신이 바라는 우리 반의 모습이 가장 잘 표현된 카드를 하나 골라주세요. 그리고 그 카드와 자기 생각을 연결하여 내가 바라는 우리 반의 모습을 이야기해 봅시다. 그럼, 그림 카드를 골라볼까요? (서클 참여자가 모두 그림 카드를 고를 때까지 충분히 기다린다) 잠시 생각할 시간을 가질게요. (조용히 생각할 시간을 가진다) 저부터 이야기해 볼게요. 제가 고른 그림 카드는 이거에요. 하늘에 연이 줄지어서 떠다니고 있죠. 저는 이런 모습이 우리 반에도 있으면 좋겠어요. 연들이 연결되어 있으면 절대 땅에 떨어지지 않아요. 중간에 줄이 끊어지면 연들은 땅에 떨어질 수밖에 없어요. 우리 친구들도 한 명도 빠짐없이 서로 연결되어 끊어지지 않고 일 년 동안 잘 지내면 좋겠다는 생각에 이 그림을 골랐어요. 다음으로 말할 준비가 된 친구가 있나요?

학생 A   저요.

교사   좋아요. 그럼 먼저 준비된 ○○가 먼저 이야기하고, ○○의 오른쪽으로 돌아가겠습니다.

학생 A   저는 짬짜면을 골랐는데요. 짬짜면은 짬뽕이랑 짜장면이랑 맛이 달라도 같이 먹으면 더 맛이 있고 포만감도 느낄 수 있어서 행복해지는데, 이렇게 짜장면과 짬뽕처럼 우리 반 친구들도 서로 다르지만, 같이 어우러져서 하나가 되기 위해 노력하면 서로에게 좋은 추억으로 남지 않을까 싶어서 이 그림을 골라봤어요.

학생 B   저는 우주 사진을 골랐는데, 우주는 넓잖아요. 그래서 우리도 뭔가 선택할 때 넓은 범위에서 생각하고 좋은 선택을 하면 좋겠다는 생각에 이 카드를 골랐어요.

학생 C 제가 고른 것은 배를 타고 있는 사람들이 있는 그림인데, 우리도 이미 한배를 탔다고 생각해서 이 그림을 골랐어요.

학생 D 저는 성벽이 길게 이어진 그림인데, 이 성벽처럼 우리 반 친구들의 우정이 길게 오래가면 좋겠다는 생각에 골랐어요.

학생 E 저는 이 그림에서 남자가 여자를 도와주고 있는 것처럼, 우리 반도 친구들을 서로 도와주면 좋겠다고 생각했어요.

(중략)

교사 네 번째 질문입니다. '올해 우리 반 친구들과 꼭 함께하고 싶은 활동은 무엇인가요? 그리고 그 활동을 하고 싶은 이유는 무엇인가요?' 잠깐 생각하고 이야기를 나누어볼까요? 이번에는 제 왼쪽으로 토킹피스를 돌릴게요.

학생 E 저는 올해 현장체험학습으로 갯벌에 가고 싶어요. 작년에 친구들과 갯벌에 갔었는데 장난도 치면서 더 친해졌어요. 재미있었어요. 그래서 또 가고 싶어요.

학생 D 반 친구들과 함께 맛있는 것을 먹으러 가고 싶어요. 같이 만들어 먹어도 좋고요. 왜냐하면, 함께 먹으면서 친해지잖아요. 그러면서 친구들과 관계가 좋아지니까 같이 밥 먹으면 좋을 것 같아요.

학생 C 우리 반 친구들 한 명도 빠짐없이 다 같이 재미있는 놀이를 하는 시간을 가지고 싶어요.

학생 B 우리 반 친구들의 특징을 살려서 단합대회를 하고 싶어요. 단합대회를 통해 친구들을 더 알아가고 싶어요.

학생 A 저도 반 친구들과 단합대회를 꼭 하고 싶어요. 단합대회를 하면 반 친구들과 더 많이 친해지는 것 같아서 단합대회를 빨리 하면 좋겠어요.

(중략)

교사　마지막으로 소감을 나누어 보려고 해요. 오늘 서클로 대화하면서 든 느낌이나 생각을 자유롭게 이야기해 주세요. 토킹피스를 오른쪽으로 돌릴게요.

학생 A　처음에 이렇게 앉았을 때 처음 보는 얼굴도 있고 그래서 많이 낯설었는데요. 게임도 하고 서로 생각도 알게 되니깐 더 가까워진 것 같고 앞으로 일 년이 기대돼요.

학생 B　친구들에 관해 조금 알게 된 것 같고 우리가 친해지기 위해서 무엇을 하면 좋은지 알게 되어 좋아요.

학생 C　친구들의 기분이 어떤지, 무엇을 하고 싶은지 알아서 좋아요.

학생 D　친구들에 관해서 더 알아가고 친해지는 시간이었던 것 같아요.

(중략)

교사　여러분을 만나 참 좋습니다. 솔직하게 자신을 보여준 우리에게, 끝까지 자리를 지켜준 우리 모두에게 박수를 보내줄까요? 수고했어요. (박수)

해보니까 이래요

서클을 진행할 때 항상 기억하고 있어야 할 것은 서클의 목표이다. 서클을 기획할 때 가장 먼저 서클의 대상과 목표를 정해야 한다. 그런 다음에 목표를 고려하여 몇 가지 주제 질문을 선정하고 서클 진행 방법을 결정하면 된다.

처음에 서클을 진행할 때 가장 힘들었던 점은 아이들이 단답형으로 대답해서 서클의 의미가 퇴색되었다는 점이다. 신규교사로 첫 만남 신뢰서클을 진행할 때 '오늘 기분이 어떤가요?' 라는 질문에 아이들 절반 이상이 '좋아요' 혹은 '그냥 그래요' 라고 대답했다. 이때 '오늘 기분이 어떤가요?' 라는 질문 대신에 오늘 기분을 색깔이나 날씨에 비유해서 말하도록 하면 좀 더 다양한 이야기를 들을 수 있다. 그림 카드를 활용하여 자신의 느낌이나 생각을 말하도록 하면 좀 더 풍성한 대화를 나눌 수 있다. 아이들은 짧게 대답하는 경우가 많기 때문에 여러 가지 질문을 넉넉하게 준비하고 질문의 우선순위를 정해 놓으면 좋다. 그리고 진지하고 솔직하게 말할 수 있는 참여자부터 대화를 시작하는 것도 도움이 된다. 아이들의 대답은 처음 이야기하는 친구의 발언 수준과 비슷해지는 경우가 많기 때문이다. 서클의 목표와 밀접한 주제 질문의 경우에는 특히 처음 말하는 사람의 대답이 중요하다.

아이들의 대답은 부족해 보이는 경우가 많다. 아이들의 이야기가 잘 전달되기 바라는 마음에 아이들의 발언을 요약하여 정리해주고 싶었다. 좀 더 풍부하게 덧붙여서 설명해주고 싶다는 생각도 들었다. 무의식적으로 아이들의 대답에 칭찬하거나 피드백을 하는 경우도 많았다. 하지만 첫 만남 신뢰서클에서 가장 유의해야 하는 점은 교사의 개입을 최소화해야 한다는 것이다. 교사의 개입을 최소화할 때 아이들이 솔직하고 편안하게 자신의 이야기를 할 수 있다. 자신의 기분이나 생각을 말로 표현하는 것은 생각보다 어렵고 어색하다. 그런데 교사가 아이들의 대답에 자주 개입하면 칭찬받을 만한 대답, 혹은 지적받지 않을 대답을 해야 한다는 부담감이 생긴다. 아이들은 교사의 반응에 많은 영향을 받기 때문에 대화 내용에 대한 정리, 평가, 칭찬 등을 지양하고 교사도 한 명의 참여자로서 동등하고 진솔하게 대화하는 것이 좋다. 그래도 아이들의 대화가 아쉬워서 이야기를 더 나누고 싶은 경우에는 서클이 한 바퀴 돌아서 교사에게 토킹피스가 돌아왔을 때 다시 질문하는 것이 좋다. 예를 들어 '혹시 친구들의 이야기를 들으면서 궁금한 점이 있었나요? 어떤 이야기가 인상 깊었나요?', '아까 누가 이런 이야기를 했는데, 이런 부분이 흥미 있었어요. 이 부분에 대해 조금 더 이야기해줄 수 있나요?' 등으로 질문하여 아이들의 연결을 도울 수 있다.

아이들이 '없어요', '잘 모르겠어요', '생각 안 나요'라고 대답하는 경우도 있었다. 이 경우 아이들이 조금이라도 이야기할 수 있도록 기다려주어야 한다. 질문을 한 후에 아이들에게 생각할 시간을 충분히 준다. 말할 준비가 되지 않은 경우에는 '패스'하고 다시 자신의 차례가 돌아왔을 때 대답하도록 한다. 두 번째 기회에는 시간이 걸리더라도 말할 수 있도록 기다려주는 것이 좋다. 침묵의 시간을 견디지 못하고 다음으로 넘어가자 대화에 참여하지 않는 아이가 점점 많아졌다.

서클을 진행할 때 항상 고민되는 부분은 일부 아이가 친한 친구들과 떠들고 대화에 집중하지 않는 경우이다. 서클을 진행할 때 아이들이 잡담을 하고 산만해지는 경우가 있다. 이를 방지하기 위해 자리를 섞을 수 있는 몸놀이를 하는 것이 좋다. 몸놀이를 통해 장난기 많은 아이들을 자연스럽게 떼어놓을 수 있다. 또 집중을 유도하는 수신호를 미리 약속하여 대화에 집중하게 할 수 있다.

3

공유된 목적 세우기

학기 초에 급훈을 정한다. 인터넷 포털에서 '급훈'을 검색해보면, 재미있는 급훈을 볼 수 있다. '오늘 흘린 침은 내일 흘릴 눈물', '대학 가서 미팅할래, 공장 가서 미싱할래?' 등 재미있는 급훈을 보며 웃음을 짓기도 하지만, 어떤 교육적 의미가 있는지 의심스럽기도 하다. 국어사전에서 '급훈'의 뜻을 찾아보면 '학급에서 교육 목표로 정한 덕목'이라고 나온다. 교사가 일방적으로 급훈을 정한다면, 이렇게 정한 급훈이 학생에게 얼마나 내면화가 될 수 있을까? 일 년간 학급의 교육 목표라며 실천을 독려하려 해도 설득력이 부족하고, 급훈을 정하는 과정에서 학생의 의견이 반영되지 않아 아쉬움이 남는다. 교사가 일방적으로 제시하는 것이 아니라, 학급 구성원 모두가 함께 공유된 목적을 세우며 학급의 방향을 함께 정하는 과정은 공동체 세우기의 밑거름이 된다. 학급의 공유된 목적인 급훈을 세우는 새로운 방법을 제안한다.

학기 초 분주함 속에서도 제일 중요한 것은 공동체를 세우는 것인데, 공동체를 세우기 위해서는 먼저 구성원들이 서로 알아가며 서로의 필요를 확인하는 과정이 필요하다. 서로의 필요를 알아가며 이를 바탕으로 급훈을 정하는 과정은 서로를 알아가며 함께 학급의 목적을 세운다는 의미가 있다. 교사가 일방적으로 급훈을 정하면, 아무리 좋은 뜻을 담았다고 해도 학급 구성원들에게 의미 있게 다가가기 어렵다. 공유된 목적 세우기는 학급 구성원들이 서로에게 중요한 것이 무엇인지 확인하고, 학급 구성원들이 소중하게 여기는 가치를 반영한 학급 공동체의 목표를 함께 정하는 것이다.

총 2차시로 진행하는데, 1차시는 학급 구성원의 욕구를 알아보는 과정인 '가치 확인 서클'을 진행하고 이어서 2차시로 급훈을 정하는 '공유된 목적 세우기'를 한다.

1차시_ 가치 확인 서클

가치 확인 서클에 필요한 준비물로는 프리즘 카드와 같이 다양한 그림이 있는 카드(여는 질문), 그로그 카드 중 욕구 카드(주제 질문) 또는 욕구 목록, 토킹피스, 전지, 스티커, 매직, 포스트잇 등이 있다. 서클을 진행하기 위해서 센터피스도 준비한다. 센터피스로는 색종이, 꽃이나 화분, 경음악, 음악을 틀 수 있는 기기(핸드폰, 블루투스 스피커) 등을 이용할 수 있다.

가치 확인 서클은 '서클 참여에 대한 환영 및 감사'와 '서클 규칙 환기'로 시작한다. 그런 다음 아이스 브레이크 겸 자리를 재배정하기 위해 몸놀이로 '손님 초대하기'를 한다. 꼭 '손님 초대하기'를 할 필요는 없고, 자리가 자연스럽게 섞이는 놀이라면 어떤 것도 괜찮다. 보통 서클을 시작하면 친한 학생끼리 모여서 앉는데, 때로는 이 점이 경청을 방해하는 요소로 작용한다. 따라서 서클 질문을 시작하기 전에 자리를 조정하는 것이 필요하다.

　그다음으로는 구성원들의 마음을 나눌 수 있는 '여는 질문'을 한다. '새 학기를 맞은 현재 나의 마음과 가장 가까운 카드는 무엇인가요?'를 묻고 학생들에게 자신의 마음과 가장 가까운 카드를 고르게 한다. 모두가 카드를 고르면, 구성원 모두 자신이 고른 카드를 이용하여 현재의 마음을 상태를 이야기한다. 교사는 학생들에게 자신이 고른 카드가 어떤 카드인지 설명하게 하고, 그 카드를 고른 이유 정도를 얘기할 수 있도록 돕는다. 진행 방식은 신뢰서클과 동일하다. 만약 그림 카드가 없다면 '새 학기를 맞은 현재의 느낌을 날씨로 표현한다면? 그 이유는?', '새 학기를 맞은 현재의 기분을 색으로 표현한다면? 그 이유는?', '새 학기를 맞은 현재의 마음 상태를 맛으로 표현한다면? 그 이유는?'과 같이 가볍게 현재 자신의 마음 상태를 나눌 수 있는 질문으로 진행한다.

　다음은 '주제 질문'을 통해서 학급 구성원들의 욕구를 파악한다. 주제 질문으로 '학급 안에서 일 년 동안 행복하게 지내기 위해서 중요한 것이 무엇인가요? 그 가치를 선택한 이유는 무엇인가요?'를 묻고, 학생 각자에게 중요한 욕구를 3가지 선택하게 한다. 이때 학생들에게 욕구라는 단어가 어려울 수 있으므로, 욕구 대신에 '중요한 것', '필요한 것', '필요한 가치' 등의 표현을 쓰는 것이 좋다. 다음의 욕구 목록을 학생들에게 나눠준 다음 고르게 해도 좋고, 그로그 카드 중 '욕구 카드'를 활용할 수도 있다.

욕구 목록[6]

- **자율성:** 자신의 꿈·목표·가치관을 선택할 수 있는 자유, 꿈·목표·가치관을 충족할 계획과 방법을 선택할 수 있는 자유

- **축하, 애도:** 생명의 탄생이나 꿈의 실현을 축하, 사랑하는 사람이나 꿈의 상실을 애도

- **상호의존:** 감사, 공감, 공동체, 배려, 사랑, 삶을 풍요롭게 하기 위한 기여(삶에 기여하기 위한 자신의 능력 행사), 수용, 신뢰, 안도, 따뜻함, 이해, 정서적 안정, 솔직(우리의 한계로부터 배울 수 있는 힘을 주는 솔직함), 존중, 지원, 친밀함, 소통

- **온전함:** 진정성·개별성 존중, 창조성, 의미/보람, 자기 신뢰/자기 존중

- **놀이:** 웃음, 재미

- **영적 교감:** 아름다움, 영감, 조화, 질서, 평화

- **신체적 돌봄:** 공기, 물, 음식, 자유로운 움직임/운동, 삶을 위협하는 것들로부터 보호받는 것, 휴식, 주거, 신체적 접촉-스킨십

---

6   마셜B. 로젠버그(2011), 『비폭력대화』(한국NVC센터), P.96 '욕구목록표'를 인용했다.

학생들이 자신에게 중요한 욕구 3가지를 모두 고르면 '욕구 공유하기'를 한다. 학생들은 자신이 고른 욕구 3가지와 욕구를 선택한 이유를 말한다. 토킹피스를 준비하여 신뢰서클과 동일한 방법으로 진행한다. 교사는 학생들이 돌아가면서 자신이 고른 욕구를 이야기할 때, 전지에 학생들이 고른 욕구를 적는다. 이때 중복되는 것은 한 번만 적는다.

욕구를 공유한 다음에는 '욕구 투표하기'를 한다. 전지를 게시하고 학생들이 스티커를 이용하여 자신에게 중요한 욕구에 투표하게 한다. 이때 한 사람당 3개의 스티커를 이용하여 투표한다.

마지막으로 '소감 나누기'를 한다. 공유된 목적 세우기의 과정을 통해 새롭게 알게 된 것과 느낀 점을 나눈다.

가치 확인 서클 결과를 활용하여 '학급 소개 게시물' 만들 수 있다. 서클에서 나온 가치들을 타이포그래피로 시각화한 후 타이포그래피와 학급 단체 사진을 이용하여 학급 소개 게시물을 만들어 게시할 수 있다. (참고 사이트: www.tagxedo.com)

0. 사전 준비

- 소요 시간: 45분
- 준비물: 토킹피스, 음악(경음악), 음악을 틀 수 있는 기기(휴대폰, 블루투스 스피커 등), 포스트잇, 전지, 스티커, 매직, 그로그 카드(또는 욕구 목록), 프리즘 카드[8] 등

1. 여는 의식

- (미리 틀어 놓은 음악을 끈다) "선생님은 올 한해 우리 반이 따뜻한 공동체가 되길 희망합니다. 첫 시작으로 우리 반 학생들이 일 년 동안 학급 안에서 행복한 삶을 위해 무엇을 중요하게 생각하는지 알아보는 시간을 갖겠습니다."
- "첫날 배웠던 서클 규칙을 다시 한번 읽어 봅시다." (학급 게시판에 게시된 서클 규칙을 학생들과 함께 읽는다)

  ① 토킹피스를 가진 사람만 이야기할 수 있다.

  ② 다른 사람의 이야기를 경청하며 자신의 발언 시간을 기다려 이야기한다.

  ③ 상대를 존중하며 상대가 불쾌감을 느낄 언행을 삼간다.

  ④ 일방적으로 자리를 떠나지 않는다.

  ⑤ 서클에서 나온 이야기는 비밀이 보장되어야 한다.

---

7 박숙영(2014), 『회복적 생활교육을 만나다』(좋은교사)를 참고하여 만들었다.
8 학토재의 '프리즘 카드'를 사용함.

⑥ 생각이 나지 않으면 '패스'라고 하고 다시 자신의 차례가 돌아오면 이야기한다.

2. 몸놀이

▪ "간단한 게임으로 서클을 시작하려고 합니다. '손님 초대하기' 게임입니다. 의자 하나를 추가해서 원을 만들어주세요."

① 모두가 원으로 모여 앉는다. (의자를 인원수보다 하나 더 마련하여 진행자 바로 옆에 빈 의자를 둔다)

② 진행자가 빈 의자 옆에 앉은 한 사람에게 손을 내밀어 일어나게 하고, 두 사람이 손을 잡는다.

③ 둘이 함께 서클 중 한 사람에게 손을 내밀어 세 명이 손을 잡는다. (손님이 가운데 오도록 한다. 잡은 손을 풀지 않고 앉는다)

④ 빈 의자 양옆에 앉은 사람들이 일어나 손을 잡고 다른 한 사람에게 손을 내밀어 세 명이 손을 잡는다.

⑤ 세 명이 손을 풀지 않고 빈 세 개의 의자에 돌아와 앉는 놀이임을 설명한다. (신나고 경쾌한 음악을 튼다. 점점 빨라지는 음악이면 더 좋다)

⑥ 음악이 끝날 때까지 계속하여 ②~④를 반복한다.

⑦ 음악이 끝날 때 앉지 못하고 서 있는 두 사람에게 함께 박수를 쳐준다.

▪ 게임 중 자연스럽게 친한 친구와 분리되어 이후 진행되는 서클에 집중할 수 있게 된다.

3. 여는 질문

▪ "첫 번째 질문은 '새 학기를 맞은 현재 나의 마음은?'입니다. 현재

자신의 마음과 가장 가까운 카드를 골라주세요. (구성원 모두 카드를 고를 때까지 기다린다) 먼저 말할 준비가 된 사람 있나요? 먼저 준비된 사람을 중심으로 왼쪽으로 돌아가겠습니다. 생각이 잘 나지 않는 친구들은 토킹피스를 옆 사람에게 주면 되고, 다시 자신의 차례가 올 때 말하면 됩니다." (먼저 말하겠다는 지원자가 없다면 처음 말하는 친구로 솔직하게 잘 말할 수 있는 학생에게 말하길 부탁한다)

- 카드를 사용하면 학생들이 자신의 이야기를 그림이라는 매개체를 이용해 쉽게 풀어갈 수 있다. 만약 카드가 없다면, 다음의 질문을 활용한다.
  - 새 학기를 맞은 현재의 느낌을 날씨로 표현한다면? 그 이유는?
  - 새 학기를 맞은 현재의 기분을 색으로 표현한다면? 그 이유는?
  - 새 학기를 맞은 현재의 마음 상태를 맛으로 표현한다면? 그 이유는?

4. 주제 질문

- "두 번째 질문은 '학급 안에서 일 년 동안 행복한 삶을 살기 위해서 중요한 것이 무엇인가요?' 입니다. 카드를 쭉 살펴보고 중요하게 여기는 가치를 3가지 찾아서 포스트잇에 적어주세요."
- 고르는 욕구가 겹칠 수 있기 때문에 카드를 가져가지 않고, 포스트잇에 욕구를 적게 한다. 구성원 모두가 욕구를 3가지 다 고를 때까지 기다린다.

5. 욕구 공유하기

- "고른 가치 3가지와 가치를 고른 이유를 말해주세요. 먼저 말할 준

비가 된 사람 있나요? 먼저 준비된 사람을 중심으로 오른쪽으로 돌아가겠습니다. 생각이 잘 나지 않는 친구들은 토킹피스를 옆 사람에게 주고, 다시 자신의 차례가 올 때 대답하면 됩니다." (먼저 말하겠다는 지원자가 없다면 처음 말하는 친구로 솔직하게 잘 말할 수 있는 학생에게 말하길 부탁한다)

- 교사는 주제 질문에 대한 서클이 진행될 동안 칠판에 붙인 전지에 욕구를 적는다. 이후 스티커 투표를 진행하므로 욕구를 적을 때 스티커를 붙일 수 있는 공간을 남겨둔다.

6. 욕구 투표하기

- "자, 이제 우리가 나눈 중요한 가치를 보겠습니다. 각자 자신에게 가장 마음에 와닿는 가치 3개에 스티커를 붙여주세요. 서로 다른 가치에 붙일 수도 있고, 동일한 가치에 여러 번 붙일 수도 있습니다."
- 모두 투표를 마칠 때까지 기다린다.
- "자, 투표를 모두 마쳤네요. 학급 안에서 일 년 동안 행복한 삶을 살기 위해서 중요한 가치는 ~~이군요."

7. 소감 나누기

- "오늘 서클을 통해서 우리 반 학생들이 중요하게 여기는 가치를 알 수 있었네요. 솔직하게 자신에게 중요한 것을 이야기하고, 친구들의 이야기를 경청해준 여러분에게 감사의 박수를 보냅니다. 마지막으로 오늘 서클에 참여하면서 새롭게 알게 된 점이나 소감을 한마디씩 이야기해주세요."

교사 선생님은 올해 우리 반이 따뜻한 공동체가 되면 좋겠어요. 그래서 첫 시작으로 우리 반 학생들이 학급에서 행복하게 지내기 위해서는 무엇이 중요한지 알아보려고 해요. 그럼 먼저 우리가 첫 시간에 배웠던 서클 규칙을 다시 한번 다 같이 읽어 보겠습니다. 시작!

학생들 첫째, 토킹피스를 가진 사람만 이야기할 수 있다. 둘째, 다른 사람의 이야기를 경청하며 자신의 차례를 기다려 이야기한다. 셋째, 상대를 존중하며 상대가 불쾌감을 느낄 언행을 삼간다. 넷째, 일방적으로 자리를 떠나지 않는다. 다섯째, 서클에서 나온 이야기는 비밀로 지킨다. 여섯째, 생각이 나지 않으면 '패스'라고 하고 다시 자기 차례가 돌아오면 이야기한다.

교사 자, 그러면 간단한 게임으로 오늘 서클을 열어보도록 할게요. 오늘 우리가 할 게임은 '손님 초대하기'입니다. 이렇게 두 사람이 출발해서 손님을 초대하는 게임입니다. A가 선생님이랑 함께 가서 B를 초대해 볼까요? B의 손을 잡아줘요. B가 우리 사이에 있도록 손을 잡고 자리로 다시 돌아가는 거예요. 그런데 돌아갈 때 손을 떼지 않고 이렇게 세 사람이 앉는 거예요. 그러면 빈 의자가 생기죠? 빈 의자의 양쪽에 있는 사람이 손을 잡고, 손님을 초대하러 출발하는 겁니다. 한 사람을 초대해볼게요. 초대할 때 초대할 사람이 가운데 오게 합니다. 두 사람이 손을 놓고 C를 두 사람 가운데로 초대한 다음에 빈 의자에 앉는 거예요. 그럼 다시 빈자리 양쪽 학생이 일어나서 손님을 초대하러 출발하는 거예요. 선생님이 지금 음악을 틀게요. 음악이 끝날 때까지 게임을 하면 돼요. 시작할게요.

교사 자, 첫 번째 질문은 '새 학기를 맞은 현재 나의 마음 상태는?' 입니다. 지금 센터피스 주변으로 카드들이 펼쳐져 있죠. 이 카드를 보고 현재 새 학기 나의 마음과 가장 가까운 카드를 고르면 됩니다. 카드를 하나씩 골라주세요. 다 골랐나요? 그러면 먼저 말할 준비가 된 친구부터 이야기를 해보겠습니다. 누가 먼저 얘기해볼까요?

학생 A 저요. 저는 넓은 사막을 선택했습니다. 넓은 사막을 선택한 이유는 현재 저의 기분이 건조하고 텁텁해서입니다. 새 학기가 되면서 어색하니까 텁텁한 느낌을 많이 받는 것 같아요.

교사 먼저 이야기 나눠줘서 고마워요. A 학생을 중심으로 B 학생 방향으로 돌아가면서 나누도록 하겠습니다.

학생 B 제가 고른 것은 도자기를 만드는 카드인데요. 지금 도자기가 아직 완성되지 않았잖아요. 새 학기의 제 마음은 아직 완성이 안 됐지만, 친구들과 같이 학기 말이 되면 완성된 도자기같이 아름다운 마음이 될 거 같아서 이 카드를 선택했어요.

(모든 학생이 서클 규칙에 맞게 얘기를 나누도록 한다. 중략)

교사 네, 두 번째 질문은 '우리가 학급 안에서 행복한 삶을 살기 위해서 중요한 것이 무엇인가요?' 입니다. 센터피스 주변에 깔린 카드들을 잘 읽어보고 여러분한테 중요한 가치 3가지를 골라서 포스트잇에 적으면 됩니다. 자, 선생님이 포스트잇을 나눠줄게요. 여기 펜을 하나씩 가져가서 3가지를 골라서 적어주세요. 학급에서 행복하게 지내기 위해서 중요한 것 3가지를 골라서 적으면 됩니다. 잘 보고 자기한테 중요한 것 3가지를 찾아서 포스트잇에 적어주세요. (다 적을 때까지 잠시 기다린다) 이제 고른 가치 3가지랑 고른 이유를 들어보겠습니다. 마찬가지로 먼저 말할 준비가 된 학생부터 시작하도록 할게요. 누가 먼저 이야기해 볼까요?

(이때 교사는 학생들이 고른 가치를 전지에 적는다)

학생 C 저는 꿈하고 도전, 건강을 골랐는데, 꿈을 고른 이유는 저희가 청소년 시기인데, 꿈이 없으면 굉장히 중요한 게 없는 거 같은 기분이 들어서 꿈이 꼭 있어야겠다는 생각을 했고요. 도전을 고른 이유는 항상 도전하는 정신을 가지고 살아야 한다고 생각하는데, 학창시절에 많은 것은 도전해 봤으면 하는 생각에 골랐고, 건강은 항상 중요한 거니까 항상 건강하면 좋겠다는 마음에서 골랐습니다.

학생 B 저는 소통하고 따뜻함하고 배려를 골랐는데요. 일단 소통을 해야지 친구들이 서로 무엇을 원하는지 알 수 있고, 어떤 점을 배려받을 수 있는지 알 수 있어서 중요하다고 생각하고, 배려는 함께 해야 다툼도 일어나지 않고 갈등도 일어나지 않게 될 수 있다고 생각하고요. 따뜻함을 고른 이유는 따뜻한 마음이 있어야 소통과 배려도 이루어질 수 있다고 생각했어요.

학생 D 저는 공동체, 연결, 신뢰를 골랐는데요. 먼저 공동체는 저희가 학급 안에서 함께 생활하기 때문에 중요하다고 생각했고, 연결은 저희가 어느 정도 학급 안에서 연결되어 있기 때문에 필요하다고 생각하고, 신뢰는 공동체와 연결이 이루어지려면 남을 어느 정도 믿는 것이 필요하다고 생각해요.

(모든 학생이 서클 규칙에 맞게 얘기를 나누도록 한다. 중략)

교사	자, 우리가 학급에서 중요하다고 생각하는 가치들이 이렇게 나왔네요. 지금부터는 여러분이 전지에 있는 가치 중에서 자신이 중요하다고 생각하는 것에 스티커를 붙이세요. 스티커를 붙일 때 서로 다른 것에 붙여도 좋고, 아니면 하나의 가치에 여러 개의 스티커를 붙여도 괜찮습니다. 지금 나와서 스티커 3개를 사용해서 투표를 하겠습니다. 나와 주세요.
교사	자, 이렇게 투표를 마쳤습니다. 전지를 보니 우리 학급 구성원들이 어떤 가치를 중요하게 여기는지 알 수 있죠? 공동체, 치유, 사랑, 협력, 신뢰, 소통, 감사, 관심, 건강 이런 가치들을 중요하게 생각하네요.
교사	자, 오늘 학급 안에서 중요한 가치를 서로 알아보았어요. 소감이나 새롭게 알게 된 것들을 간단하게 나누도록 하겠습니다. D 학생부터 해볼까요?
학생 D	네. 친구들이 어떤 가치를 중요하게 여기는지 알 수 있었고, 생각보다 잘 통해서 함께할 일 년이 기대돼요.
학생 C	공동체를 많이 선택한 것으로 보아, 일 년이 기대가 됩니다.
학생 B	우리 반 학생들이 무엇을 중요하게 여기는지 알아서 뜻깊은 거 같아요.
학생 A	친구들이 어떻게 생각하는지 알 수 있었고, 앞으로 일 년 동안 친구들한테 잘 맞춰가면서 친해질 수 있을 거 같아요.
학생 E	친구들의 생각을 잘 알았고, 더 노력하는 친구가 되도록 노력할게요.
	(중략)
교사	솔직하게 자기 자신에게 중요한 것이 무엇인지 나눠줘서 고

맙고, 또 친구들이 이야기하는 것을 경청해준 우리 친구들에게도 고마움을 전합니다. 박수로 마무리하겠습니다.

2차시_ 급훈을 정하는 공유된 목적 세우기

1차시 가치 확인 서클에 이어서 2차시 급훈을 정하는 공유된 목적 세우기 시간을 갖는다. 먼저 '학급 구성원의 욕구 확인하기' 과정을 진행한다. 전지에 적은 욕구와 스티커의 분포를 확인한다.

투표 결과를 확인한 후 '급훈 문장 만들기'를 한다. 모둠별로 학급 구성원의 욕구를 몇 가지 선택하여 급훈 문장을 만들게 한다. 급훈 구상이 끝나면 모둠별로 만든 급훈을 칠판에 게시하고, 모둠별로 급훈을 만들게 된 과정을 발표한다.

그다음은 '급훈 정하기'이다. 다시 모둠으로 돌아와 칠판에 붙어있는

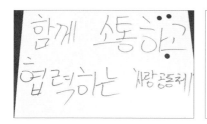

각 모둠의 급훈을 하나의 급훈으로 만들어본다. 다시 하나로 만들어진 급훈을 칠판에 게시하고 스티커를 이용하여 투표한다. 투표를 마친 후 득표수가 가장 많은 것을 급훈으로 정한다.

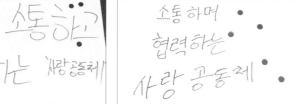

마지막으로 '소감 나누기'이다. 함께 급훈을 정하면서 느낀 점을 간단하게 나눈다.

함께 만든 급훈은 교실에 게시하여 일 년간 함께 볼 수 있도록 한다. 다음은 학급에서 정한 급훈을 게시한 것이다.

급훈을 정하는 공유된 목적 세우기 시나리오[9]

0. 사전 준비

- 소요 시간: 30분
- 이 활동은 '가치 확인 서클'과 연계된 활동으로, 욕구 투표 후 진행한다.
- 준비물: 가치 확인 서클에서 사용한 전지(욕구가 적혀 있고, 스티커 투표도 진행된 상태), 스티커, B4용지, 매직펜

1. 학급 구성원의 욕구 확인하기

- 스티커가 많은 욕구에 매직으로 표시해보며 학급 구성원의 욕구 분포도를 함께 확인한다.
- "우리가 학급 안에서 일 년 동안 행복하게 살기 위해서 중요한 가치로는 ~~가 있군요. 우리가 중요하게 여기는 가치가 잘 드러나도록 급훈을 함께 만들어 보겠습니다."

2. 급훈 문장 만들기

- "모둠별로 함께 만들어 보겠습니다. 자리를 모둠 형태로 만들어주세요."
- "우리가 방금 확인한 가치 중에서 모둠원들과 상의하여 학급에서 중요한 가치들을 선택하여 문장으로 만들어주세요."
- 모둠별로 B4용지를 한 장씩 나눠주고, 모둠에서 만든 급훈을 매직

---

9 박숙영(2014), 『회복적 생활교육을 만나다』(좋은교사)를 참고하여 만들었다.

으로 적게 한다.

- 모둠 결과물의 예: 성장, 존중, 재미 → 서로 존중하고 재미있게 배우며 성장하는 우리
- "다 만든 모둠은 칠판에 붙여주세요."
- "모둠에서 한 사람씩 나와서 어떤 가치를 가지고 어떤 과정을 거쳐서 문장을 만들었는지 발표해주세요."

3. 급훈 정하기

- "모둠발표를 들었습니다. 이번에는 여러 모둠이 만든 문장을 바탕으로 다시 모둠에서 상의하여 하나의 문장을 만들어볼게요. 발표하면서 다른 모둠에서 만든 문장이 좋았다면, 그것을 반영하여 다시 구성해보세요."
- 모둠별로 B4용지를 다시 한 장씩 나눠주고, 모둠에서 만든 급훈을 매직으로 적게 한다.
- "다 만든 모둠은 칠판에 붙여주세요."
- "자, 이제 급훈을 정하겠습니다. 스티커 투표를 하겠습니다. 학급에서 행복하게 지내기 위해 중요한 가치가 잘 드러난 급훈을 선정하여 스티커를 붙여주세요."

4. 소감 나누기

- "우리 반 급훈은 ~~~입니다. 오늘 급훈을 함께 정하면서 새롭게 알게 된 점이나 느낀 점을 한 마디씩 이야기해주세요."

교사   자, 우리가 지난 시간에 학급 안에서 중요하게 생각하는 가치들을 알아보았죠? 우리 반이 중요하게 여기는 가치들이 이렇게 적혀 있습니다. 오늘은 우리가 중요하게 여기는 가치들을 토대로 함께 급훈을 만들어 보겠습니다. 모둠별로 가치들을 선택해서 급훈으로 했으면 하는 문장을 만들면 됩니다. 지금부터 모둠별로 급훈을 만들어 보겠습니다. 모둠활동 해주세요. (학생들이 모둠활동 할 때, 교사는 순회지도하며 급훈 만들기 활동이 활성화되도록 돕는다) 모둠 친구들과 상의해서 전지에 있는 가치 중에서 중요한 것을 일단 몇 개 선택하고, 그것을 바탕으로 문장을 구성하면 됩니다. 급훈을 다 만든 모둠은 가지고 나와주세요. (모든 모둠이 다 만들 때까지 기다리며 돕는다) 자, 이제 그럼 모둠에서 한 사람씩 나와서 어떤 가치를 선택해서 어떻게 만들었는지 그 과정을 설명하겠습니다. 먼저, 사랑으로 협력하는 공동체 모둠부터 나와서 발표해주세요.

학생 A   저희는 사랑이랑 협력이랑 공동체를 선택했어요. 우리 반이 공동체라고 생각해서요. 그런데 사랑도 중요할 것 같아서 사랑을 선택했고, 사랑만 있으면 안 되고, 일 년간 함께 협력하면 좋을 거 같아서 사랑으로 협력하는 공동체라고 했습니다.

학생 B   저희 모둠은 여기서 많이 나왔던 것 중에 공동체, 사랑, 소통, 협력을 골랐는데요. 일단 우리 반이 사랑이 넘치는 공동체가 바라는 마음에 마지막에 사랑 공동체를 썼고, 사랑 공동체이긴 사랑 공동체인데 서로 소통하고 협력해서 더 하나로 뭉칠 수 있는 공동체가 되길 바라는 마음에 함께 소통하고 협력하는 사랑 공동체라고 했습니다.

(모든 모둠이 발표하도록 한다. 중략)

교사   자, 모둠 발표를 들었습니다. 여러 모둠이 만든 문장을 바탕으로 설명까지 듣다 보니 생각이 바뀐 모둠도 있고, 또 좋은 가치들이 다시 눈에 들어오는 학생들도 있을 거 같아요. 이번에는 한 번 더 상의해서 각 모둠에서 만든 문장을 하나의 문장으로 만들어볼 거예요. 모둠별로 협의를 해서 중요한 가치들이 무엇인지, 다른 모둠이 만든 급훈이 좋았다면 그것을 반영해서 다시 만들어도 좋습니다. 마찬가지로 다시 종이를 나눠줄 테니까 모둠원들과 급훈을 만들어보세요.

교사   다 만든 모둠은 나와 주세요. 칠판에 붙이도록 하겠습니다.

교사   자, 이제 급훈을 정하겠습니다. 학급에서 우리가 일 년 동안 행복하게 살기 위해서 중요한 가치가 잘 드러난 급훈 문장으로 생각하는 것에 스티커를 하나씩 붙여주면 됩니다. 지금 나와서 스티커를 붙여 투표해주세요.

(학생들이 급훈에 스티커를 붙이도록 한다)

교사   투표 결과를 확인하겠습니다. 우리 반의 올해 급훈은 '소통하며 협력하는 사랑 공동체'로 정하겠습니다. 자, 그럼 마지막으로 오늘 이렇게 급훈을 정하는 과정을 겪으면서 어땠는지 소감을 얘기할게요. 누가 먼저 이야기해볼까요?

학생 B   저는 마지막 모둠활동에서 각 모둠이 서로 누가 먼저 말하지 않는데, 선택한 단어가 다 비슷하다는 것에서 전부 같은 마음이라는 생각이 들었어요. '일 년 동안 잘 통하겠구나' 이런 생각이 들었고, 소통하며 협력하는 사랑 공동체라는 급훈을 짓고 나니까 뭔가 하나가 된 거 같아서 굉장히 기분이 좋아요.

학생 A 저는 급훈이 선생님이 강압적으로 정한 게 아니라 우리 반 학생들이 하나가 되어서 정했다는 것이 뜻깊고 기뻐요. 앞으로 저부터 소통하고 협력하려고 노력할게요.

교사 자, 우리 일 년 동안 함께 서로 소통하고 협력해서 사랑이 넘치는 공동체가 되도록 함께 잘 지내봐요. 마치겠습니다.

해보니까 이래요

교사가 혼자 정한 급훈은 아무리 좋은 뜻을 담고 있어도 학급 구성원들에게 의미 있게 다가가기 어렵다. 공유된 목적 세우기를 하면 학급 구성원들이 소중하게 여기는 가치를 활용하여 급훈을 만들 수 있다. 또한 학급 구성원이 함께 정한 소중한 가치라는 추상적인 개념을 학급 안에 생동하는 구체적인 행동인 1인 1역으로 나타낼 수 있다. 학습 구성원이 소중하게 여기는 가치를 함께 확인하고 그 가치를 어떻게 실현할지 함께 고민하는 과정에서 공동체 내에서 중요한 가치를 인식하고 중요한 가치를 선택하고 합의하는 과정을 거치게 된다. 이는 공동체를 세워나가는 밑거름이 된다.

4

1인 1역과
학급 자치회 부서 운영

학기 초 반장선거가 끝나면, 이를 바탕으로 학급 부서 조직표를 제출한다. 형식적으로 짜는 부서 조직은 학생들도 선생님도 기억하기 힘들고, 실제로 부서의 역할을 제대로 해내지 못할 때가 많다. 분명 1인 1역도, 부서 조직도 아이들과 함께 여러 고민 속에서 만들었고 심지어 학급에 게시도 했지만, 한 달이 채 지나기도 전에 학급에 아무런 역할도, 아무런 부서도 없는 것처럼 느껴진다. 바쁜 업무 속에서 담임교사가 1인 20역을 하고 있지는 않나? 공동체는 혼자 꾸릴 수 없으며 몇 사람의 희생으로는 건강한 공동체가 되기 어렵다. 담임교사 혼자 하는 학급운영이 아닌, 학급 구성원 모두가 참여하는 학급운영 방법인 '1인 1역 정하기'와 '부서별 학급 활동'을 제안한다.

1인 1역과 학급 자치회 부서 운영 알아보기

1인 1역 운영

교사가 일방적으로 정하는 역할은 학급 내에 필요하더라도 학생들이 충분히 공감하기 어려울 수 있고, 학생들이 선택하고 책임을 지는 방향이 아닌 교사가 부과하는 방향으로 흘러 실제로 운영할 때 많은 어려움을 겪기도 한다. 공유된 목적과 연계한 1인 1역은 학급 구성원이 함께 역할을 만들고, 자신이 할 수 있는 역할을 선택하고 책임을 진다. 1인 1역을 통해 학급 구성원으로의 소속감을 느낄 수 있고, 공동체에 기여하는 경험을 할 수 있다.

2장의 3 '가치 확인 서클'을 통해서 공동체가 중요하게 여기는 가치들을 확인하고, 그중에서 반 학생들이 중요한 가치에 투표를 했다. 1인 1역에 필요한 역할을 함께 만들기 위해 다시 투표 결과가 나타나 있는 전지를 확인한다.

그다음으로 각 가치가 구체적인 행동으로 교실 안에서 실현될 수 있도록 가치를 역할로 만들어본다. 담임교사는 반 구성원 모두가 하나씩 할 수 있는 역할이 충분히 나올 수 있도록 독려한다. 이때 가치들을 모둠에 분배한 후 모둠별로 가치를 구현할 수 있는 역할을 만들도록 하면 좀 더 효율적으로 역할을 만들 수 있다. 예를 들면 '친밀한 관계'라는 가치를 생일축하 담당자, 생일 알리미, 칭찬이의 역할로 구현할 수 있고, '즐거움'이라는 가치를 단합대회 담당자, 축제 부스 운영 담당자로 구현할 수 있다. '배움'이라는 가치는 수행평가 알리미, 경청 도우미로, '편안함'이라는 가치는 학급 물티슈 담당자, 학급 휴지 관리자로 구현할 수 있다.

함께 정한 역할을 교실에 게시하고, 학급 구성원들이 자신이 할 수 있는 역할을 정하도록 한다. 다음의 'R&R(Role & Responsibility) 방법'으로 학급 구성원과 역할을 연결할 수 있다.

R&R (Role & Responsibility)[10]

① 역할을 정하기 전에 중요한 규칙을 알린다. '모든 역할은 필요하다', '우리는 협력해서 학급을 꾸려나간다.'

② 자신이 맡을 수 있는 역할을 적는다. 처음에는 한 사람당 역할을 2~3개까지 적게 해도 좋다.

③ 학급 구성원의 역할 희망 전체 분포를 보고 역할을 바꿀 수 있게 한다. 이때, 특정 역할에 지원자가 몰릴수록 그 역할을 맡을 확률이 낮아짐을 알리고, 자발적으로 다른 역할로 바꿀 시간을 준다.

④ 아직 역할을 정하지 못한 학생들은 교사가 역할을 정할 수 있도록 돕는다.

모둠 협의 결과로 정해진 역할을 다음에 나오는 표와 같이 교실에 게시하고 'R&R 방법'으로 반의 모든 학생이 역할을 정할 수 있게 돕는다. 만약 학생들이 반 인원수만큼 역할 정하는 것을 어려워한다면, 교사가 부족한 만큼 역할을 제안할 수도 있다. 반 학생들이 중요하게 여기는 가치를 고려하여 교사가 도움받고 싶은 역할을 제안하면 학급을 운영하면서 학생들의 도움과 지지를 받을 수 있다. 모둠 협의 결과 1인 1역할이 충분히 나오지 않는다면, 학급에 게시하는 기간에도 학생들이 역할을 제안할 수 있도록 표 아래쪽에 '새로운 역할 제안해보기'를 남겨둬도 좋다.

---

10 기은경(2017), 참여를 촉진하는 퍼실리테이션, 응곡중학교 교사 연수 자료, 쿠 퍼실리테이션 그룹에서 배운 내용을 참고했다

○학년 ○반 1인 1역

[모든 역할은 필요하다. 우리는 협력해서 학급을 꾸려나간다.]

가치	역할	설명	담당자
공감	공감이/심리상담가	친구들의 고민을 들어주기	
아름다움	교실 꾸미기	창조성과 개성을 살려 교실을 꾸미기	
	교실 식물 담당자	아름다운 교실을 위해 식물을 키우고 관리하기	
배움	화이트보드 관리자	화이트보드에 숙제. 수행평가 일정 기록하기	
	명언 알림이	명언을 칠판에 적어서 알리기	
	숙제 및 수행평가 알림이	숙제 및 수행평가 일정과 내용을 반톡에 매일 알리기	
	학습지 챙김이	결시자의 학습지 챙겨주기	
배려	벌레 잡기	벌레로 힘들어하는 친구들을 위해 벌레 내쫓기	
	칠판 닦기	쉬는 시간에 칠판을 닦기	
	배려왕 선발하기	일주일 중 배려를 가장 잘한 학생을 칭찬하기	
친밀한 관계	이벤트 도우미	생일파티 준비 및 진행하기	
공동체	분필관리자	필요한 분필을 미리 구해서 칠판에 종이로 싸서 준비하기	
	가정통신문 배달부	2층 꽂이함에서 종례 전에 가정통신문가져오기	
협력	가정통신문 수거/통계	가정통신문 수합 및 통계 내기	
	청소 담당 알리미	오늘의 청소가 누구인지 게시하고 알리기	
	창문관리자	아침에 환기를 위해 창문을 열고 집에 갈 때 창문 닫기	
건강	선풍기 청소 및 관리	선풍기 청소 및 선풍기 관리하기	
	청소기 알리미	일주일에 한 번씩 청소기 돌릴 사람을 안내해주고 확인하기	
편안함	학급 물품 관리	매직. 네임펜. 색연필 등 학급 비품 관리하기	
소통	수리 도우미	학급 물품이 망가졌을 때 행정실에 알리기	
즐거움	사진기자	학급 행사 때 사진을 찍어주기	
우정	영상 감독	학급에 영상이 필요할 때 제작하기	

[새로운 역할 제안해보기]

가치	역할	역할 설명	담당자

학급 자치회 부서 운영

1인 1역을 바탕으로 학급의 부서를 조직한다. 대부분의 학교에서 학생회 부서의 종류와 학급 자치회 부서의 종류가 같기 때문에 학생회 부서에서 담당하는 일을 확인하고 이와 연계하여 학급 자치회 부서의 역할을 조정하면 좋다. 먼저 각 학생의 1인 1역을 확인한 후, 그 역할과 연관이 있는 학급 자치회 부서로 배정한다. 이 과정을 거치면 학급의 학생회 부서는 학급을 넘어 학교의 학생회를 지원하며 학생회의 여러 일을 도울 수 있다. 학생자치를 역량이 뛰어난 몇몇 학생에게만 맡기는 것이 아니라 학급 자치회를 통해 학급으로도 연결되어 학생자치에 참여하는 학생의 범위가 넓어진다. 학급운영을 넘어서 학생자치 영역에서도 큰 도움을 받을 수 있다.

1인 1역을 기반으로 학급 자치회 부서가 정해지면, 부서별로 모여서 활동 계획을 세운다. 이때 학생회 부서의 역할을 학급 자치회에서도 함께 해나갈 수 있도록 학생회 부서별 활동 계획도 함께 안내하면 좋다. 3W 1H 방법[11]을 활용하여 부서별 활동 계획 구상을 돕는다. 활동(What), 담당자(Who), 방법(How), 시간(When)을 바탕으로 부서 활동을 계획한다. 3W 1H 방법을 이용하면 학생들이 좀 더 구체적인 계획을 짤 수 있도록 도울 수 있다.

---

11 권재우(2016), 참여와 소통의 학교 회의 디자인, 경기도교육청 2016 혁신교육 교사대회 자료집 참고

1인 1역과 학급 자치회 부서

회장단: 학급회의 운영, 부장협의회 운영, 안건 상정 및 결정, 학급운영 총괄
인권부: 학급 단합대회 및 인권부 행사 지원
총무부: 학급 서클 활동 지원, 수업 활동 지원
체육부: 체육 시간 및 체육대회, 체육부 행사 지원
예술부: 축제 준비위원 및 행사 총괄
봉사부: 학급 환경 개선, 학급 청소
학생자치부: 생활협약 운영 및 학급규약 지킴이, 조종례 운영 방법 기획

부서	역할	역할 설명	담당자
회장단	학급 회장	학급회의 및 부장협의회 운영, 학급운영 총괄	
	학급 부회장	학급 반장 지원, 안건 상정, 학급운영 총괄	
	서기	학급회의 기록, 출석부 관리	
인권부	파티 플래너	이벤트 기획 및 운영	
	생일 알림이	매월 생일자 안내	
	단합대회 행사 담당자	단합대회 등의 학급행사 기획	
총무부	서클이	학급 서클 활동 지원	
	물품 관리자	수업 운영 물품 지원, 학급물품 관리	
	수행평가 알림이	수행평가 안내	
	작가	학급문집 원고 작성	
	학급소통신문 기자	학급에 중요한 사건들을 기사로 제작	
	보안 전문가	휴대폰 수거 및 관리, 종례 알림이	
체육부	체육부장	체육 시간 준비 지원	
	체육대회 운영자	체육대회 반 선수 관리 및 준비 지원	
체육부	실내인테리어 디자이너	교실 꾸미기 기획, 학급 게시판 꾸미기 기획	
예술부	축제 부스 운영 담당자	반 부스 기획 및 운영	
	에너지 관리기사	멀티미디어 관리 - 컴퓨터, TV, 전등, 난방, 에어컨 등 이동 수업/종례 후 에너지관리	
봉사부	청소기 알리미	청소기 당번 안내	
	환경운동가	학급 분리수거 및 쓰레기 관리	
자치부	자치부 기자	담임선생님 및 교과 선생님 전달사항 기록, 화이트보드 기록 및 관리, 학급 사진 촬영	
	존중의 약속 지킴이	존중의 약속을 잘 지키는지 확인 및 독려	

'부서별 활동 계획' 예시

1) 회장단

활동 (What)	담당자 (Who)	방법 (How)	시간 (When)	점검 사항
시종시간 잘 지키도록 돕기	김○○	종이 치면 아직 반에 들어오지 않은 반 친구들을 불러온다.	수업 시작 종 칠 때	담당자 확인
존중의 약속 잘 지키도록 돕기	전◇◇	존중의 약속을 3명이서 한 달 씩 번갈아 가면서 반톡에 올려 친구들이 잘 보게 한다.	일요일 저녁마다	자기 순서 확인
학급회의 진행	노□□	의견이 충돌되지 않게 모둠에서 충분히 협의를 한 후에 전체적으로 공유해서 의견을 조율한다.	학급회의 할 때, 우리 반의 의견을 모을 때	학급게시 판에 회의 결과 게시

2) 인권부

활동 (What)	담당자 (Who)	방법 (How)	시간 (When)	점검 사항
친구들 생일 확인	이△△	그 달의 생일을 파악하여 친구들에게 전한다.	매주 마지막 주 금요일 3,4일 전	포스트잇 개수 확인
롤링페이퍼 분류	박○○	포스트잇에 쓴 편지를 걷어, 친구별로 분류한다.		
선물 보관	강□□	2,000원 상당의 선물을 걷어 선물상자에 보관한다.	3월 한 달 간	선물 제출 확인
학급 타임캡슐	한○○	졸업 전의 나 자신에게 편지를 쓰는 행사이다. 3학년 학기 초의 나의 기분, 나의 상황, 다짐을 적은 편지를 쓴 후, 타임캡슐에 담아서 졸업식 때까지 보관한다.	다음 자치 시간에 편지 쓰기	졸업식에 편지 발표

3) 총무부

활동 (What)	담당자 (Who)	방법 (How)	시간 (When)	점검 사항
수행평가 안내	한△△	조회 시간에 당일 수행평가를 안내하고, 종례 시간에 다음날 수행평가 안내한다.	조회, 종례시간	일정 미리 확인
서클 활동 지원	권□□	서로로 함께 나눌 질문 만들기, 서클에 필요한 물품 챙기기	서클 할 때	질문 미리 수합

4) 체육부

활동 (What)	담당자 (Who)	방법 (How)	시간 (When)	점검 사항
체육대회 피켓 만들기	박△△	학생들이 만들 피켓 준비물을 챙긴다.	체육대회 일주일 전	준비물 구입

5) 예술부

활동 (What)	담당자 (Who)	방법 (How)	시간 (When)	점검 사항
학교 축제 포스터 만들기	예술 부원 모두	반 부스 홍보 포스터 제작 및 게시한다.	축제 홍보기간	홍보지가 잘 붙어 있는지 확인
교과 시간 전지 활동지 관리	김○○	교과 시간에 활동한 전지 활동지를 벽에 붙이고 관리한다.	전지 활동지 게시 기간	활동지 붙어 있는지 확인
학교 행사 홍보	예술 부원 모두	학급 친구들에게 학교 행사를 알려주기 위해 게시판에 홍보지를 제작하여 붙인다.	학교 행사 기간	홍보 행사 및 일정 확인

6) 봉사부

활동 (What)	담당자 (Who)	방법 (How)	시간 (When)	점검 사항
학급 환경 점검	진△△	학급 구성원 모두 교실을 깨끗이 사용하고 있는지 점검한다. 점검표를 만든다.	매달 첫 주 월요일 조회시간	점검표 복사하기
교실 청소기 돌리기	유□□	매주 월요일 청소기를 돌릴 학생에게 순서를 알려준다.	종례 시간	알림판에 순서 적기

7) 학생자치부

활동 (What)	담당자 (Who)	방법 (How)	시간 (When)	점검 사항
존중의 약속 게시		존중의 약속을 잘 보이는 책상에 붙인다.		훼손되었는지 확인
존중의 약속 지키미		존중의 약속을 잘 지키는지 점검한다. 매달 존중의 약속을 잘 지키는 학생을 선정하여 간식을 전달한다.	매달 마지막 주 금요일 조회시간	

해보니까 이래요

학급에서 중요하게 여기는 가치를 활용하여 급훈을 만들었지만, 학생들에게는 급훈이 추상적으로 다가올 수 있다. 따라서 '공유된 목적 세우기'에서 진행한 가치 투표 결과를 활용하여 1인 1역의 역할을 만들면, 학급에서 중요하게 여기는 가치가 구체적인 행동으로 살아나게 된다. 예를 들어, '배려'라는 가치를 역할로 만들면 '칠판 닦기', '배려왕 선발하기'와 같은 구체적인 행동으로 바꿀 수 있다.

학생들에게 학급 자치회 부서 계획을 세우라고 하면 막연해하면서 어려워한다. 학급 자치회 활동 계획표를 나눠주면 학생들이 좀 더 구체적인 계획을 짜는 데 도움이 된다. 이때 학교의 학생회 부서별 활동을 학급 자치회 활동 계획표와 함께 나눠주어 학생회 활동과 연계된 활동을 계획할 수 있도록 하면 좋다. 학급 자치회 부서별로 활동, 담당자, 방법, 시간, 점검 사항을 정하여 실제로 진행될 수 있도록 한다. 진행 상황을 점검할 수 있도록 학생들이 만든 계획표를 학급에 게시하면 좋다.

5

신뢰서클로 진행하는
소규모 집단상담

내가 그의 이름을 불러 주었을 때 그는 나에게로 와서 꽃이 되었다.(김
춘수 '꽃' 중에서) 아이들도 그렇다. 학기 초 낯선 교실과 낯선 친구들 사이
에 놓인 아이의 이름을 부르는 그 순간은 처음 그 아이가 나에게 꽃으로
다가오는 순간이기도 하다. 하지만 3월 초에 담임교사가 모든 아이의 이
름을 구분하여 부른다는 것이 어디 쉬운 일인가. 아이들의 이름을 안다
는 건, 개인의 특성을 알고 구분할 만큼 깊이 있게 들여다보았다는 것인
데, 한 명씩 상담하며 들여다보면 3월 한 달이 다 지나가기 일쑤다.

그 사이 아이들은 교실에서 관계를 맺기 위해 탐색전을 벌인다. 서둘
러 무리에 속해서 혼자라는 어색함에서 벗어나고 싶지만, 자신과 성향이
비슷한 친구, 관심사가 같은 친구가 누구인지 구분하는 기회는 소수의
외향적인(잘 모르는 상대에게도 말을 건넬 용기가 있는 대담한) 아이에게 돌아갈
뿐이다.

앞으로 우리 반을 '마음으로 연결되는 평화 공동체'로 만들기 위해서는 관계를 바탕으로 한 탄탄한 하부 구조를 만드는 것이 중요하다. 담임교사가 보다 빨리 아이들을 들여다보며 관계를 형성하는 방법, 아이들이 친구와 마음으로 연결되는 관계를 형성할 방법으로 소규모 집단상담을 제안한다.

신뢰서클로 진행하는 소규모 집단상담 알아보기

첫 만남 신뢰서클을 학급 단위로 진행했다면, 이번에는 학급을 4~5개의 모둠으로 나누어 신뢰서클을 진행한다. 이러한 소규모 집단 환경은 아이들이 교사와 일대일로 이야기를 나눌 때의 부담을 내려놓고 편안하게 자신을 드러낼 수 있게 한다. 친구들이 함께 있기에 깊고 진지한 자신의 이야기도 어렵지 않게 꺼낼 수 있도록 돕는다.

모둠을 구성하는 방식으로는 '예쁜 말 스티커 모둠 구성'을 이용하면 좋다. 아이들의 학기 초 학교생활을 응원하는 예쁜 말을 라벨지에 인쇄하고 아이들에게 마음에 드는 예쁜 말 스티커를 고르게 한 뒤에 모둠을 구성하는 방식이다. 예쁜 말 스티커는 라벨지 양식을 한글 프로그램 '쪽−라벨−라벨 문서 만들기−라벨 문서 꾸러미 탭'에서 선택하고 예쁜 말을 빈칸에 넣어 인쇄할 수 있다. 예쁜 말은 포털 사이트에서 캘리그라피 문구, 또는 캘리그라피 글귀 등으로 검색할 수 있다.

이렇게 인쇄한 예쁜 말 중 같은 문구를 고른 친구들이 한 모둠이 된다. 따라서 동일한 문구의 개수가 모둠원의 수가 된다. 예를 들어, 29명이 있는 학급을 4개 모둠으로 만들려면, 4가지의 예쁜 말을 7개, 7개, 7개, 8개로 라벨지에 인쇄한다. 학생들에게 마음에 드는 예쁜 말 스티커를 자유롭게 골라서 한 개씩 가져가게 하면 자연스럽게 7, 7, 7, 8명으로 구성된 4개 모둠이 만들어진다. 이때 어떤 말을 고르는지에 따라 아이들의 마음 상태도 짐작할 수 있다.

무작위로 모둠을 구성하는 위의 방식 외에도 남학생 모둠과 여학생 모둠을 따로 구성하거나 남학생과 여학생 비율을 정하여 모둠을 구성할 수도 있다. 학교와 학급의 환경에 따라 적절한 방식을 적용하면 된다. 다만, 기억해야 할 점은 모둠 구성원에 따라 상담의 분위기가 상당히 달라진다는 점이다. 기존에 서클 경험이 있는 학생이 많을수록 빠르게 상담에 집중한다. 또 그 학생들 덕분에 나머지 학생들도 신뢰서클로 진행하는 상담 분위기에 적응하는 데 도움이 된다. 혹 서클 경험이 없더라도 진지하고 솔직한 태도로 상담에 참여하는 학생이 한 명이라도 있을 때 모둠 전체가 어렵지 않게 진솔한 이야기를 나눌 수 있다.

만약 학교의 지원이 가능하다면, 며칠간 1시간가량 단축 수업을 실시하여 방과 후에 상담을 하면 좋다. 아이들이 느끼는 방과 후 상담의 부담도 줄이고 교사의 에너지도 아낄 수 있기 때문이다.

모둠을 구성하고 상담 시간을 확보하면 모둠별 상담 일자를 학급에 게시한 후, 한 모둠씩 상담을 진행한다. 상담을 시작하기 위해 센터피스와 토킹피스, 음악 등을 준비한다.(2장의 '2. 첫 만남 신뢰서클' 참고) 자리는 상담을 실시하는 인원만큼의 의자를 서클 형태로 배열한다.

본격적으로 서클을 시작하면서 배경음악을 틀었다. 다른 서클에서는 환영 인사를 할 때나 몸놀이를 할 때까지 배경음악을 틀고 질문을 하면서부터 대화에 몰입하기 위해 음악을 껐다. 신뢰서클로 진행하는 소규모 집단상담에서는 상담 내내 음악을 *끄*지 않아도 좋다. 학기 초 새로운 친

방과 후 집단상담 안내

▷ 기간: 3/9(목), 10(금), 13(월), 14(화) (4일간)
▷ 진행 방식: 약 1시간 단축 수업 후 상담하는 학생들이 청소하고 교실에서 상담 진행
▷ 모둠 구성

날짜	모둠원
3/9(목)	**넌 웃을 때가 제일 예뻐.** 김○○, 김◇◇, 박○○, 박○, 송○○, 오○○, 이○○, 정○○
3/10(금)	**걱정마! 언제나 옆을 지켜줄게.** 권○○, 김□□, 손○○, 신○○, 이□□, 이◇◇, 조○○
3/13(월)	**씨앗 너무 애쓰지마. 너는 본디 꽃이 될 운명이니** 김☆☆, 문○○, 문□□, 서○○, 윤○○, 임○○, 장○○
3/14(화)	**우리의 인생은 우리의 생각들이 결정한다** 김△△, 김▽▽, 김▷▷, 박◇◇, 송◇◇, 유○○, 조◇◇

▷ 함께 나누고 싶은 질문이 있을 경우, 담임선생님께 미리 말하기

집단상담 학생 안내 게시물 예시

구들 앞에서 자신의 이야기를 꺼내야 하는 어색하고 불편한 분위기를 바꾸어줄 수 있기 때문이다. 다른 서클 시나리오와 달리 배경음악을 구분하여 제시한 이유가 여기에 있다. 몸놀이를 할 때는 생동감 있는 음악, 깊이 있는 주제 질문을 던질 때는 잔잔한 음악 등 단계마다 도움이 되는 곡을 제안한다. 때마다 놀이나 대화에 방해가 되지 않을 만큼 음량을 조절해주면 좋다.

신뢰서클로 진행하는 소규모 집단상담 해보기

신뢰서클로 진행하는 소규모 집단상담 시나리오[12]

0. 사전 준비

- 소요 시간: 45분
- 준비물: 토킹피스, 센터피스, 음악, 음악을 틀 수 있는 기기(휴대폰, 블루투스 스피커 등), 시를 적은 종이 등
- 할 일: 동그랗게 자리 배치하기, 센터피스 꾸미기, 칠판에 서클 규칙 써놓기, 음악 틀어놓기

1. 환영 인사

- 배경음악: 옥상달빛 '선물할게'
- 인사와 함께 집단상담의 목적을 간단히 소개하고 배경음악을 틀며 시작한다.
- "환영합니다. 이렇게 모여서 이야기 나눌 기회가 생겨 너무나 기뻐요. 우리가 각자의 시간을 내어 이 자리에 모인 것은 온전히 서로를 알기 위해서예요. 같은 반은 되었지만, 서로의 이야기를 들을 기회는 없었던 우리! 재미있고 진솔한 대화를 통해 가까워지는 시간이 되면 좋겠습니다."

---

12 시나리오에서 제시된 활동은 한국NVC센터(2015~2017) 비폭력대화 연수 자료, KOPI(2017) '새학기 준비 워크숍' 자료, 정진(2016) 『회복적 생활교육 학급운영 가이드북』(피스빌딩), 교사 동아리 구인회(2015) '회복적 생활교육 자료집(KOPI)', 경기도교육청(2016) '평화로운 학급공동체 워크북(중등)'을 참고 및 인용했다. 구체적인 소개는 2장의 '2. 첫 만남 신뢰서클'을 참고하기 바란다.

2. 몸놀이

- 배경음악: 옥상달빛 '괜찮습니다' → 제이레빗 '좋은 일이 있을 거야'
- "잘 모르는 친구들과 이렇게 앉아있으니까 많이 어색하네요. 그렇죠? 몸도 살짝 긴장되어 있고요. 굳은 우리 몸을 몸을 풀 간단한 놀이로 상담을 시작해보려고 해요. '나는 ~한 적이 있다' 라는 놀이를 아시나요? 방법은 이렇습니다."

  ① 상담 참여 인원보다 의자를 1개 적게 놓고 1명이 가운데 선다.

  ② '나는 ~한 적 있다' 형식으로 경험을 말한다.

  ③ 같은 경험을 한 적이 있는 사람은 일어나서 자리를 바꿔 앉는다.

  ④ 마지막까지 자리에 앉지 못한 사람은 가운데 서서 또 다른 경험을 말하며 게임을 이어나간다.

- 놀이를 통해 자연스럽게 자신의 이야기를 시작하도록 할 수 있다. 교사가 가장 먼저 시작해서 어떤 경험을 말하면서 게임을 진행할지 보여준다.
- "선생님이 먼저 시작해볼게요. 나는 밥을 두 그릇 이상 먹어본 적이 있다."
- 자리를 바꾸는 중간에 질문을 던져서 추가로 이야기를 나눈다.
- "방금 모두 일어났죠? 여기 있는 모두가 제주도에 간 적이 있다는 말이네요. 다들 언제 다녀왔어요?"
- 자리가 충분히 섞이고 대부분의 학생이 경험을 나눴을 때쯤에 놀이를 마무리한다.
- "충분히 게임을 한 것 같으니, 여기까지 할게요."

3. 마음 놀이

- 배경음악: 제이레빗 '알고 있을까?' → 제이레빗 '사랑일까?' → 타루 '사랑에 빠진 딸기'

- 서로에 대해 생각해보며 마음으로 연결될 계기를 마련한다.

- "몸을 좀 풀어봤으니 이번에는 마음을 풀어보려고 해요. '당신은 누구일까요?' 라는 놀이입니다. (활동지를 나눠준다) 방법은 이렇습니다."

  ① 다른 사람이 보지 못하는 곳으로 가서 활동지에 이름을 제외한 자신의 특징을 적는다.

  ② 바구니에 활동지를 접어서 넣고 몸놀이를 통해 섞인 자리에 앉는다.

  ③ 바구니를 돌리면서 활동지를 뽑아 읽고 해당하는 사람이 누구인지 맞혀본다.

- "먼저 마음 놀이 활동지를 각자 채운 뒤에 자리로 돌아오겠습니다."

- 놀이를 통해 한 학생에게 집중하여 이야기 나누는 분위기를 형성한다.

- (모두 자리로 돌아온 뒤, 활동지가 담긴 바구니를 돌리기 시작한다) "제가 먼저 뽑아볼까요? 이 사람은 초록색을 좋아하고, 초능력을 가진다면 순간이동 능력을 가지고 싶대요. 누굴까요?"

4. 여는 의식

- 배경음악: 옥상달빛 '히어로' → 안녕하신가영 '너에게 간다'

- 센터피스가 있다면 이때 놓는다

- "본격적으로 대화를 시작하면서 시를 선물하려고 해요. (시를 나누어준다) 함께 읽어 볼까요?"(예: 복효근 '세상에서 가장 따뜻했던 저녁')

- "오늘도 서클의 규칙을 함께 읽어봅시다." (학급 게시판에 게시된 서클 규

마음 놀이 활동지

1. 나를 색깔로 비유한다면?

....

....

2. 초능력을 한 가지 가지게 된다면, 그 초능력은?

....

....

....

3. ('당신'은 친구일 수도, 부모님일 수도, 그 누구일 수도 있습니다.)

3-1. 당신이 나를 정말 아신다면

....

....

....

3-2. 당신은 나에게

....

....

....

칙을 학생들과 함께 읽는다)

① 토킹피스를 가진 사람만 이야기할 수 있다.

② 다른 사람의 이야기를 경청한다.

③ 서클을 처음부터 끝까지 유지한다. 일방적으로 자리를 떠나지 않는다.

④ 서클에서 나온 이야기는 비밀로 한다.

5. 여는 질문

- 배경음악: (주제 질문까지 이어서 틀면 된다) 어쿠스틱카페 'Walz For Debby' → 커피소년 '내가 니 편이 되어줄게' → 제이레빗 '선잠' → 제이레빗 '웃으며 넘길래'

- 부담 없이 솔직하게 말할 수 있는 질문으로 준비하고 토킹피스를 돌리며 말한다. 질문을 던진 후에는 생각할 시간을 충분히 준다. 다른 사람이 이야기할 때 자신의 답을 고민하느라 집중하지 못 하는 일이 없도록 한다.

- "첫 번째 질문입니다. 나를 가장 사랑하고 아껴주는 사람은 누구이며 어떤 사람인가요? 그리고 그 사람이 나를 좋아한다고 생각하는 이유는 무엇인가요?"

【이 외 질문 예시】

– 내가 갔던 곳 중 다른 사람에게 추천해주고 싶은 곳과 그 이유는?

– 내가 가장 좋아하는(사랑하는, 아끼는) 사람(존재)은 누구이며, 그 이유는?

– 내가 가장 편한 공간은? 그곳이 편한 이유는?

6. 주제 질문

- 깊이 있는 질문으로 준비한다.
- "이제는 선생님이 진짜 묻고 싶었던, 조금은 깊이가 있는 질문이에요. 작년에 가장 힘들었던 혹은 슬펐던 일은 무엇이었나요? 혹시 말하기 곤란한 내용이라면 말하지 않아도 괜찮아요. 들려줄 수 있는 수준의 이야기를 공유해주세요."
- "오늘 서클 후 다르게 보이는 또는 더 친해지고 싶은 친구가 있나요? 혹시 도움이나 힘을 주고 싶은 친구도 있다면 누구인가요?"

  【이 외 질문 예시】
  - 행복한 학교생활이나 행복한 나를 위해 가장 필요한 것은?
  - 올 한 해 모둠 친구들이나 반 친구들에게 받고 싶은 도움은?

7. 소감 나누기

- 배경음악: 스탠딩 에그 'Miss Flower'
- 토킹피스를 돌리면서 함께 상담을 진행한 소감을 말한다.
- "이번 서클을 하면서 느낀 점이나 배운 점 혹은 지금 드는 생각 등을 자유롭게 얘기해주세요. 제 왼쪽에 있는 친구부터 시작할까요?"

8. 격려 메시지 선물하기

- 배경음악: Jack Johnson 'Better Together'
- "아까 선물 받은 시 옆에 친구를 격려하는 짧은 메시지를 적어서 선물하고 상담을 끝내겠습니다."
- 여는 의식에서 읽었던 시 옆에 격려의 메시지를 적고 바구니에 담아서 1명씩 뽑으며 서로에게 선물한다.

- "긴 시간 진솔하고 진지하게 이야기 나눈 우리 모두에게 박수를 보냅니다. 수고 많았습니다."

신뢰서클로 진행하는 소규모 집단상담 사례 엿보기

교사   네, 여러분 반갑습니다. 무작위로 조를 짜서 어색하죠. 오늘 이야기 나누는 시간을 통해서 지금은 어색한 옆에 있는 친구들과 조금 더 가까워지면 좋겠어요. 같은 반은 되었지만, 서로 대화 나눌 시간이 많지 않았으니까요. 특히나 여기 앉아 있는 친구 모두 새로운 학기를 맞이해서 두려움도 있고 어색함, 걱정도 많을 거예요. 그래서 오늘 이야기 나누면서 서로 응원하고 격려하는 시간이 되기를 바랍니다.

우리가 너무 어색하단 말이죠. 이런 어색함을 풀어주기 위해서 몸을 좀 움직여 보는 몸놀이를 해볼 거예요. 몸놀이는 어떻게 하는 거냐, 선생님이 의자를 하나 뺍니다. 의자를 빼고 조금 더 가까이 앉아주겠어요? '나는 ~한 적이 있다' 라는 놀이를 할 거예요. 선생님이 가운데로 들어가서 '나는 ~한 적이 있다' 라고 말하면 그것을 해본 적이 있는 사람이 일어나는 겁니다. 일어나서 자기 자리가 아닌 자리에 앉는 거죠. 이렇게 한번 해볼 거예요. 그러면 선생님이 먼저 얘기를 해볼게요. '나는 밥을 두 그릇 이상 먹어봤다.'

학생 A   나는 집에서 혼자 샤워를 하면서 노래를 불러본 적 있다.

학생 B   나는 수업시간에 잔 적이 있다.

교사   나는 제주도에 가본 적이 있다. (학생들이 움직인다) 와, 제주도 가

본 사람 많다. 제주도 가본 사람 중에서 어디가 제일 기억에 남았어? 숙소? 숙소가 좋은 곳이었구나? 또? 거기는 풍경이 좋았구나? 제주도 아쿠아리움….

학생 C 나는 학교에 신발을 신고 들어와 본 적이 있다.

학생 D 나는 밤을 새운 적이 있다.

(중략)

교사 여기까지 할게요. 제주도 여행기도 나왔고, 밤을 새운 적도 있고, 이런 것들이 있었어요. 얘기 나왔던 것 중에 서로한테 물어보고 싶은 것 있어요? 색다른 경험이나 이런 것은 궁금하다. 아까 안 잤던 사람 있어요? 네, 방금 수업시간에 잠을 잔 적이 있는 학생이 대부분이었어요. 그럼 혹시 안 잤다, 일어나지 않은 친구 있어요? 한 명? E는 잠을 안 자고 수업시간에 뭐 했나요? 한 번 들려주세요.

학생 E 수업시간에 선생님 말을 집중해서 잘 들었습니다.

교사 이런, 다른 친구들이 부끄러워지죠. 그러면 이제 자연스럽게 자리도 섞였고 서로 이야기 나눴던 것, 말했던 것에 대해서 이야기를 나눠봤어요. 몸이 조금 풀렸으니깐 이번에는 마음 놀이를 해보려고 해요. 마음에 있는 얘기를 꺼내기 위한 준비운동이라고 생각하면 돼요. '당신은 누구일까요?' 라는 놀이에요. 활동지에 이름을 제외한 자신의 특징을 다른 사람이 보지 못하게 씁니다. 다 쓰면 접어서 선생님이 가지고 있는 바구니에 넣고 바구니를 돌리면서 뽑아서 누가 쓴 것인지 맞추면 됩니다. (활동지를 나누어준다) 편한 장소에 가서 쓰고 돌아오면 됩니다. (학생들이 활동지를 모두 쓰면 바구니에 모은) 이제 다 모앉어요. 바구니를 돌리면서 뽑아서 맞춰보겠습니다. E부터 바구니를 돌릴게요. 뽑아서 읽어주세요.

학생 E   1. 나를 색깔로 비유한다면? 파란색. 2. 초능력을 한 가지만 가진다면? 그 초능력은 공부의 모든 것을 알게 되는 초능력. 3-1 당신이 날 아신다면? 컴퓨터. 3-2 당신은 나에게, 소중합니다.

교사   누굴까요? E에요? E가 본인이라고 대답을 해버렸네. 하하. E가 초능력을 가지게 된다면 공부의 모든 것을 알게 되는 초능력을 갖고 싶었대요. E는 왜 이런 초능력을 갖고 싶었어요?

학생 E   저는 공부에 자신이 없어요. 그래서 초능력을 갖고 싶어요.

교사   그리고 또 당신이 나를 아신다면 '컴퓨터'라고 썼어요. 이건 무슨 뜻이에요?

학생 E   컴퓨터가 정보를 많이 알고 있어서 컴퓨터라고 했어요.

교사   E한테는 엄청난 정보가 있는 거예요? 당신이 정말 나를 아신다면? 컴퓨터. E를 알게 될수록 컴퓨터랑 비슷하다는 것을 느끼게 되는 거구나. 뭔가 이야기들이 다 통하는 것 같은데. 공부 컴퓨터…, E가 어떤 친군지 지금 짧게 이야기했는데도 알 수 있을 것 같아요. 당신은 나에게, 소중합니다. E가 누굴 생각했는지 모르지만, 소중한 사람을 생각했나 봐요. 그다음에 또, 이번에는 D가 뽑아볼까요?

학생 D   나를 색깔로 비유한다면 황색, 초능력을 한 가지 가지게 된다면, 그 초능력은 시간 정지 능력. 당신이 나를 정말 아신다면, 당신은 누굽니까? 당신은 나에게, 모욕감을 줬습니다.

교사   누구일 거 같아요?

학생들	B요. D요. A요.
교사	다 의견이 엇갈리네요. 누구예요? 아~ F에요? 내용 좀 볼까요? 왜 황색을 골랐어요? 황인종~ 얼굴을 봤을 때는 백인 수준인데. 또 시간 정지 능력. 이것은 왜 썼어요?
학생 F	수업시간에 자고 싶을 때 자고 일어나서….
교사	잠에 대한 얘기가 끊이지 않네요. 그리고 당신은 나에게, 모욕감을 줬어. 당신은 누구예요? 누가 모욕감을 줬어요?
	(중략)
교사	네, 우리 분위기가 조금 바뀌었죠. 몸과 마음을 풀고 이제는 본격적으로 서클을 시작해보려고 해요. 먼저 시작하기 전에 선생님이 시를 준비했어요. 시를 하나씩 가져볼까요? 짧은 시에요. 함께 읽어봤으면 해요.
학생들	세상에서 가장… (생략)
교사	네, 우리 함께 시를 읽어봤는데, 무슨 내용이었어요? 일상적인 내용, 저녁 먹는 이야기, 그리고 또? 여기서 책가방에 뭔가를 친구가 넣어줬다 했어요. 붕어빵을 넣어 줬대요. 근데 왜 그것을 보고 세상에서 가장 따뜻한 저녁이라고 제목을 붙였을까요?
학생 C	이 친구가 배고픈 것을 알고 민망할까 봐 지퍼 열렸다면서 츤데레처럼 닫아준 것 같아요.
교사	여러분, 이 시를 읽으니까 마음이 어때요?
학생들	따뜻해졌어요.
교사	다른 친구들은 어때요?
학생 G	감동적이에요.

교사	이 시를 읽은 후에 여러분이 마음에 느낀, 그 느낌을 그대로 안고 서클로 상담을 시작하면 좋겠어요. 여러분이 선생님과 일대일로 상담할 때보다 친구들이 옆에 있는 지금, 편하게 이야기를 꺼낼 수 있을 거라고 생각해요. 오늘도 서클의 규칙을 읽으면서 시작합시다.
학생들	토킹피스를 가진 사람만이 이야기할 수 있다. 다른 사람의 이야기를 경청한다. 서클은 처음부터 끝까지 유지되어야 한다. 서클에서 나온 이야기는 비밀이 보장되어야 한다.
교사	오늘은 이걸 토킹피스로 이용하려고 해요. 선생님이 소중한 사람에게 선물 받은 건데요. 여러분도 선생님한테 굉장히 소중한 사람들이라서 가지고 왔답니다. 서클에서는 질문에 대해서 솔직하게 말할 거예요. 근데 진짜로 솔직하게 말할 수 있으려면 이 공간이 모두에게 안전해야 해요. 안전할 수 있는 조건 중 하나가 비밀 보장. 여기에서 나눈 얘기는 선생님도 비밀로 할 것이고 친구들도 비밀로 해주겠다는 약속이 필요해요. 혹시 솔직하게 얘기하기 위해 추가해야 할 규칙이 있을까요? 저기 있는 4가지 규칙을 모두 지키기로 이 자리에서 다같이 약속하고 서클을 열겠습니다. 불편한 점이 있으면 이야기해주세요.
학생들	없습니다.
교사	먼저, 선생님이 이 서클을 여는 질문, 가볍지만 솔직하게 얘기할 수 있는 질문을 하나 해볼게요. 나를 가장 좋아해 주는 사람은 누구인가? 그 사람이 나를 좋아한다고 생각하는 이유는 뭔가? 이것을 한번 생각해보세요. 머릿속에 한 번 떠올려

보세요. (학생들에게 생각할 시간을 준다) 준비된 사람부터 말해볼까요? 머릿속에 떠오르는 사람이 있는 사람? 누가 있을까요? A에게 토킹피스를 넘길게요.

학생 A   저는 가장 먼저 생각난 사람이 여기 있는 많은 사람도 그럴 거라고 생각하는데, 엄마였어요. 왜냐하면 저를 낳아서 키워주시고 누구보다 지금까지는 현재의 저를 많이 아는 사람인 것 같거든요. 그래서 나를 가장 좋아해 주시는 분일 거라고 생각해요.

교사   네. 그렇군요. 다른 친구들은 또 어떨까요? A가 원하는 방향으로 토킹피스를 돌리면서 얘기할 텐데, 혹시 준비가 안 되었다면 '패스'라고 말할 수 있어요. 그런데 패스하고 한 바퀴가 다 돌아서 두 번째 자기 차례가 돌아오면 그때는 말해주면 돼요.

학생 B   저도 부모님이라고 생각했는데, 그 이유가 제가 가장 많이 의지할 수 있는 사람이 부모님이어서 그렇게 생각한 것 같아요.

학생 C   저도 부모님이라고 생각을 했는데, 저를 낳아주시고 지금까지 키워주셔서 그렇게 생각했어요.

교사   선생님은 패스할게요, 우선.

학생 D   저도 패스요.

학생 E   저는 남동생이요. 동생 낳아달라고 졸라서 좀 늦게 태어났는데, 6살 차이가 나는데요. 제가 맨날 뭐라 하는데도 '누나, 누나' 하면서도 잘 따라줘서 그렇게 생각해요.

교사   선생님은 부모님이 떠올랐는데, 그중에서도 엄마, 엄마인 것 같아요. 엄마는 사랑한다는 표현을 항상 해주시니까 제가 사랑받고 있다고 느끼는 것 같고요. 선생님이 학교에 출근할 때나 퇴근할 때나 어머니께서 항상 메시지를 보내주세요. '출근했니?', '잘 일어났니?' 매일매일. 번거롭고 귀찮을 텐데도요. 그런 말들을 보고 들을 때마다 엄마가 정말 나를 좋아해 주시구나, 저는 느끼는 것 같아요.

학생 F   저는 부모님이긴 하지만 특히 누나요. 다른 누나들이랑 다르게 제가 어디 쫓아다니면, 뭐라고 안 하고 데리고 다녀요.

학생 G   저는 제 남동생이요. 저도 E처럼 터울이 4살이 나서 많이 나는데, 심부름 같은 것 시켜도 아무 말도 안 하고, 물 떠오라 하면 물 떠오고, 아이스크림 사 오고, 항상 웃으면서 저를 생각해줘서 좋아해 주는 것을 느낄 수가 있어요.

교사   그러면 이제 선생님이 본격적으로 궁금했던, 조금 깊이 있는 질문을 해보려고 해요. 첫 번째는 작년에 가장 슬펐던 일 혹은 힘들었던 일을 생각해볼까요? 서클은 솔직하게 얘기하는 자리니까 솔직하게 얘기해주면 좋은데 만약 말하기 곤란하다, 어렵다 그러면 그 일이 아닌 다른 슬픈 일을 나눠줘도 될 거 같아요. 너무 곤란하고 불편하면 얘기하지 않아도 돼요. 선생님이 먼저 얘기해볼게요. 선생님은… (생략) 그때 애들이 옆에 있는데 눈물이 터져버린 거예요. 그때가 가장 슬픈 날이었던 것 같아요. 노력이 아무 결과도 낳지 못한 것 같고 그랬던…. 어려운 얘기였지만, 솔직히 얘기하고 나니깐 마음이 편하네요. 그럼, 먼저 준비된 사람이 얘기해볼까요?

학생 A   저희 부모님이 맞벌이를 하셔서 제가 남동생을 잘 챙겨야 하는데요. 부모님 두 분 다 늦게 들어오실 때가 있었어요. 그날은 동아리 일도 있고 수행평가도 있고 학원도 있고 해서 저도 바빴어요. 그때 동생 준비물을 못 챙겨줬는데 엄마가 제 상황을 모르고 동생 왜 안 챙겼냐고 나무라셨는데 그때 많이 슬펐던 거 같아요.

학생 B 제가 가장 슬펐던 일은 작년에 수학 선생님하고 다퉜을 때에요. 마음고생이 심했었어요. 매 교시 가서 선생님께 수업받고 해서 많이 슬펐어요.

학생 G 말하기 곤란한 것 빼고는 없었어요.

교사 슬펐던 일을 이야기하니까 말하는 것만으로도 분위기가 가라앉는 것 같아요. 선생님이 슬펐던 일을 물어보는 이유는 슬펐던 일이 얘기하기 어렵기 때문에 솔직하게 얘기했을 때 함께 상담하는 친구들이 이를 공유하면서 관계가 가까워질 수 있다고 생각하기 때문이에요. 그리고 여러분한테 선생님이 도움을 줄 수 있다면 도움을 주고 싶어요. 친구들 사이에서도 도움을 줄 수 있고요.

그다음에 두 번째 질문을 할게요. 작년에 슬픈 일도 있었고 힘든 일도 있었지만, 올해는 행복하게 지내야 하잖아요. 올해 한 해를 행복하게 지내기 위해서 나한테 가장 필요한 것이 있다면? 잠깐 생각해볼까요?

학생 C 행복하게 지내려면 휴식이 최고죠. 잠자는 게 최고입니다.

교사 올해 C에게 휴식이 있으면 행복할 거 같은가요?

학생 C 네.

학생 D 맛있는 거 먹으러 다니고 싶어요.

(중략)

교사	네. 좋습니다. 세 번째 질문이에요. 우리가 지금 꽤 많은 시간 이야기를 나눴는데요. 오늘 서클 후 다르게 보이는, 또는 더 친해지고 싶은 친구가 있었나요? 혹시 도움이나 힘을 주고 싶은 친구도 있었나요? 누구인가요? 잠시 주위를 둘러보면서 생각해볼까요?
학생 F	저는 저 친구랑 친해지고 싶어요. 상담하는 동안 친구가 해준 얘기를 들을 때 저랑 잘 맞을 것 같다는 생각이 들었어요.
교사	이야기를 나눠보니까 공통된 부분이 있었군요. 네, 좋습니다.
학생 D	저는 E요. 저도 엄마 아빠 맞벌이고 동생이 어려서 제가 사실 챙겨야 하는데 오히려 저는 안 챙기고 동생이 저를 챙기게 내버려 두거든요. 굳이 내가 누나니깐 동생을 챙겨야 한다는 강박관념에서 살 필요는 없다고 생각해요. 파이팅.
학생 E	저는 F가 다르게 보이는데, 과묵해 보이는데 누나랑 영화 보는 것 보면 다르게 보이는 거 같아요.
	(중략)
교사	질문을 마무리 하려고 합니다. 오늘 서클을 하면서 느낀 점이나 배운 점 혹은 지금 드는 생각이 있다면 자유롭게 얘기해주세요.
학생 A	이렇게 서클을 하면서 굉장히 저희 반 친구들하고 몇 명에 대해서만 얘기를 나눴는데, 마음이 따뜻한 친구가 많다는 것을 알아서 기분이 좋고 이런 친구들로 있는 저희 반이 일 년 동안 얼마나 행복하게 생활할지 기대가 많이 돼요.
학생 E	거의 많이 몰랐던 친구들인데 이 서클을 통해서 더 친해지고 더 잘 알게 된 것 같아서 기분이 좋습니다.

(중략)

교사   여러분의 말들이 마음을 훈훈하게 하네요. 이 따뜻함을 아까 선물 받은 시 옆에 친구를 격려하는 짧은 메시지로 적어서 선물하고 상담을 끝내겠습니다. 누구를 특정하지 않고 힘이 되는 한마디를 적어서 아까 마음 놀이했던 것처럼 무작위로 뽑아서 그 사람에게 선물하도록 할게요. 그럼 한마디씩 적어볼까요? (작성한 것을 바구니에 담은 다음, 바구니를 돌리면서 뽑는다) 짧지만 힘이 되는 문구들을 적어주었군요. 오늘 오랜 시간 고생했습니다. 약속한 대로 서클의 규칙은 꼭 지켜주면 좋겠습니다. 모두에게 소중한 시간이었기를 바라며, 박수!

세상에서 가장 따뜻했던 저녁 / 복효근

어둠이 한기처럼 스며들고
배 속에 붕어 새끼 두어 마리 요동을 칠 때

학교 앞 버스 정류장을 지나는데
먼저 와 기다리던 선재가
내가 멘 책가방 지퍼가 열렸다며 닫아 주었다.

아무도 없는 집 썰렁한 내 방까지
붕어빵 냄새가 따라왔다.

학교에서 받은 우유 꺼내려 가방을 여는데
아직 온기가 식지 않은 종이봉투에
붕어가 다섯 마리

내 열여섯 세상에
가장 따뜻했던 저녁

노력한 만큼
결과가 되어 돌아온다

힘내

해보니까 이래요

신뢰서클로 진행하는 소규모 집단상담을 할 때는 어색한 분위기에서 깊은 얘기를 꺼내려는 아이들을 격려하기 위해 신경을 많이 썼다. 주제 질문을 던지고 답하는 시간만큼 도입과 마무리에도 시간을 할애했기 때문이다. 음악도 한 곡, 한 곡을 정해서 틀었고 몸놀이와 마음 놀이를 모두 진행했고 서로에게 메시지도 쓰도록 했다. 덕분에 계획했던 것보다 상담에 오랜 시간이 걸린 적도 있었다. 시간이 길어지면 아이들이 지치고 대화에 집중하지 못할 수 있다. 몸과 마음이 편안하다면 몸놀이와 마음 놀이 중 하나만 진행하거나, 질문의 수를 줄이는 식으로 순서를 생략하고 조정하여 진행하면 좋다.

소규모 집단상담 이후 학생들에게 몇 가지 변화가 있었다. 첫 번째는 어색함이 많이 줄었다는 것이다. 아침에 교실에 가보면 대화 나눌 친구가 없어서 각자 앉아있던 모습과 달리 상담 이후에 함께 이야기를 나누고 어울리는 편안한 분위기가 느껴졌다.

두 번째는 아이들이 나와 일대일 상담을 할 때 솔직한 마음을 말하기 시작했다는 것이다. 소규모 집단상담을 하기 전에도 개인 상담을 하고 그 후에도 상담을 했는데 그 차이를 비교해볼 때 단순히 나와 지낸 시간이 조금 더 지났기 때문이 아니라 편안한 환경에서 솔직하게 얘기했던 집단상담의 경험이 일대일 상담에서도 이어진다는 생각이 들었다.

6

학부모 편지와
가정방문

　학기 초 새로운 만남을 앞두고 담임교사, 학생, 학부모 모두 새로운 만남에 대한 설렘, 기대감, 걱정을 갖게 된다. 학기 초 바쁜 업무 속에서 학생과의 관계 맺기에 집중하다 보면 학부모와의 관계를 놓치기 쉽다. 새 학기, 학생과의 관계뿐만 아니라 학부모와의 관계도 시작된다. 학부모는 교육의 중요한 동반자이다. 학교 교육에서 아무리 교사가 열정을 쏟아 학생을 지도한다 해도 학부모와의 신뢰 관계가 없으면, 가정에서 교육이 이어지기 어렵고, 그 결과 학생을 교육하기 어려운 상황이 되기도 한다.

　학부모와 관계를 맺을 수 있도록 편지 한 장부터 보내보는 건 어떨까? 학부모와 관계를 맺는 두 가지 방법으로 학부모 편지와 가정방문을 제안한다.

학부모 편지 보내기

학기 초 학생만 담임교사를 궁금해하는 것은 아니다. 학부모도 자녀의 담임교사가 어떤 분인지, 어떻게 학급을 운영할지 궁금해한다. 새 학기, 담임교사를 궁금해할 학부모에게 따뜻한 편지 한 통으로 교사를 소개한다면 학부모의 궁금증도 해결되고, 더불어 안심할 수 있을 것이다. 편지로 담임교사의 철학과 학급운영 계획을 안내하면 좋다. 편지 한 통을 시작으로 학부모와의 소통을 통해 담임교사에 대한 신뢰도 싹트게 된다.

학부모 편지는 개학 전에 미리 준비해두었다가 개학 첫날 나눠주는 것이 좋다. 미리 준비하지 못했다면, 가급적 빠른 시일 내에 보내는 것이 좋다. 편지에 담을 내용으로는 담임교사 소개, 학급운영 철학과 일 년간 학급운영 계획, 학부모에게 드리고 싶은 부탁, 교사의 연락처와 이메일 주소 등이다. 특히 학기 초에 이루어지는 학급운영 계획을 말씀드리면 좋다. 보통 4월 중에 가정방문을 시작하므로, 가정방문에 대한 언급도 첫번째 편지에 해두면 좋다. 개학 첫날 담임 시간이나 종례시간에 학생들에게 학부모 편지를 나눠주고, 학생들이 직접 가정에 돌아가서 학부모에게 편지를 전달하도록 한다.

학부모 편지 끝부분에 답장을 회신할 수 있는 칸을 남겨둔다. 담임교사에게 하고 싶은 말과 학생의 신상 및 특이사항을 회신 란에 적어달라고 부탁드리면 좋다. 회신 내용은 이후 학생을 교육하는 데 중요한 자료가 된다. 회신을 학생 편에 부탁하게 되는데, 학생이 내용을 보는 것이 염려되는 학부모를 위해서 담임교사의 이메일 주소로 회신할 수 있다는 점도 함께 안내해드리면 좋다.

학부모 편지 사례[13]

( )학년 ( )반 학부모님께

안녕하세요. 저는 2018학년도 O학년 O반 담임을 맡게 된 OOO입니다. 담임이 누가 될지 많이 궁금하셨지요? 저 역시 올 한 해 만나게 될 학부모님과 학생을 궁금해하며 기대하는 마음으로 기다리고 있었습니다.

저는 OO중학교에 O년째 근무하고 있습니다. 저에게 OO중학교는 첫 학교이자 첫 제자를 만난 곳입니다. 단순히 직장을 넘어서 교사의 삶을 시작한 의미 있는 공간입니다. 수학 교사로 근무한 지도 O년째를 맞게 되었습니다. 작년에는 O학년 O반 담임으로 O학년 O반, O반의 수학 수업을 담당했습니다. 성실하고 예뻤던 O학년 아이들과 함께 O학년 담임으로, 수학 수업으로 한 해 더 만날 수 있게 되어 기쁩니다.

올 한 해 학생들과 함께 담임으로서 학급운영을 할 때 중시하는 것은 따뜻한 공동체를 만드는 것입니다. 학급은 아이들이 함께 지내는 공간이면서, 일 년 동안 함께 공부도 하고, 학교의 다양한 행사를 함께하며 소소한 일상 하나하나를 공유하는 곳입니다. 25명의 다양한 학생이 모여 때로는 갈등이 생기기도 할 것이고, 함께 어려움을 이겨나가고 또한 함께 기뻐할 것입니다. 아이들이 연대하면서 더불어 살아가는 방법을 배울 수 있길 바랍니다.

---

13 좋은교사운동 교육실천 블로그 http://gtcher98.blog.me/80184837563 학부모 편지 사례를 참고하여 만들었다.

새 학기를 시작하며 3월 둘째 주부터 가정방문을 계획하고 있습니다. 집이 가까운 아이들을 중심으로 하루에 3~4가정을 돌면서 10여 분 정도 부모님과 간단하게 대화를 나눌 생각입니다. 부모님께서 학교에 오시는 부담을 덜어드리고 또한 제가 아이들을 마음 깊이 품어 더욱 세밀하게 만나기 위해서 실시하는 것이오니 부담스럽게 생각하지 마시고 시간을 '잠깐'만 내어주시길 바랍니다. 또한 음식이든 무엇이든 전혀 준비하지 마시고 순전히 저와 대화만 나누실 시간만 내어주시면 됩니다. (추후에 따로 가정통신문을 보내 드리겠습니다.)

중학교 ○학년 이 시기에 아이들을 담임으로 만나 일 년 동안 학생들이 자신의 진로에 대해서 생각하고, 진로를 위해 한 걸음 걸어 나갈 때, 옆에서 따뜻한 격려를 건네는 조력자가 되고 싶습니다. 부족한 담임이지만 학부모님께서 응원해주시고 지지해주시길 부탁드립니다. 감사합니다.

2018. (　)학년 (　)반 담임 (　　　)드림.

1. 연락처를 안내해드립니다.

  – 학교 전화: ○○○-○○○○-○○○○

  – 휴대폰: 010-○○○○-○○○○

  – E-mail: ○○○○@korea.kr

오늘 어머님 핸드폰으로 저에게 다음과 같이 문자 한 통 부탁드립니다. 학부모님 번호를 저장하기 위함입니다.

  '(　)학년 (　)반 (　)번 (　　　　) 학생의 부모인 (부모님 성함)입니다.'

2. 학교에서 보내드리는 여러 가지 소식과 가정통신문은 ○○중학교 홈페이지와 학교 소식을 알리는 □□앱을 통해서 공지해드리겠습니다. 학교 소식을 알리는 □□앱을 받아주시고, ○○중학교로 설정하시면 됩니다. 설치에 관한 안내 사항은 추후 가정통신문으로 배부될 예정입니다.

3. 가정방문은 학기 초에 한 번 이루어집니다.

———————————————— **학부모 의견란** ————————————————

담임교사에게 하고 싶은 말이나 학생의 신상 및 특이사항 등 제가 학생을 교육할 때 참고해야 할 사항을 적어주세요. 마음을 열고 듣겠습니다.^^ (E-mail: ○○○○@korea.kr로 회신해주셔도 좋습니다)

가정방문 알아보기

가정방문은 3월 말에 시작하여 4월 정도까지 하는 것을 권장한다. 바쁜 학기 초에 가정방문을 4년째 하고 있는 이유는 학생과 학부모와의 관계의 첫걸음으로 삼을 수 있기 때문이다. 가정방문은 학부모와의 관계 형성에도 도움이 될 뿐만 아니라, 학생에 관해서 전반적인 이야기를 듣게 되어 이후 학생을 교육할 때 큰 도움이 된다. 직접 학생의 가정을 방문하여 상담을 하면, 긴 시간 대화를 나누지 않아도 학생과 학부모를 좀 더 깊게 만날 수 있다는 장점이 있다. 학교보다 상대적으로 편안한 집에서 학생과 가정에 관한 이야기를 편안하게 나눌 수 있기 때문이다. 가정방문을 통해 학생을 일찍 파악하게 되니 학기 초 학생과의 마찰을 줄일 수 있었고, 경제적으로 어려운 학생의 가정형편을 일찍 파악하여 장학생으로 추천할 수 있었다. 또한 학부모와 신뢰를 쌓아 학부모들이 좀 더 열린 마음으로 학교 교육을 믿어주었다. 학부모가 교육의 큰 축이고 든든한 동반자임을 알게 되는 순간이었다. 이처럼 가정방문을 하면서 얻는 것이 많았기 때문에 바쁜 학기 초의 가정방문을 걱정하는 여러 시선 속에서도 4년째 가정방문을 이어오고 있다.

새 학기 첫날 학부모 편지에 가정방문 계획을 간단하게 알린 후, 3월 중순쯤 가정방문의 취지와 방법을 담은 편지를 보내는 것이 필요하다. 아무리 의도가 좋아도 작은 오해 하나로 가정방문의 교육적 의미가 퇴색될 수 있다. 이를 위해서 편지에는 다과나 음식을 준비하지 말아 달라는 부탁을 담고 가정방문시간 조사표도 함께 보낸다. 희망하는 가정만 방문하는데, 경험상 희망하는 가정은 학급 전체의 1/3에서 2/3 정도다.

담임교사가 학부모님께 드리는 두 번째 편지

안녕하세요. ○학년 ○반 담임 ○○○입니다. 학기 초 첫 번째 편지에서 말씀드렸던 가정방문을 시작하려고 합니다. 가정을 열어주신다는 것이 부담되시고, 시간을 내어 주시는 것도 어려우시겠지만, 올해 만날 ○반 학생들을 좀 더 온전히 알고 싶은 마음에서 가정방문을 허락해주시길 부탁드립니다.

가정방문은 교육청이나 학교에서 강제하는 지침은 아닙니다. 그러나 저는 3년 전부터 지금까지 가정방문을 계속하고 있습니다. 가정에 직접 가서 학부모님을 뵙는 것이 학교에서 단편적으로 여러 번 뵙는 것보다 학생을 알게 되는 데 훨씬 많은 도움이 되었기 때문입니다. 또한 학부모님과 상담을 할 때, 문자나 전화로 연락을 드리는 것보다 직접 얼굴을 뵙고, 말씀드리는 것이 가장 좋은 방법이라는 것도 알게 되었습니다. 직접 학교에 오셔서 상담을 하기 어려운 상황에 계신 학부모님을 대신하여 제가 직접 가정을 방문하는 것이라고 생각해주시면 좋을 것 같습니다. 학부모님께서 좀 더 편안한 공간인 가정에서 학생에 관한 이런저런 이야기를 편안하게 들려주셨으면 합니다.

가정방문과 관련해서 저는 몇 가지 원칙이 있습니다. 학부모님의 협조를 부탁드리겠습니다.

---

14 좋은교사운동 교육실천 블로그 http://gtcher98.blog.me/80184837563 학부모 편지 사례를 참고했다.

① 가능하면 우리 반 학생들의 모든 가정을 방문하려고 합니다. 하루에 2~3가정을 방문하게 되는데, 가정에 머무는 시간은 15~20분 정도라고 생각하시면 됩니다.

② 가정방문 시 선물이나 촌지를 받지 않습니다. 가정방문과 관련하여 불미스러운 일이 생기지 않았으면 합니다.

③ 음료나 다과도 준비하지 말아 주세요. 제가 마실 물은 늘 가지고 다니므로 마음 불편해하지 마시고 꼭 이 원칙을 지켜주세요. 혹 준비해 주시더라도 먹지 않고 가게 될 텐데 그렇게 되면 제 마음이 무거워 부모님과의 대화에 집중할 수 없을 것 같습니다.

④ 자녀에 대해서 누구보다 잘 아시리라 생각합니다. 학생의 성장배경, 학습 습관, 진로 및 진학에 대한 고민, 건강상태 등 담임교사가 꼭 알아야 할 점에 관해서 미리 생각해주시면 가정방문이 좀 더 효과적일 것입니다.

가정에서 뵙기를 기대하며 글을 마치겠습니다.

2018년 (　)월 (　)일 담임교사 ○○○ 올림

———————————— 자르는 선 ————————————

신 청 서

번호	학생 이름	가정방문 희망 여부(O, X)
		희망하시는 분은 뒷장의 희망시간을 표시해주세요.

가정방문을 희망하지 않으신 학부모님께서는 제가 학생에 관해 꼭 알아야 할 사항이
나 부탁의 말씀을 이곳에 적어 주시면 참고하겠습니다. 감사합니다.

가정방문 희망서를 취합하여 가정방문 가능한 요일과 시간, 학생 주소
를 바탕으로 가정방문 시간표를 작성한다. 보통 3월 중순에서 4월 말 사
이 1~2주에 걸쳐서 시간표를 짠다. 기간이 너무 짧으면 퇴근 후 방문해
야 하는 가정이 많아서 신체적으로 힘들고, 기간이 너무 길게 되면 가정
방문에 집중하기 어려워진다. 신청한 가정의 수를 고려하여 기간을 잡으
면 된다. 보통 퇴근 후 하루에 1~3가정 정도 방문하게 된다. 이동의 편의

가 정 방 문 시 간 조 사 표   번호:____ 번 학생 이름:____

일 차	1일차	2일차	3일차	4일차	5일차	6일차	7일차	8일차	9일차	일 차
시간\일자	8일(수)	9일(목)	10일(금)	11일(토)	14일(화)	15일(수)	16일(목)	17일(금)	18일(토)	시간\일자
10:00										10:00
11:00										11:00
12:00										12:00
13:00										13:00
14:00										14:00
15:00										15:00
16:00										16:00
17:00										17:00
18:00										18:00
19:00										19:00
20:00										20:00

※ 가능하신 일자, 요일, 시간을 확인하신 후, **불가능하신 시간에 "X" 표시** 해주시면 고려하여 가정방문 일정을 정하도록 하겠습니다. 감사합니다^-^

성과 이동 시간을 고려하여 서로 가까운 가정을 같은 날에 배정하면 효율적으로 방문할 수 있다. 가정방문 시간표가 완성되면, 학부모에게 문자로 방문 시간을 안내하고, 헛걸음을 방지하기 위해 학생 주소도 확인한다.

> **문자 내용의 예**
> 안녕하세요. OO 어머님, OO 담임 OOO입니다. 14일 화요일 오후 5시에 가정방문 하려고 합니다. 주소 확인 부탁드립니다. OO동 OO아파트…)

　가정방문 계획이 확정되면, 학교장 결재를 얻어 정식 출장 처리를 하는 것이 좋다. 교감 선생님이나 교장 선생님이 가정방문의 취지를 잘 납득하지 못할 때는 가정방문을 다룬 언론 보도나 시도교육청에서 가정방문을 권장한 자료를 제시하면서, 겸손한 태도로 설득하는 것이 좋다.

시도 교육청에서 가정방문을 권장한 자료[15]

－ 1996년 가정방문 허용하는 서울시 교육청 '학교교육 프로그램 개편을 통한 학교 폭력 예방 종합대책' 관련 기사 http://me2.do/FjLgglKl

－ 2003년 서울시 교육청 학생 생활지도 지침서 『모두가 행복한 학교생활』 중 가정 방문 권장 부분 http://gtcher98.blog.me/80183063581

－ 2012년 충남교육청 전담임 가정방문 확대 권장 기사 http://me2.do/5JswwZgN

－ 2013년 경향신문 기사 "한 번의 가정방문이 열 번의 상담보다 효과적" http://news.khan.co.kr/kh_news/khan_art_view.html?art_id=201304152019535

15　좋은교사운동 교육실천 블로그 http://gtcher98.blog.me/80184837563 참고

가정을 방문하면, 부모님에게 간단하게 자기소개를 한 후 가정방문의 취지를 설명한다. 학기 초에 학생, 학부모에게 받았던 기초 조사 자료와 학급일지, 필기구, 물병 등을 꺼내고 상담을 시작한다. 학기 초에 이루어지는 만큼 담임교사가 학생에 관해서 이야기를 하는 것보다는 학부모가 털어놓는 학생의 이야기를 듣는 것에 초점을 둔다. 가정에서 자녀의 모습, 자녀가 학교에서 힘들어하는 점 또는 학교생활에서 의미 있게 여기는 점, 일 년 동안 배려받고 싶은 점 등 학생에 관한 다양한 이야기를 나눈다. 많은 질문을 준비해가지 않아도 학생에 관한 이야기를 풍부하게 나눠주는 경우가 많다.

보통 한 가정에 머무는 시간은 20~30분 정도로 잡지만, 학부모 가운데 교사에게 가정의 깊은 이야기나 학생 이야기를 구체적으로 하고 싶어 하는 경우가 있다. 또는 학교에 대한 상처가 있어 이야기가 길어지는 경우도 있는데, 다음 약속이 조금 밀리더라도 끝까지 들어주는 것이 좋다. 만약 이야기가 길어질 것으로 예상되는 가정이 있다면, 가정방문 시간표를 짤 때, 그날의 마지막 가정으로 잡는 것이 좋다.

가정방문이 끝나면, 결과를 기록으로 남기는 것이 중요하다. 가정방문으로 새롭게 알게 된 점은 기록해두지 않으면 기억하기 어렵다. 나이스 학생누가기록으로 저장해두거나, 상담일지에 기록하여 학생 상담 시 참고하면 도움이 된다. 또한 가정방문을 허락한 학부모에게 가정방문 후 회신 편지를 받게 되면 가정방문 때 시간이 부족하여 말하지 못했던 내용도 알 수 있고, 다음 해 가정방문의 기틀을 잡는 데 중요한 자료로 쓸 수 있다.

○학년 ○반 학부모님께

안녕하세요. ○반 담임 ○○○입니다. 지난 가정방문을 통해 반 아이에 대해 좀 더 깊이 이해할 수 있었습니다. 항상 자녀를 위해 애써주시는 학부모님의 도움으로 3월 한 달 동안 사랑스러운 ○반 학생들과 행복하게 지낼 수 있었습니다. 바쁘신 중에도 가정방문을 허락해주시고 적극 참여해주셔서 감사드립니다. 가정방문의 결과를 토대로 일 년간 아이들과 좋은 관계를 맺고, 아이들에게 선한 영향을 주는 좋은 교사가 되도록 노력하겠습니다. 이번 가정방문으로 느끼신 것을 적어 보내주시면 좀 더 행복한 교실을 만드는 좋은 교사로 발전하는 데 큰 밑거름이 될 것입니다. 감사합니다.

♡ 다음 표는 아이와 학부모님께서 함께 이야기 나누면서 작성해주시면 더욱 좋습니다.

( )학년 ( )반 ( )번 이름 :

가정방문 전에 가졌던 가정방문에 대한 느낌이나 생각	
가정방문 후에 갖게 된 느낌이나 생각	

---

16 좋은교사운동 교육실천 블로그 http://gtcher98.blog.me/80184837563 참고하여 만들었다.

시간이 부족해 아이에 관해 미처 말하지 못한 것	
우리 아이에게 거는 기대와 소망	
기타 담임교사에게 하고 싶은 말씀	

해보니까 이래요

가정방문은 학부모가 학교보다는 심리적으로 좀 더 편안하게 느끼는 가정에서 상담을 진행하게 되어 좀 더 학생에 대한 깊은 이야기를 들을 수 있다는 장점이 있다. 그래서 가정에서 상담 시간이 길지 않아도 학교에서 진행되는 상담보다 훨씬 학생에 관해 많은 것을 알 수 있다. 가정이라는 공간에서 느껴지는 것들, 학부모와 함께 나누는 이야기 속에서 학생을 좀 더 종합적으로 알 수 있다. 또한 가정방문을 했을 때 대체로 학부모들이 이후 담임의 교육 활동에 대해 신뢰해주고 적극적으로 지지해주는 경향이 있었다. 가정방문 이후에 학부모를 만날 때 서로 좀 더 반가운 마음으로 만나게 된다. 문자나 전화, 편지가 아니라 직접 가정에 가서 학부모를 만나게 되므로 학부모와 관계 맺기의 첫걸음으로 가정방문만 한 것이 없다고 생각한다.

가정방문은 3월 중순~4월 정도에 진행되어 아무래도 교사에게 바쁜 학기 초에 가정방문을 한다는 것이 쉽지는 않다. 교사의 건강을 해치지 않는 선에서 스케줄을 잡아서 진행했으면 한다. 또한 정말 꼭 가고 싶은 학생이 가정방문을 원하지 않는 경우도 있다. 이때 무리해서 진행하지 못하는 아쉬움이 있다. 또한 가정방문을 한다고 해서 일 년 동안 학급이 편안한 것은 아니다. 너무 가정방문의 효과에 큰 기대를 하면 그만큼 실망하는 경우도 있다. '학부모와의 관계의 첫걸음을 뗀다', '학생에 대해서 좀 더 깊은 이야기를 듣는다' 정도의 마음으로 시작하면 좋겠다.

꼭 모든 가정을 방문해야 하는 것은 아니다. 담임교사의 철학에 따라서 모든 가정을 방문하기 위해 가정방문을 거절하는 가정도 끝까지 설득하여 학급의 모든 학생의 가정을 방문하는 선생님들도 있다. 신청하는 학생의 가정만 방문할 때의 단점은 담임교사가 직접 찾아뵙고 만나고 싶은 학부모가 가정방문을 신청하지 않을 경우 방문하기 어렵다는 것이다. 사적인 공간인 가정을 내보이기 어려워할 수 있다는 것을 감안하여 신청하는 가정에 방문하고 있다. 하지만 직접 학부모를 만나서 학생에 관해서 듣고 싶은 가정인 경우 처음에 가정방문을 거절하시더라도 가정방문을 할 수 있도록 설득하기 위해 노력한다.

가정방문 시 상담이 길어져 당혹스러운 적도 있었다. 주로 학교에 대한 상처가 깊은 학부모인 경우 상담이 길어지게 되는데, 다음 가정방문 시간이 밀리더라도 최대한 상담을 진행하는 것이 좋다. 학교 적응을 돕기 위해서는 부모님과의 협력이 중요한데, 학부모가 학교에 반감을 갖고 있는 경우 오히려 학교와 교사를 공격하기도 한다. 이럴 경우 학생을 돕기도 어렵고, 그 과정에서 교사도 상처를 받게 된다. 학교에 대한 상처가 깊은 학부모일수록 담임교사가 마음을 열고, 가정방문을 통해 신뢰를 쌓을 수 있도록 상담이 조금 길어지더라도 끝까지 진행하는 것이 좋다.

가정방문이 길어지면 학기 초 체력적으로 힘들 수도 있지만, 학교에 대한 불신의 마음이 누그러져 이후 학부모와의 만남이 훨씬 부드러워지고, 학부모의 신뢰를 얻을 수 있다는 큰 장점이 있다. 학교에 적응하기 어려워하는 학생이거나 담임교사가 미리 가정방문이 길어지리라 예측할 수 있다면, 이후의 스케줄에 지장이 없도록 그날의 마지막 가정방문지로 삼으면 좋다. 가정방문이 시작될 때 가정방문을 신청하신 모든 학부모에게 가정방문의 시간이 뒤로 밀릴 수 있음을 미리 말씀드리고 양해를 구한다.

7

학부모 신뢰서클

교육의 중심은 학생이다. 학생과 온전한 관계 맺기가 이루어지기 위해서는 교사와 학부모의 관계 또한 무엇보다 중요하다. 대개의 학교는 3월에 '학부모 총회'가 있는데 교사와 학부모의 첫 만남이 보통 이날 이루어진다고 볼 수 있다. 학부모와의 첫 만남을 학부모 신뢰서클로 시작한다면 담임교사는 교육철학, 학급운영 계획 등을 학부모와 의미 있게 공유하면서 서로 이해하는 시간을 가질 수 있다. 또한, 교사와 학부모의 관계뿐만 아니라 그날 참석한 학부모 간에도 나만의 자녀가 아닌 우리의 자녀라는 공동체 의식을 일깨워 줄 수도 있다. 아직은 어색하고 어려운 교사와 학부모 간의 의미 있는 첫 만남! '학부모 신뢰서클'의 사례를 소개한다.

학부모 신뢰서클 알아보기

'학부모와 서클을 한다고?' 교사에게는 말도 안 되는 그야말로 꿈같은 이야기로 들릴 수도 있다. 나 또한 학부모와의 만남을 신뢰서클로 준비해야 한다는 것이 여간 큰 부담이 아닐 수 없었다. 아마 함께하는 동료 교사들이 없었다면, 감히 엄두도 못 냈을 것이다. 이번 장에서는 나처럼 '학부모와의 서클이라니 말도 안 돼'라고 생각하는 교사들에게 학부모 신뢰서클을 실천하면서 경험했던 서클의 힘을 조금이나마 함께 나누려고 한다.

'학부모 신뢰서클'은 보통 학부모 총회 때 이루어지는데, 학기 초 아이들과의 상담 이후 학부모와의 첫 만남이자 담임교사와 학부모, 학부모와 학부모 간의 신뢰와 이해가 싹틀 수 있는 자리이다.

그동안의 담임교사와 학부모와의 총회 때 첫 만남은 대개 교사의 교육 철학과 학급운영 방법을 간단하게 소개한 후 자녀와의 상담 내용 및 짧은 기간이지만 교실 속에서의 관찰로 짐작할 수 있는 아이의 장단점 등을 부모님께 설명해드리는 정도였다. 그 과정에서 교사는 학부모에게 자녀 교육에 대해 조언자의 역할을 수행할 뿐이다. 기껏해야 일 년에 한 번 정도 만나는 학부모와 소통하며 공감할 수 있는 시간, 이를 통해 신뢰를 쌓을 기회는 놓쳐버리게 된다. 또한, 그날 참석하신 학부모 간에는 교육 주체로서 서로 연결될 수 있는 소중한 경험을 놓치게 된다.

학부모 신뢰서클은 학부모들의 이야기를 듣고, 학부모들 간에 '내' 자녀뿐만 아니라 '우리'의 자녀에 관한 이야기를 나눌 수 있게 하며 이를 통해 교사와 학부모, 학부모와 학부모 간에 공감과 소통이 오가는 따뜻한 교실을 만들어줄 수 있다. 자녀 교육의 어려움을 공통으로 안고 있는 부모들의 이야기가 연결되어 하나의 공동체로 의식될 때 교사에게 학부모는 단순히 자녀를 맡기는 사람이 아니라 우리 학급을 구성하는 공동체의 한 구성원임을 확인하게 된다. 교사와 학부모는 이러한 경험 이후 아이들을 교육하는 과정에서 공감과 신뢰를 바탕으로 서로를 좀 더 이해할 수 있을 것이며, 문제 상황이 발생했을 때 교사는 학부모의 지지와 협조를 얻어 회복적 생활교육을 실천할 수 있다.

학부모 신뢰서클 해보기

학부모 신뢰서클 시나리오[17]

0. 사전 준비

- 준비물: 토킹피스(담임이나 학급에 의미 있는 물건이면 좋음), 음악(경음악, 러블리벗 '고마워'는 주제 질문의 배경음악으로 활용하면 좋음), 음악을 틀 수 있는 기기(휴대폰, 블루투스 스피커 등), 센터피스(학급 아이들 이름이 쓰여 있는 색깔 카드, 프리즘 카드, 촛불, 인형, 화분, 꽃 등), 서클의 규칙(미리 칠판에 써 두거나 붙여둘 수도 있고, 미리 색종이에 출력하여 코팅해 두고 센터피스에 동그랗게 배열하여 서클을 할 때마다 활용해도 좋음)

  ※ 이름표: 학부모와 학생의 이름을 함께 쓸 수 있는 이름표를 붙이고 서클에 참여하면(담임교사는 자신의 이름과 담당 과목 정도를 써서 붙임)

---

17 시나리오에서 제시된 활동은 한국NVC센터(2015~2017) 비폭력대화 연수 자료, KOPI(2017) '새학기 준비 워크숍' 자료, 정진(2016) 『회복적 생활교육 학급운영 가이드북』(피스빌딩), 교사 동아리 구인회(2015) '회복적 생활교육 자료집(KOPI)', 경기도교육청(2016) '평화로운 학급공동체 워크북(중등)'을 참고 및 인용했다.

교사도 어떤 아이의 학부모인지 바로 알 수 있어서 서클 진행 시 자연스럽게 순서를 정할 수 있고, 학부모 간에도 어떤 아이의 부모님인지 알고 이야기를 좀 더 경청할 수 있다.

- 주의사항: 학부모들의 이야기가 길어질 수 있으므로 시간을 제한하는 것이 좋다. 담임에게 바라는 것은 질문하지 않는 것이 좋다.

1. 환영 인사

- (미리 틀어 놓은 음악을 끄고 환영의 인사를 한다) "안녕하세요. ○학년 ○반 담임 ○○○입니다. 이렇게 뵙게 되어서 너무 반갑습니다. 바쁘신 중에 이렇게 학교로 와 주셔서 너무 감사드리며, ○학년 ○반 교실에 오신 것을 환영합니다."

2. 여는 의식

- "부모님들께서도 지금 살짝 긴장되고 낯설기도 하실 텐데요. 오늘 저희 학급 부모님들과의 새 학년의 첫 만남을 축하하며 시를 선물해드리고 싶습니다." (시 한 개를 복사해서 나눠드리고 읽는다. 교사 혼자 읽을 수도 있고 부모님들과 한 줄씩 돌아가면서 읽어도 된다. 시는 양성우 '살아있는 것은 아름답다', 김용화 '딸에게', 다이애나 루먼스 '만일 내가 다시 아이를 키운다면', 나

희덕 '오분간' 등을 추천한다)
- "부모님들께 자녀와의 관계나 소통과 관련하여 함께 나눌 수 있는 동영상을 보여드리겠습니다." (지식채널e '엄마가 울었다' 를 추천)
- "오늘 부모님들께 들려드리고 싶은 노래가 있습니다. 가만히 눈감고 들어보셔도 좋을 것 같습니다. 노래를 들으며 우리 아이의 얼굴을 한번 떠올려 보시길 바랍니다." (러블리벗의 '고마워')
※ 시나 동영상, 노래 중에 하나를 택해 여는 의식에 활용한다.

3. 서클 안내

- 서클의 목적 소개
  - 예시 1: "바쁘신 가운데 이렇게 참석해주셔서 너무나 감사드립니다. 오늘 이 자리는 자녀가 학교생활을 잘 해내길 바라는 부모님들의 마음을 알아가는 공감의 자리입니다. 자녀를 교육하면서 힘들었던 점, 행복했던 기억을 오늘 참석해주신 부모님들과 함께 나누며 아이들뿐만 아니라 부모님들도 아이들을 통해 따뜻한 공동체가 될 수 있는 시작점이 되었으면 하는 바람입니다."
  - 예시 2: "교실에 들어오셨을 때 당황하셨죠? 이렇게 둥그렇게 앉아서 이야기를 나누고 소통하는 모임을 서클이라고 합니다. 오늘 이렇게 서클의 형태로 부모님들과 만나는 이유는 내 아이와 우리의 아이를 함께 보고 만나는 시간을 갖고자 해서입니다. 우리 아이들도 이렇게 둥그렇게 둘러앉아 누구나 동등하게 자신의 목소리를 낼 수 있는 구조 안에서 소통하고 있습니다. 오늘 이 자리가 저와 부모님들 그리고 참석해주신 부모님들 간에 작은 연결과 소통의 공간이 되길 바랍니다."

- 서클의 규칙 소개

  (토킹피스를 들고서) "제가 들고 있는 것을 '토킹피스'라고 하는데요, ~~한 의미가 있는 물건입니다. 이 '토킹피스'를 차례로 옆 사람에게 건네고 그것을 받은 사람이 자신의 이야기를 말하는 방식으로 진행됩니다. 함께 말하는 사람들이 안정적으로 참여하도록 돕기 위해 4가지 규칙이 있습니다."

  ① 토킹피스를 가진 사람만 이야기할 수 있어요.

  ② 다른 사람들의 이야기를 경청해요.

  ③ 서클은 처음부터 끝까지 유지되어야 해요. 일방적으로 자리를 떠나지 않습니다.

  ④ 이 자리에서 나눈 이야기는 비밀로 해주세요.

  "말할 차례가 왔는데 할 말이 생각이 나지 않으면, 다음 사람에게 토킹피스를 넘기고 한 바퀴 돈 후에 다시 차례가 왔을 때 이야기해도 됩니다."

  ※ 혹은 센터피스나 칠판에 제시된 서클의 규칙을 돌아가면서 읽을 수도 있다.

4. 여는 질문

- 질문에 들어가기 전 준비한 이름표를 나눠드리고 자녀의 이름과 학부모의 이름을 써서 참석한 학부모들이 서로 볼 수 있도록 붙이게 한다. (교사도 이름표를 통해 누구의 부모님인지 자연스럽게 알 수 있다)

- 여는 질문은 주제 질문 전 쉽게 마음을 열 수 있도록 부담 없이 답할 수 있는 질문이 좋다.

  ① 간단한 소개와 오늘 학교에 오면서 가장 신경 쓰신 부분을 나누

어주세요. (또는 '오늘 학교에 오실 때의 마음을 나누어주세요.')

② 다시 학창 시절로 돌아갈 수 있다면, 꼭 해보고 싶은 일은 무엇인가요?

5. 주제 질문

■ 서클의 목적에 맞는 주제 질문을 통해 아이들에 관한 다양한 이야기를 나눌 수 있다. 아이 중심의 이야기를 통해 교사가 아이를 좀 더 깊이 이해할 수 있고, 공감하며 경청하는 분위기에서 교사에 대한 학부모의 신뢰도 한층 높아질 수 있다. 또한 학부모 간에도 자녀에 대한 고민을 공유함으로써 공감대가 형성된다.

① 아이의 존재 자체가 고맙고 감사했던 기억은 무엇인가요? 그 이유는?

② 지금까지 아이를 키우면서 어려웠던, 도움이 필요했던, 힘들었던 순간은?

③ 올 한해 우리 아이에게 가장 주고 싶은 선물은? (아이에게 바라는 것 말고, 아이의 성장을 위해 내가 도와줄 수 있는 것)

【진행자의 질문 예시】

– 부모로서 가장 기쁘거나 보람된 순간은 언제인가요?

– 부모로서 가장 어려운 점은 무엇인가요?

– 우리 아이가 어떻게 성장했으면 하는지요?

– 우리 아이의 장점은 무엇인가요?

– 우리 아이를 위해 올해 꼭 해주실 한 가지는 무엇인가요?

– 우리 아이의 존재 자체가 고맙고 감사했던 기억은 무엇인가요? 그 이유는요?

6. 소감 나누기

- "처음에 당황하고 어색하셨을 텐데 자녀분에 관한 이야기를 진솔하게 들려주신 부모님들께 감사드립니다. 오늘 서클하면서 들었던 생각이나 느낌을 나눠주세요."

- "솔직하게 자신을 보여주시고 끝까지 자리를 지켜주신 우리 모두에게 박수를 보내주세요. 수고하셨습니다. 감사합니다." (박수)

학부모 신뢰서클 사례 엿보기

교사   안녕하세요. ○학년 ○반 담임 ○○○입니다. 이렇게 부모님들을 뵙게 되어 너무 반갑습니다. 오늘 부모님들과의 만남이 저에겐 참 고맙고 소중한 자리입니다. 그래서 부모님들께 노래 하나 들려드리려고 해요. 편안히 눈 감고 들으셔도 좋습니다. 노래 가사가 참 좋아요. 자녀의 얼굴 떠올리며 들어보셨으면 합니다. (러블리벗의 '고마워'를 틀고 함께 듣는다) 오늘 여러 가지 마음으로 바쁘신 중에 학교로 오셨을 줄로 압니다. 이제 막 사춘기로 들어선 아이들 키우시느라 힘들 때도 많을 텐데요. 오늘 들으신 노래가 부모님들 마음에 작은 위로가 되길 바랍니다. 교실에 들어오셨을 때 어떠셨어요?

부모 A   (눈물을 닦으며) 당황스러웠어요.

교사   네. 충분히 이해합니다. 아이들 역시 처음엔 당황하고 어색해도 하고 그랬거든요. 이렇게 둥그렇게 앉아서 이야기를 나누고 소통하는 모임을 서클이라고 하는데요. 오늘 이렇게 서클의 형태로 부모님들과 만나는 이유는 내 아이와 우리의 아이를 함께 보고 만나는 시간을 갖고자 해서입니다. 우리 아이들도 이렇게 동그랗게 둘러앉아 누구나 동등하게 자신의 목소리를 낼 수 있는 구조 안에서 소통하고 있습니다. 오늘 이 자리가 저와 부모님들 그리고 참석해주신 부모님들 간에 작은 연결과 소통의 시간이 되길 바랍니다.

부모 B   신선하고 좋네요.

부모 A   우리 아이가 집단상담 했다는데, 동그랗게 앉아서 게임도 하고 그랬다는데, 이런 거였나 보네요. 선생님이 들려주신 노래 듣고 나니 마음이 많이 편안해졌어요.

교사   그렇게 생각해주셔서 감사합니다. 저도 아이들과의 서클보다 떨리고 긴장되었는데, 부모님들 말씀에 많이 안심이 되고 편해졌습니다. 감사드려요.

(서클의 규칙 안내 후)

교사   나눠드린 스티커에 자녀의 이름과 부모님 이름을 쓰셔서 왼쪽 가슴에 붙여 주시기 바랍니다. (부모님들이 이름표를 가슴에 붙인다) 감사합니다. 그럼 조금 편안해진 마음으로 오늘 어떤 마음으로 오셨는지 간단히 나누어 보았으면 합니다. 전 오늘 떨리고 긴장된 마음, 또 한편으로는 너무 뵙고 싶고 궁금한 마음으로 이 자리에 왔는데요. 부모님들은 어떠신가요?

부모 A   저도 긴장되기도 하고 설레기도 하고 담임선생님이 어떤 분일까 궁금하기도 하고 그랬어요.

부모 B   저는 즐거운 마음으로 왔어요. 직장 다니느라 아이 학교에 올 일이 거의 없었는데 이번에는 시간을 낼 수 있게 되어서 즐거운 마음으로 왔습니다.

부모 C   저는 담임선생님이 제일 궁금했어요. 담임선생님 얼굴도 뵙고 싶고, 또 중학교 선생님은 어떨까, 어떤 분이실까 그런 마음으로 왔습니다. (웃음)

(중략)

교사   이번엔 우리 아이와 관련한 얘기를 나누어 보았으면 합니다. 요즘은 어떠실지…. 아마도 자녀와 소통하는 데 어려움도 많을 줄로 아는데요. 우리 아이가 가장 고맙고 감사할 때가 언제였나요? 따뜻한 기억을 떠올려 보셨으면 합니다.

부모 B   저는 직장에서 퇴근해서 집에 들어섰는데, 우리 아이가 8살 때인가? 그때, '엄마~~' 하고 달려와 안길 때가 기억나네요. (살짝 눈물을 보임) 직장 다니느라 애한테 많이 소홀하고 미안한 부분도 있는데 엄마 보고 안기던 아이 때문에 힘들지만 버텨낼 수 있었던 거 같아요. 그때 우리 아이가 저한테 참 큰 힘이 되었어요.

부모 D   저는 큰애가 초등 저학년, 둘째가 유치원 다닐 때였던 것 같아요. 어느 날 애들이랑 같이 좁은 인도를 걸어가는데 길이 좁아서 애들한테 먼저 앞에 가라고 했거든요. 그때 초등학생이던 큰 애(누나)가 동생 손을 꼭 잡고 너무 다정하게 얘기를 나누며 가는 거예요. 그때 그 다정한 남매의 모습이 그냥 제 마음을 따뜻하게 해주면서 그런 아이들과 인생을 함께 산다는 자체가 너무 감사했던 것 같아요.

부모 E   저희 아이는 남자아이인데도 좀 감수성이 있다고나 할까? 감수성이 있어서 제가 좀 표정이 어둡거나 그럴 때면 그냥 다가와서 제 손을 잡아주고 그래요. 그럴 때 그런 아이를 낳았다는 것이, 그 아이가 제 아이라는 것이 너무 고맙고 감사해요.

(중략)

교사 　부모님들 말씀 듣고 나니 마음이 참 따뜻해지네요. 저도 아이들 얼굴 떠올리며 아이들의 또 다른 면을 본 것 같아 너무 고맙고 감사하네요. 그럼 이번에는 우리 아이를 키우면서 힘들었던 순간을 나눠 볼까요? 아이 키우면서 힘들었던 때가 언제였나요?

부모 C 　(눈물을 글썽이며) 저는 요즘 가장 힘든 것 같아요. 요즘 저는 ○○이의 엄마 되기가 가장 힘들어요. 저나 애 아빠나 정말 ○○이를 위해 열심히 한다고 했는데, 학교에서 있었던 일은 말도 하려 들지 않고 밖에 나가서 뭘 하는지 일일이 쫓아다닐 수도 없고.

부모 E 　우리 애가 축구를 너무 좋아하는데, 초등학교 5학년 때 축구를 하다가 다리를 다쳐서 병원에 입원한 적이 있어요. 병원에서 수술은 잘 됐지만, 격한 운동을 할 때는 조심해야 한다고 하더라고요. 그렇게 축구 선수가 되고 싶어 했는데 의사 선생님께서 취미로 하는 건 몰라도 선수로 뛰는 건 불가능하다고 하셔서 아이가 크게 실망했어요. 그렇게 축구를 좋아하던 녀석이 예전처럼 다리가 썩 자유롭지 못해서 짜증 낼 때면 속상해요.

부모 A 　우리 애 3학년 때 제가 건강이 안 좋아서 병원에 입원했던 적이 있어요. 그때 잘 챙겨주지도 못하고 신경 써주지 못한 것 같아 지금도 마음이 많이 아파요. 어린 나이였지만 엄마 아프다고 내색하지 않고 동생 챙기며 학교 잘 다녀준 ○○이가 너무 고맙기도 하고 지금 ○○이가 짜증을 내거나 동생이랑 싸우는 거 보면 그때 제가 충분히 관심과 사랑을 주지 못해서 그런가 하는 생각도 들어요.

(중략)

교사   바쁘신 가운데 이렇게 와 주셔서 솔직한 말씀 나누어주신 부모님들께 너무 감사드립니다. 덕분에 우리 아이들을 좀 더 잘 이해할 수 있을 것 같아요. 오늘 이 자리를 함께하신 소감을 나누어 보았으면 해요.

부모 A   작년에도 학부모 총회에 갔었거든요. 그때는 이렇게 앉아서 이야기하는 것도 물론 없었고… 엄마들이 몇 명 왔었는데 그중에 한 어머니가 거의 혼자 이야기를 다 하는 바람에 담임 선생님과도 별로 이야기도 나누지 못하고 다른 엄마들 이야기도 못 듣고 그래서 아쉬움도 남고 그랬는데, 오늘은 처음엔 어색하기도 했지만 이렇게 오신 엄마들이 누구 엄마인지도 알게 되고 이야기도 함께 나눌 수 있어서 좋았습니다.

부모 D   저도 처음엔 당황스럽기도 했고요, 이렇게 가까이 앉아서 이야기 나누니까 쑥스럽기도 하고 그랬는데요. 그래도 뭔가 제 얘기도 좀 하고 또 이야기하다 보니까 제 속 이야기도 하게 되고…. 다른 분들 얘기도 듣고 그래서 우리 반 엄마들이랑 좀 더 친해진 느낌이 들어요.

(중략)

교사   저는 오늘 이 자리가 너무 행복했습니다. 어머님들 간에 솔직하고 따뜻한 대화가 오가는 걸 보고 저도 마음이 짠하기도 했고요. 어머님들 눈물에 자녀를 생각하는 마음을 함께 공감할 수 있어서 너무 감사했습니다. 끝까지 자리를 지켜주신 부모님들께 너무 감사드립니다. 수고하셨습니다. (박수)

해보니까 이래요

학부모 신뢰서클은 아이들과의 서클과는 달리 시작 전부터 두렵고 걱정스러운 부분이 많았다. 또한, 그 필요성에 대해 다소 회의적이기도 했다. 그러나 실제 서클을 진행하면서 학부모의 마음을 좀 더 깊이 있게 읽을 수 있었고, 아이들도 더 잘 이해할 수 있게 되었다.

학부모 신뢰서클을 하기 위해서는 서클에 대한 이해와 학교 철학에 대한 공감 그리고 서클 진행에 대한 사전 연습이 필요하다. 이미 교사 간에 회복적 생활교육 철학에 대한 공감대가 형성되어 있고 이를 실천하려는 교사의 마음만 있다면, 학부모 신뢰서클은 어렵지 않게 해낼 수 있다. 회복적 생활교육의 경험이 있는 부장 교사들을 중심으로 학부모 신뢰서클의 시나리오를 만들고 이후 학년 협의회나 전문적 학습공동체를 통해 서클의 진행 방법, 여는 질문과 주제 질문에 대한 협의를 하고 교사끼리 함께 연습해보면 된다. 또한 서클 시나리오를 바탕으로 서클 진행에 필요한 준비물을 함께 준비하고 공유하면 된다.

학부모 신뢰서클에서 사춘기가 되면서 변한 자녀의 모습, 부모님 자신의 건강 문제, 자녀의 건강 문제로 인해 겪었던 어려움 등 다양한 말씀을 해주셔서 학급의 아이들을 이해하는 데 큰 도움이 되었다.

물론 처음부터 학부모 신뢰서클이 성공적이었던 것은 아니다. 어색하고 낯선 서클에 불평하시는 분도 있었고, 동그란 의자 배치를 보고 당황해하시며 그냥 돌아선 부모님도 있었다.

그래서 학부모 신뢰서클은 준비를 꼼꼼히 할 필요가 있다. 좋은 음악을 틀어 놓고 센터피스를 잘 꾸며서 교실에 들어서는 학부모들에게 따뜻하고 편안한 분위기를 만들어줄 필요가 있다. 동그랗게 둘러앉아 이야기하는 서클의 구조가 서로 동등하게 자신의 목소리를 내기 위함임을 설명해주고 학급 아이들도 이런 동등한 구조 안에서 서로 존중하고 배려하도록 교육 하고 있음을 말씀드려서 신뢰감을 주는 것이 좋다. 또한 서클의 운영 목적이나 서클을 왜 해야 하는지에 대해서도 학부모님들이 충분히 이해해야 한다. 사전에 충분하게 설명되지 못하면 서클 안에서 충분히 공감하고 소통할 수가 없다.

서클 후, 어렵게 참석해주신 학부모님께 궁금해하실 만한 것들을 모아 정리해서 드린다면 학부모의 신뢰가 한층 더 두터워질 수 있다.

신뢰서클과 별도로 담임에 대한 간단한 소개, 학급 소개, 아이들의 하루 일과, 교사 시간표, 자리 배치도(자녀의 자리와 자녀의 짝과 모둠 친구를 파악할 수 있음)를 포함한 '학부모 총회 자료'를 만들어드리는 것이다.

학교생활 규정, 진학과 관련한 정보, 교내 봉사활동이나 현장체험학습 관련 내용 등을 첨부한 '학부모와 함께 읽는 신문'도 좋다.

서클의 마지막 단계에서 학부모들의 소감을 들었을 때 학부모들 또한 담임교사와의 색다른 만남을 뜻깊게 받아들여 주셨으며 교사와 학부모의 관계뿐만 아니라 학부모 간의 따뜻한 만남도 의미 있었다고 말씀해주셨다. 처음에는 어색하고 두려웠지만, 서클 후 학부모를 좀 더 가깝고 진솔하게 대할 자신이 생겼다.

3장

학기 중
관계의 기둥 세우기

1

존중의 약속 만들기

"선생님이 여러분에게 저를 존경하라고 한 적이 있었나요? 한 번도 없었어요. 하지만 적어도 존중을 바랐어요. 존경이 아니라 존중하는 것조차 여러분에게는 너무 힘든 건가요?" 애원하듯 아이들에게 말했던 기억이 있다. 우러러보지는 않더라도 교사인 나의 존재를 인정하고 협력하기를 바랐는데, 그게 그렇게 힘들었던 걸까? 어려웠던 걸까? 하지만 지금 돌이켜볼 때 아이들에게 그건 쉽지 않은 일이었겠다는 생각이 든다. 왜냐하면, 아이들에게 존중의 의미가 막연할 뿐 아니라 구체적으로 '존중한다는 건 ~이다'라고 알려준 적도 없었기 때문이다.

지금 학교는 교사와 학생이 상하 관계가 아니라 민주적 관계를 맺는다. 서로에 대한 존중을 구체화하는 과정이 절실하다는 의미이기도 하다. 교실과 학교를 존중이 있는 안전한 공간으로 만들기 위해서 실천할 수 있는 행동으로 표현한 구체적인 약속, 이것이 존중의 약속이다. 이 약속은 교사가 학생을 존중하는 방법, 학생이 교사를 존중하는 방법, 학생과 학생이 서로 존중하는 방법을 모두 포함한다.

　담임교사가 자신의 학급운영 철학을 바탕으로 학생들에게 일방적으로 제시한 규칙은 지켜야 한다는 필요성을 느끼지 못하는 학생과의 잦은 충돌을 만들어낼 뿐이다. 규칙을 결정하는 과정에서 학생들이 소외되었기 때문에 규칙을 준수해야 할 동기가 부여되지 않으니 그리 놀라운 일도 아니다. 교사와 학생이 함께 정한 존중의 약속은 학급이 마음으로 연결되는 공동체가 되기 위한 평화적 울타리의 역할을 한다. 학생을 통제하는 수단으로 이용하던 학급 규칙과는 달리, 합의하여 만든 존중의 약속은 훈계나 응보적 처벌 없이 무언의 평화적 압력으로 약속을 지키도록 유도한다.

존중의 약속 알아보기

　존중의 약속은 교사와 학생이 모두 참여하여 결정하며, 실제로 한 달간 생활하며 겪은 불편함과 어려움을 바탕으로 3월 말~4월 초에 걸쳐 결정한다. 한 달 동안 교과 교사와 학급 사이, 담임교사와 학급 사이에서 정한 약속이 각각 있을 경우에, 이를 통합하여 공통된 학급의 약속으로 정리하는 역할을 하기도 한다.

　존중의 약속 만들기는 총 2차시로 진행한다. 1차시는 존중의 의미에 대해 생각해보고 개인, 모둠, 학급 순서로 의견을 모아서 존중의 약속을 정한다. 1차시에 정한 약속은 실효성 검증을 위해 기간을 정하여 적용하고 2차시에 수정한다. 2차시는 학생들이 존중의 약속을 확정한다. 검증

기간에 느낀 한계를 피드백하고 현실성 있는 약속을 만들기 위해 의견을 조정한 후 존중의 약속을 확정하고 게시하여 알린다. 이후에는 지속적인 반성과 평가를 통해 약속을 되새긴다.

교사와 학생 모두가 참여하여 서로 존중하는 약속을 정하는 과정이기 때문에 소수의 의견도 무시하지 않고 모두 반영한다. 그러나 약속이 20~30개 정도로 많으면, 기억하기도 어려우므로 실천할 수도 없다. 이때는 포괄적인 표현으로 약속을 통합하거나 더 중요한 약속에 스티커를 붙이는 투표를 통해 개수를 간추리기도 한다.

존중의 약속을 정하는 데는 최소 3주 이상이 걸린다. 교사도 학생도 일방적인 존중을 요구하지 않도록 경계를 맞추어야 하며, 약속이 실효성이 있는지 검증하는 시간이 필요하기 때문이다. 이렇게 약속을 확정하기까지 상당한 시간이 걸리다 보니 그 사이 존중의 의미와 필요성을 잊을 수 있다. 이때는 자신이 가장 중요하다고 생각하는 존중의 약속을 한 가지씩 번갈아서 소개하는 시간을 통해 약속을 되새기도록 할 수 있다.

존중의 약속 만들어보기

학급에서 논의하기 전, 먼저 교사를 대상으로 학생과 동일한 절차를 거쳐 교사들의 존중의 약속을 정한다. 이 시간은 교사의 약속을 정하는 시간인 동시에, 존중의 약속 정하기 활동의 리허설이기도 하다. 담임교사들은 이 시간을 통해 과정을 익히고 학급에서 같은 방식으로 진행한다. 개인의 의견을 내고 내용을 통합하는 과정에는 시간이 적지 않게 소요되므로 전문적 학습공동체 시간을 이용하면 좋다.

존중의 약속 만들기(교사용)[18]

우리가 함께하기 위한 중요한 가치는 '존중'입니다. 존중의 약속은 서로의 삶을 보호하고 인정하며 회복하기 위해 공동체가 합의하는 '관계의 설계도'입니다.

⇒ 먼저 개인의 생각을 써보고, 빠짐없이 전지에 정리해서 적어주세요.

⇒ 실천할 수 있는 구체적인 행동이나 말로 적어봅시다.

교사-학생	교사는 학생을 어떻게 존중할 것인가?	
	교사는 학생에게 어떻게 존중받고 싶은가?	
교사-교사	나는 다른 선생님들을 어떻게 존중할 것인가?	
	나는 다른 선생님들에게 어떻게 존중받고 싶은가?	

학급에서의 논의를 위해서는 학급 자치 시간을 확보해야 해야 하며, 존중의 대상을 명확하게 구분한 표를 개인 활동지로 인쇄해서 준비해야 한다.

---

18 정진(2016), 『회복적 생활교육 학급운영 가이드북』(피스빌딩), P.256

존중의 약속 만들기(학생용)[19]

우리가 함께하기 위한 중요한 가치는 '존중'입니다. 존중의 약속은 서로의 삶을 보호하고 인정하며 회복하기 위해 공동체가 합의하는 '관계의 설계도'입니다.

⇒ 먼저 개인의 생각을 써보고, 모둠의 생각을 하나도 빠짐없이 전지에 정리해서 적어주세요.

⇒ 실천할 수 있는 구체적인 행동이나 말로 적어봅시다.

학생-교사	학생은 선생님을 어떻게 존중할 것인가?	
	학생은 선생님께 어떻게 존중받고 싶은가?	
학생-학생	나는 다른 친구들을 어떻게 존중할 것인가?	
	나는 다른 친구들에게 어떻게 존중받고 싶은가?	

만약 학생들이 존중의 약속이 왜 필요한지, 존중이 얼마나 중요한지 충분히 인지하지 못한다면 이후의 모든 과정이 무의미해질 수 있다. 따라서 1차시에 존중의 약속을 정하는 첫 번째 순서로 존중의 의미를 소개

---

19 정진(2016), 『회복적 생활교육 학급운영 가이드북』(피스빌딩), P.256

한다. 학생들이 존중의 약속을 정하는 이유를 알게 되면, 자연스럽게 약속을 정하는 과정이나 약속을 지키는 과정에 적극적으로 참여한다.

어렵지 않게 존중의 의미와 존중의 약속을 정하는 이유를 알게 하기 위해 사진이나 영상 자료를 보고 이야기를 나눌 수 있다.(참고: 베아트리스 부티뇽 『우린 모두 조금씩 달라』 동화책 표지 사진) 자료를 보고 나면 아이들에게 여기서 말하고자 하는 핵심 가치를 1가지 이상 포스트잇에 적고 칠판에 붙이게 한다. 존중이라는 단어가 직접 나오지 않았더라도, 모든 가치를 포함하는 단어는 존중이라고 설명할 수 있다. 그리고 학생들이 생각하는 존중이란 무엇인지 질문한다. 이때 나온 답이 학급에 있을 때와 없을 때를 학생들과 비교해보자. 당연히 학급에는 반드시 존중이 필요하다는 결론이 난다. 특히 학급을 마음으로 연결되는 평화로운 공동체로 만들기 위해서 존중의 약속이 필요함을 다음과 같은 문장으로 정리해서 제시할 수 있다.

존중의 약속 필요성 예시

- 존중은 모든 사람이 가지고 있는 보편적 가치로써 교사와 학생을 구분하지 않고 지켜져야 한다.
- 배움 중심 수업과 공동체의 가치 실현을 위해 존중은 필수 조건이다.
- 행복한 수업과 학교생활을 위해 모든 학교 구성원의 존중이 필요하다.

이러한 이야기를 통해 학생들이 서로 존중하기 위해 직접 실천할 수 있는 것들을 진지하게 생각하도록 강조하면서 본격적으로 존중의 약속을 정하기 시작한다. 교사가 정한 존중의 약속을 이때 제시한다. 제시된 내용을 보면서 학생들은 어떤 태도나 행동으로 존중이 구체화되는지 실

		교사가 정한 존중의 약속
교사-학생	교사는 학생을 어떻게 존중할 것인가	· 학생의 위치에서 생각하며 소통하고 공감해주며 이해하기 · 학생과 눈을 맞추고 이야기하기(아이들이 하는 말을 흘려 듣지 않기) · 이름 불러 주기 · 아이들의 작은 변화도 세심하게 포착하여 언급해주기 · 웃으면서 인사해주기 · 단호하게 말할 때, 아이의 자존심이나 자존감에 상처 주지 않기 · 미루지 않고 그때그때 칭찬하기 · 특별한 경우를 제외하고 나와 동등하게 대해주기 · 선입견 갖지 않기 · 엉뚱한 대답에도 왜 그렇게 생각했는지 물어봐 주기 · 아이들의 부정적인 언행이나 의견에 즉각적으로 제지하지 않기
	교사는 학생에게 어떻게 존중받고 싶은가	· 교사가 있는 곳에서 바른 어휘 사용하기(욕, 비속어 금지) · 그만하라고 말하면 멈추기 · 선생님 말 중간에 끊지 말기(질문이더라도) · 수업시간에 엎드리지 말기 · 교사를 믿고 신뢰하기 · 예의 갖추기(인사, 사과, 감사, 격려 표현하기) · 경청하기 · 즐겁게 활동에 참여하기 · 문제(불만) 직접 표현하기

마리를 얻는다.

먼저 개인적으로 존중의 약속 아이디어를 활동지에 적는데, '2장 3 공유된 목적 세우기'를 통해 정한 가치를 바탕으로 약속을 정하면 더욱 좋다. 개인 활동이 끝나면 전지에 개인 활동지와 동일한 양식으로 틀을 만들고 모둠원의 의견을 모은다. 이때 공통되거나 비슷한 의견은 하나로 간추린다. 단, 중요하지 않다고 판단하여 빼면 안 된다. 각 모둠에서 간추린 의견을 공유하면서 한 장의 전지에 정리하면, 우리 반 '존중의 약속'의 가안이 완성된다. 전지는 교실 벽에 부착한 뒤 약 일주간 약속을 실행한다.

일주일 뒤 2차시에는, 존중의 약속을 지키면서 느낀 점을 바탕으로 약속을 확정한다. 먼저 정한 존중의 약속에 대해 자유롭게 이야기하면서 피드백을 나눈다. 구체적으로 어떤 항목을 수정할 것인지 정하기 위해 게시해두었던 전지에서 수정이 필요하다고 생각하는 항목에 스티커를 붙인다. 스티커가 하나도 붙지 않은 항목은 존중의 약속으로 확정하고, 한 개라도 붙어있으면 이야기를 나눈다. 스티커를 붙인 사람이 약속을 지키면서 어떤 점이 불편했는지 말하고 모두가 함께 듣는다. 이때 교사도 학생들의 의견을 판단하지 않고 무조건 수용하되, 의미가 모호할 경우에만 정리해서 말하도록 한다.

존중의 약속을 보완할 방안은 모둠별로 논의한다. 만약 보완해야 할 항목이 적으면 의견이 나온 모든 항목을 모둠에서 논의하게 하고, 항목이 많으면 모둠별로 몇 가지씩 배분하여 의논하게 한다. 모둠별로 보완한 의견을 공유할 때는 스티커를 붙인 친구들에게 불편함이 해소되었는

우리 반이 함께 지킬게요!
우리가 만든 존중의 약속

교사는 학생을 어떻게 존중할 것인가?	학생은 교사를 어떻게 존중할 것인가?
1. 평소에 학생의 이름을 부른다. 2. 학생들의 의견을 진지하게 수용한다. (의견 강요 X, 1/3 이상의 의견은 진지하게 고려) 3. 공정한 태도로 차별 없이 대한다. (선입견과 차별과 비교 NO) 4. 무슨 일인지 묻고 끝까지 들어준다. (학생의 행동 최대한 긍정적으로 이해, 의심이 아니라 정확한 정보로 지도하기, 고민 들어주기) 5. 잘못된 행동에 대해서만 말한다. (비난과 비하와 비꼬는 말 NO)	1. 선생님이 있는 공간에서 바른 어휘를 사용한다. (욕 NO) 2. 선생님이 그만하라고 하면 멈춘다. (예의 지키기) 3. 선생님 말씀 중에는 선생님을 바라보고 끝까지 듣는다. (하고 싶은 말이나 질문은 선생님 말씀 끝나고 한다.) 4. 몸이 안 좋을 때는 미리 선생님께 양해를 구한다. (말없이 엎드리지 않는다) 5. 표현하기. (진심의 감사, 사과, 인사) 6. 알든, 모르든 선생님께 크게 인사한다.

지 묻는다. 해소되지 않았다면, 전체가 이야기를 다시 나누어 학급 단위의 존중의 약속을 확정한다. 확정한 뒤에는 교실에 게시하여 공유한다.

존중의 약속을 확정한 이후에는 종례 또는 학급 자치 시간을 활용하여 주기적으로 존중의 약속을 지키고 있는지 확인하고 반성과 평가를 해야 한다. 만약 존중의 약속이 지켜지지 않더라도 벌칙을 정하여 응보적으로 대응하는 것은 바람직하지 않다. 존중의 약속은 지도 방식이나 통제 수단이 아니기 때문이다. 그런 경우에는 4장에서 소개하는 회복적서클이나 문제해결서클을 통해 평화적으로 문제를 해결해보기를 권한다.

해보니까 이래요

2010년, 경기도의 학생 인권 조례 제정을 신호탄으로 학생 인권을 법적으로 존중하는 움직임이 전국으로 확산되었다. 그러나 동시에 교권 추락의 사례가 급격하게 증가했다. 그 이유가 무엇이었을까?

교사의 학생 인권 존중에는 동의하고 학생의 교사 인권 존중에는 동의하지 못하는 학생을 만났을 때, 비로소 그 이유를 알게 되었다. 그 학생은 학생들이 교사의 인권을 해치는 행동을 할지라도 교사는 어른이기 때문에 참고 수용해줘야 한다고 말했다. 그렇게 교사의 인권이 무시되는 사건은 계속해서 일어났다. 나는 교사로서는 물론 한 인간으로서도 대우받지 못하는 초라한 내 모습을 발견하고 힘겨웠다.

존중의 약속을 정하면서 아이들은 교사를 존중하는 방식이 무엇인지 생각해보고 교사를 존중하려고 의식적으로 노력하는 모습을 보여주었다. 어떤 행동에서 학생들이 존중받지 못한다고 느꼈는지 떠올리며 나도 신경을 썼다. 존중의 약속을 정하는 과정이 바람직하게 상호 존중에 대한 배움을 유도했다고 생각한다.

존중의 의미와 경계를 인식할 때는 충분히 도와줘야 한다. 교사가 학생을 존중하는 방법으로 잠은 자지 않지만 엎드려서 수업을 들을 수 있도록 허락해 달라는 의견이 나온 적이 있다. 힘들 때 엎드려서 수업을 듣도록 허락하는 것도 선생님이 자신들을 존중하는 방법일 것 같다고 의견을 냈는데, 교사 입장에서 그게 존중하는 방법인지 갸우뚱했다. 말도 안 된다며 의견을 폐기하지 않았던 이유는 존중의 약속은 소수의 의견도 존중해야 한다는 생각 때문이었다. 하지만 학생을 존중하는 것도 필요하지만, 수업에 참여하는 태도도 중요하다는 사실을 어떻게 학생들에게 납득시킬 수 있을까 고민이 되었다. 처음 약속을 정할 때부터 존중의 의미가 무엇이고 어디까지 존중의 경계로 삼을지 충분히 인식을 시켜주었다면 이런 곤란한 제안은 없지 않았을까 생각이 든다.

존중의 약속을 꼼꼼하고 완벽하게 정하는 것보다 반복적인 사후 작업이 더 중요하다는 것도 절실히 배운 점이다. 존중의 약속을 정하는 과정에는 많은 시간과 에너지가 필요하다. 그 노력이 무의미해지지 않도록 약속을 꾸준히 환기시키고 마음에서 멀어지지 않게 해야 한다. 마음으로 연결되는 평화 공동체를 만들기 위한 좋은 도구로 존중의 약속을 이용하면 좋겠다.

2

비폭력대화 기반의
그로그 상담

학급 아이들과 상담하는 순간은 학급을 운영하는 내내 찾아온다. 학기 초 아이들을 알아보기 위해 하기도 하고, 아이들에게 정보(진학, 지필평가 결과, 공부 방법 등)를 주기 위해 하기도 하고, 아이들이 갈등 속에 있을 때 하기도 한다. 하지만 정보를 제공하는 상담이 아닐 때 상담을 끝낸 후 허무한 경우가 많다. 특히 과묵한 학생과 상담하는 경우, 상담을 빨리 끝내려고 '네'라는 대답만 하는 아이와 상담하는 경우, 아이들 목소리는 거의 들리지 않고 교사의 조언이나 훈계만 넘쳐 나는 경우가 그렇다. 그런 상담을 마치고 나면, 이것이 상담이 맞는지 고민이 된다. '아이들의 말을 충분히 듣고, 스스로 문제를 발견하고 해결해 나가는 힘을 주어야 하는 게 상담인데, 나는 왜 아이들의 말을 잘 끌어내지 못하지?' 하고 자책하기도 한다. 아이들의 말을 공감하며 대화하는 방법인 비폭력대화를 배워 이런 점을 보완하고 싶지만, 막상 실천하려고 하니 막막하기만 하다. 비폭력대화에서 중요하게 여기는 느낌이나 욕구를 찾아내기 어렵기 때문이다.

아이들의 이야기를 조금 더 끌어내기 위해, 비폭력대화를 좀 더 쉽게 실천하기 위해 그로그를 활용하는 상담 방법을 제안한다. (그로그를 활용하기 위해서는 비폭력대화에 대한 이해가 우선되어야 한다. 비폭력대화에 대해서는 1장의 '2. 회복적 생활교육의 밑바탕'을 참고하기 바란다)

그로그 알아보기

그로그(GROK)는 로버트 헤인레인(Robert Heinlein)의 공상과학 소설 「낯선 땅, 이방인」에서 사용된 단어이다. 이 소설에서 그로그는 화성인이 쓰는 말로 '마시다, 전부 수용하다, 충분히 이해하다, 공감으로 일치를 느끼다'라는 의미이다. CNVC[20] 인증지도자인 진 모리슨(Jean Morrison)과 크리스틴 킹(Christine King)이 비폭력대화를 기초로 대화식 카드 게임을 만들고, 이 게임에 로버트 헤인레인의 소설에서 사용된 '그로그'라는 단어를 가져와 이름을 붙였다.

이 책에서 '그로그'는 자신을 솔직하게 표현하고 다른 사람을 공감하는 것을 배울 수 있는 대화식 카드 게임을 말한다. 느낌말과 욕구말이 적힌 각각 60장의 느낌 카드와 욕구 카드를 가지고 자신 혹은 다른 사람의 느낌과 욕구를 알아나가는 게임이다.[21] 우리의 느낌과 욕구의 수가 이렇

---

20 The Center for Nonviolent Communication, 비폭력대화를 배우고 나누며 평화롭게 갈등을 해결하는 것을 돕는 국제적 조직으로 미국의 뉴멕시코주에 있다. 한국에는 한국NVC센터가 있으며 비폭력대화를 배우고 나누는 것을 돕고 있다.

21 그로그 소개 책자에서 인용했다.

그로그 상자, 소개 책자   그로그 느낌 카드   그로그 욕구 카드

게 많다는 것이 처음에는 낯설 것이다. 짜증 나고 화나는 느낌만 알았는데, 그 이면에는 매우 다양한 결의 느낌이 있다는 것, 내게도 이렇게나 많은 소중한 욕구가 있다는 것을 알고 나면 신기하기도 하고 설레기도 하며 편안해지기도 한다.

그로그의 장점은 첫째, 비폭력대화에 익숙하지 않아 느낌말과 욕구말을 잘 모르는 교사와 학생들도 쉽게 비폭력대화의 철학에 따라 대화를 나눌 수 있다는 점이다. 두 번째로는 자신 혹은 다른 사람의 느낌이나 욕구를 발견하기 어려울 때 이를 발견하여 쉽게 공감할 수 있도록 돕는다는 점이다.

그로그는 여러 상담에서 활용할 수 있다. 다른 사람을 공감하는 데 활용하기도 하고, 갈등의 소용돌이 속에 있는 사람들과 상담을 할 때 활용하기도 하고, 아이들의 특성을 알기 위한 일상적인 상담에서도 활용할 수 있다. 그러나 가장 먼저 추천하고 싶은 것은 '자기 공감'에 활용하는 것이다. 다른 사람보다는 자기를 공감하는 연습을 많이 했으면 한다. 자기 공감이 충분하지 않으면 다른 사람을 진정으로 공감하기 어렵다. 내가 갈등의 소용돌이 속에서 헤맬 때 다른 사람을 공감하는 것은 불가능하다. 노력하더라도 가짜 공감일 확률이 높으며, 그건 상대방이 가장 먼저 알아채서 갈등이 더 깊어지거나 대충 덮고 끝내서 후에 더 큰 갈등이 벌어지기도 한다.

처음 시작할 때는 실패가 뒤따르는데 그게 두렵다면 먼저 자기를 대상으로 연습하기를 권한다. 자기를 공감하는 연습을 많이 하면 그 과정이 익숙해지면서 다른 사람들을 공감하는 것도 쉬워진다.

그로그를 활용하여 상담해보기

그로그 프로세스는 비폭력대화의 4가지 단계인 '관찰, 느낌, 욕구, 부탁'을 찾는 것인데, 느낌 카드와 욕구 카드를 활용하여 좀 더 쉽게 찾을 수 있다.

첫 번째 단계는 '관찰 찾기'이다. 학생 혹은 교사 자신에게 자극이 되었던 상황을 떠올려 본 후 그중 가장 자극이 되었던 말이나 행동을 구체적으로 말하거나 적는다. 생각나는 대로 말하거나 적되 어느 정도 이야기를 한 후에는 관찰과 판단·평가의 말을 구분한다. 처음에는 구분하기가 쉽지 않은데, 이럴 때는 주로 '그런 생각이 들었을 때 보았던 행동이나 들었던 말이 무엇이니?'라고 질문한다.

관찰과 판단·평가의 말을 구분하기 위해 던지는 질문에 '그런 평가(판단)의 말이 떠올랐을 때'가 아니라 '그런 생각이 들었을 때'라고 말하는 데는 이유가 있다. "그 아이가 저를 무시했어요"라는 학생의 말에 교사가 "그런 평가의 말이 떠올랐을 때"라고 반응하면, 학생은 "진짜예요. 그건 제가 평가한 게 아니에요"라고 방어하는 경우가 종종 생긴다. '판단·평가'라는 말에는 그것이 객관적 사실이 아니라 '너만의 생각'이라는 의미가 포함돼 있기 때문에, 좀 더 중립적인 인상을 주는 '생각이 들었을 때'로 말하는 것이 더 좋다.

두 번째 단계는 '느낌 찾기'이다. 첫 번째 단계에서 찾은 자극이 된 관찰 내용을 떠올릴 때 드는 느낌을 그로그 느낌 카드 중에서 찾는다. 처음에는 개수 제한 없이 마음이 가는 카드를 모두 찾아 바닥에 늘어놓는다. 그러고 나서 더 강한 느낌의 카드를 2~3개 정도 고른 후 왜 그런 느낌이 들었는지 설명한다.

자기 공감을 하는 경우에는 스스로 카드를 들고 찾는다. 다른 사람을 공감할 때는 내담자 스스로 찾게 할 수도 있고, 상담자가 상황에 맞는 것을 찾아 줄 수도 있다. 공감의 효과를 높이고 싶다면 후자의 방법을 선택하는 것이 더 좋으며 상담자는 더 필요한 카드가 있는지 반드시 물어본다. 내담자가 느낌말에 익숙하지 않을 경우 그 느낌을 설명하도록 유도한 후 추가로 찾아주고 다시 고르게 한다.

세 번째 단계는 '욕구 찾기'이다. 이 과정은 카드만 '욕구 카드'로 바뀔 뿐 방식은 느낌 찾기와 동일하다.

네 번째 단계는 '부탁 찾기'이다. 세 번째 단계에서 찾은 '욕구'를 채우기 위한 방법을 찾아보는 것이다. 부탁의 말은 구체적이고 긍정적인 행동 언어가 돼야 하며, 상대방도 동의할 수 있어야 한다. 그렇지 않으면 상대가 부탁을 들어줄 확률은 매우 낮아진다.

예를 들어, 교사가 학생에게 '청소 시간에는 청소를 성실히 해줘'라고 부탁했다고 하자. 이때 '성실하다'의 기준은 학생과 교사가 다를 수 있다. 학생은 휴대폰을 보면서 청소를 하더라도 빗질을 계속하고 있다면 놀지 않았으니 성실하게 청소한 것이라고 항변할 수도 있다. 그러나 대부분의 교사는 휴대폰을 보면서 청소하면 '성실하지 않다'고 판단한다. 또한 '청소 시간에는 휴대폰을 보지 말아 줘'라고 부탁한다면 학생이 청소 시간에 화장실에 간다고 나가서 10분 동안 들어오지 않아도 할 말이 없다. 그 아이는 휴대폰을 보지 않았기 때문이다. 그래서 부탁은 '구체적이며 긍정적인 행동 언어'로 해야 한다. '청소 시간에는 휴대폰을 교탁 위에 올려놓고 바로 청소를 시작해주렴'처럼 말이다.

마지막 부탁의 조건인, 상대방도 동의할 수 있어야 한다는 것은 따로 설명하지 않아도 되리라 생각된다. 상대방이 동의할 수 없는 무리한 부탁은 부탁이 아니라 강요이기 때문이다. 이 단계에서 가장 필요한 것은 창의성이다. 그래서 가장 어려운 것이 욕구에 맞는 좋은 부탁을 찾는 것이다.

지금까지 설명한 내용을 정리하면 아래와 같다.

관찰 찾기	자극이 되었던 말이나 행동을 구체적으로 말하거나 적는다. ※ 주의할 점: 판단이나 평가의 말과 관찰을 구분하도록 돕는다. 예) 그 사람이 나를 무시했어.(판단, 평가) → 그 사람에게 인사했을 때, 그 사람은 다른 곳을 보고 있었어.(관찰)

⬇

느낌 찾기	자극받았던 순간을 떠올려 보고 그때 들었던 느낌을 카드에서 골라 보고 설명한다. (스스로 찾을 수도 있고, 느낌에 대한 설명을 들은 후 교사가 찾아줄 수도 있고, 자극되었던 말이나 행동을 한 상대방이 찾아줄 수도 있다.)

⬇

욕구 찾기	그 느낌이 들었을 때 필요했던 것(채워지지 않았던 것) 혹은 채워졌던 것을 카드에서 찾고 설명한다. (스스로 찾을 수도 있고, 욕구에 대한 설명을 들은 후 교사가 찾아줄 수도 있고, 자극되었던 말이나 행동을 한 상대방이 찾아줄 수도 있다.)

⬇

부탁 찾기	찾은 욕구를 채우기 위해 필요한 부탁을 한다. 이 부탁은 구체적, 긍정적인 행동 언어가 돼야 하며, 상대방도 동의할 수 있어야 한다. 예) 청소 시간에는 청소를 성실하게 해야 한다.(X) → 청소 시간에는 휴대폰을 가방에 넣고 바로 청소를 시작해주렴.(O)

그로그 프로세스는 다양한 장면에 활용할 수 있다.

첫째로, 가족, 학생, 동료 교사, 관리자와의 관계에서 갈등이 생겼을 때 '자기 공감'을 하기를 권한다. 자기 공감이란 자신 안에 생동하는 것(느낌, 욕구)에 집중함으로써 진정으로 자기와 연결되는 것이다. 상대를 비난하거나 자신을 비난(이것을 자책이라고 한다)하는 것이 아니다. 물론 처음에 비난이나 평가의 말이 마음에서 올라온다면 억누르지 않고 그대로 흘려보낸다. 비난이나 평가를 해서는 안 되는 것은 아니다. 다만 이것들과 관찰을 구분하는 것은 중요하다. 자기 공감을 충분히 해야 다른 사람과의 갈등을 풀고 싶은 마음이 생기므로 다른 사람과의 갈등을 풀기 위한 첫 단계라고 할 수 있다. 혼자 그로그를 활용할 수도 있지만, 믿고 의지할 수 있는 동료 교사가 있다면 함께하는 것이 더 효과적이다. 단계는 앞에서 언급한 '관찰 찾기→느낌 찾기→욕구 찾기→부탁 찾기'와 동일하다. 이런 과정을 거친 후 상대와 대화를 나누면 관계를 깨트리지 않으면서 원하는 것을 얻을 수 있는 확률이 높아진다.

둘째로 일상적 상담, 즉 아이들의 내면을 들여다보고 싶을 때 활용할 수 있다. 일상적 상담에서는 이 자리에 함께해 준 것에 대한 감사의 말과 솔직하게 말하는 것의 중요성에 관해 얘기하면서 대화를 연다. 이후 대화는 다양하게 구성할 수 있는데, 처음에는 분위기를 부드럽게 만드는 가벼운 질문으로 시작해서 아이의 내면을 들여다보는 무거운 질문으로 나아가는 게 좋다. 주로 '기분 좋았던 순간은 언제였니? → 힘들었던 순간은 언제였니? → 요즘 너에게 중요한 것(욕구)은 무엇이니?'의 순으로 질문한다. 이런 과정을 통해 아이들의 생활, 마음속의 고민 등을 나눌 수 있다. 마지막은 추가로 교사에게 하고 싶은 말이 있는지 묻고 소감을 나눈다.

셋째로 갈등이 생겼을 때도 활용할 수 있다. 이 방법은 '4장. 2. 회복적 서클'의 사전 서클 방식으로 활용해도 된다. 사전 서클 과정을 거치면서 아이들은 자신이 하고 싶은 말을 충분히 표현했고 교사에게 공감받았기 때문에 감정이 가라앉으며, 상대방을 비난하는 데 에너지를 쏟지 않고 자신의 느낌과 욕구에 집중하게 되어 문제를 해결하는 데 적극적으로 나서게 된다.

자기 공감 시나리오

1. 관찰

- 있었던 일을 떠올려 보고 생각나는 대로 모두 종이에 적는다. 판단이나 평가의 말이 생각나도 필터링하지 않고 그대로 적는다. (종이에 적는 것은 생략할 수 있다)

평가나 비난	관찰
○○이는 너무 이기적이야. 청소 시간에 청소를 안 하고 휴대폰만 보고 있어 심지어 내 말도 무시하면서.	청소 시간에 빗자루를 든 채 휴대폰을 보고 있는 ○○이에게 "○○아, 휴대폰 그만 보고 청소하자"라고 얘기했지만, ○○이는 고개를 들지 않고 휴대폰을 보았다.

- 판단과 관찰을 구분한다. 관찰 중 가장 자극이 되었던 상대의 말이나 행동을 고른다. 이때 평가나 비난의 말이 섞이지 않도록 주의한다. (자신이 직접 들은 말 혹은 본 행동을 적는다)

2. 느낌

- 혼자서 할 때
  - 그때의 느낌을 나타내는 단어를 느낌 카드에서 고른다. (처음에는 개수 제한 없이 해당하는 카드를 모두 고른다)
  - 고른 카드 중에서 강한 느낌의 카드 2~3개를 고른다. 왜 그런 느낌이 들었는지를 생각해본다.
- 다른 사람과 함께할 때
  - 당사자를 제외하고 느낌 카드를 나눠 갖는다. 그 상황에서 느꼈을 감정에 해당하는 카드를 1장씩 돌아가면서 내놓으며 "~ 느낌이 들었을까요?"라고 얘기한다. (당사자가 느낌 카드에 집중할 수 있도록 시간을 두고 다음 사람이 얘기한다)
  - 제시할 카드가 없으면 '통과' 라고 말하고 모두 '통과' 를 말할 때까지 계속한다.
  - 당사자는 더 필요한 느낌이 있으면 "혹시 ~ 카드 가지고 계신 분 있나요?"라고 얘기한다.
  - 다른 사람이 내놓은 카드 중에서 자신의 감정에 부합되는 카드를 2~3개 정도 고르고 설명한다.

(예시)

<처음 고른 카드> 짜증 나는, 난처한, 민망한, 지친, 화나는

<다시 고른 카드> 민망한, 화나는, 불안한

<이유> 다른 아이들도 보고 있는데 내 말을 듣고도 대답 없이 계속 휴대폰을 보고

있는 ○○이를 봤을 때 무시당했다는 생각이 들어서 민망했고, 이런 경우가 처음이 아니고 이번 주만 3번째이며, ○○이가 청소를 하지 않으면 다른 아이들이 더 힘들어진다는 생각 때문에 화가 난다. 그리고 선생님의 말을 듣고도 대답 없이 계속 휴대폰을 하는 ○○이를 보고 다른 아이들도 그렇게 될까 봐 불안하다.

3. 욕구

- 혼자서 할 때
  - 그런 느낌이 들었을 때 나에게 필요했던 것(충족되지 않았던 욕구, 그 욕구가 채워졌다면 그런 느낌이 들지 않았을 것 같은 것)을 욕구 카드에서 고른다. 처음에는 개수 제한 없이 고른다.
  - 고른 카드 중에서 욕구 카드 2~3개를 고른다. 왜 그 욕구가 채워지지 않았는지를 생각해본다.
- 다른 사람과 함께할 때
  - 당사자를 제외하고 욕구 카드를 나눠 갖는다. 그 상황에서 채워지지 않았던 욕구에 해당하는 카드를 1장씩 돌아가면서 내놓으며 "~ 가 필요했을까요?"라고 얘기한다. (당사자가 그 욕구에 대해 생각해볼 수 있도록 시간을 두고 다음 사람이 얘기한다)
  - 제시할 카드가 없으면 '통과'라고 말하고 모두 '통과'를 말할 때까지 계속한다.
  - 당사자는 더 필요한 욕구가 있으면 "혹시 ~ 욕구 가지고 계신 분 있나요?"라고 얘기한다.
  - 다른 사람이 내놓은 카드 중에서 욕구 카드를 2~3개 정도 고르고

설명한다.

(예시)

<처음 고른 카드> 능력, 존중, 질서, 협력, 평등, 예측 가능성

<다시 고른 카드> 존중, 평등, 질서

<이유> 선생님이 말을 했는데도 아무 반응도 보이지 않는 모습에 존중받지 못한다는 생각이 들었고, 다른 아이들은 청소하는데 ○○이만 휴대폰을 보고 있어서 평등하게 역할 분담이 되고 있지 않다는 생각이 들었으며, 선생님의 말을 따르지 않는 학생들이 생기면 학급운영을 위한 질서가 깨질 수도 있다는 생각이 들었다. 그래서 존중, 평등, 질서의 욕구가 그때 필요했다.

4. 부탁

- 욕구를 채우기 위한 방법(부탁)을 생각해본다. 그 방법이 긍정적, 구체적인지, 통제를 위한 벌은 아닌지 살펴본다. (다른 사람들과 함께 있다면 함께 살핀다)

  - 선생님이 청소 시간에 "청소하자"라고 말하면, 휴대폰을 교탁 위에 올려놓고 바로 청소를 시작할 수 있을까?

  - 휴대폰으로 해야 하는 중요한 일이 있을 때는 선생님과 아이들에게 점심시간까지 양해를 구한 후, 너만의 청소구역을 따로 정해서 해볼까?

갈등이 생겼을 때의 상담 시나리오

1. 관찰

- 있었던 일을 떠올려 보고 자기의 입장에서 얘기해보렴.

  예: 선생님, 짝 바꿔주세요. 도저히 같이 못 앉겠어요. ○○이는 자기 좋은 대로만 하는 이기적인 애예요.

- 가장 자극이 되었던 상대의 말이나 행동을 골라 보렴. (이때 평가나 비난의 말이 섞이지 않는, 자신이 직접 들은 말 혹은 본 행동을 말하도록 한다)

평가나 비난		관찰
○○이는 자기 좋은 대로만 하는 이기적인 애예요.		수업시간에 말도 없이 제 필통에서 필기구를 꺼내서 써요.

2. 느낌

- 그때 너에게 들었던 느낌을 느낌 카드에서 골라 보렴.

  <고른 카드> 지겨운, 불편한, 불안한, 짜증 나는

- 고른 카드 중에서 강한 느낌의 카드 2~3개를 고르고 왜 그런 느낌이 들었는지 설명해주렴.

  <다시 고른 카드> 짜증 나는, 불안한

  <이유> 거의 매시간 펜을 안 가져와서 빌려주는데, 이제는 말도 없이 가져가는 데다 지난번에는 제가 아끼는 펜을 가져가서 돌려주지 않아서 물어보니 내 책상 위에 올려놨다고 했어요. 근데 펜이 없어졌거든요. 그래서 짜증 나고 또 펜을 잃어버릴까 봐 불안해요.

3. 욕구

- 그런 느낌이 들었을 때 너에게 필요했던 것(충족되지 않은 욕구, 그 욕구가 채워졌다면 그런 느낌이 들지 않았을 것 같은 것)을 욕구 카드 중에서 골라볼래?

  <고른 카드> 편안함, 돌봄, 평화, 존중, 예측 가능성, 감사

- 골라 놓은 카드 중에서 2~3개를 선택하고 왜 그 욕구가 필요했는지 말해줄래?

  <다시 고른 카드> 존중, 예측 가능성

  <이유> 저는 ○○이가 펜을 가져가는 걸 본 순간, 또 펜을 잃어버릴 수도 있겠다는 생각이 들었던 것 같아요. 그래서 저에게 다시 펜을 돌려줄 거라는 것을 확실히 알았다면 불안하지 않았을 것 같아요. 그리고 ○○이가 말도 없이 제 물건에 손을 대는 걸 보고 무시당했다고 생각했던 것 같아요. 그래서 저에게 존중이 필요했어요.

4. 부탁

- 네가 말한 욕구를 채우기 위해 ○○이에게 어떤 부탁을 해보면 좋을까?

  - 우선, 자기 펜을 가져오면 좋겠어요. 매시간 빌려 쓰지 말고요.

  - 그리고 펜을 빌려 갈 때는 미리 저에게 양해를 구하면 좋겠어요.

  - 펜을 빌려 갔을 때는 수업이 끝나면 곧바로 저에게 직접 주거나 제가 없으면 제 필통에 넣은 후 자리에서 일어나면 좋겠어요. 그냥 책상 위에 올려놓으면 바닥으로 떨어져서 잃어버릴 수도 있으니까요.

5. 상대방과 만나기

▪ 그로그로 자신의 관찰, 느낌, 욕구, 부탁을 찾은 후 상대방과 만나게 한다. 상대방과의 만남은 4장의 '2. 평화적인 갈등 해결 1_ 회복적서 클과 긴급중재'와 연계하면 좋다.

일상적 상담 시나리오

1. 여는 말

▪ ○○야, 이렇게 시간 내주어 고맙다. 이번 상담은 너에 대해서 알아보기 위한 거야. 내 조언을 듣기보다는, 네 이야기를 많이 그리고 솔직하게 해주면 좋겠어. 그래야 너를 더 잘 이해할 수 있고, 혹시 선생님이 줄 수 있는 도움이 무엇인지도 생각해볼 수 있으니까. 지금 얘기하는 것은 비밀로 할 테니 안심해도 된단다.

2. 기분 좋았던 순간

▪ 관찰
  – 근래 기분 좋았던 순간을 떠올려 보고 말해줄래?
  – (관찰로 바꿔주기) 그때 어떤 말을 듣거나 행동을 보았니?
  – (반영하기) ~ 말을 들었을 때 기분이 좋았었니?
▪ 느낌
  – (느낌 카드를 주고) 느낌 카드를 보면서 그때 들었던 느낌을 골라 보렴.
  – (카드를 많이 골랐을 경우) 너에게 더 강하게 느껴졌던 느낌 2~3개만

골라 주겠니?

- (아이가 고른 후) 왜 그 느낌이 들었는지 설명해줄래?

- (아이의 말을 반영한다. 이는 교사가 자신의 말을 경청했으며 자신의 말에 공감한 다는 인상을 준다) ~ 때문에 ~ 느낌이 들었다는 거니?

- 욕구

  - 그 느낌이 들었을 때 채워졌던 것(욕구)은 무엇이었을까? 욕구 카 드에서 골라 볼래?

  - (카드를 많이 골랐을 경우) 그중에서 더 중요한 것을 2~3개만 골라 주 겠니?

  - (아이가 고른 후) 그게 너에게 왜 필요하니?

  - (아이의 말을 반영한다. 이는 교사가 자신의 말을 경청했으며 자신의 말에 공감한 다는 인상을 준다) ~ 때문에 너에게 ~가 중요하다는 거니?

- 감사

  - 기분 좋았던 일을 이렇게 솔직하게 말해주니 너와 연결됐다는 생 각이 들었고 선생님이 참 뿌듯하구나. 고맙다.

3. 힘들었던 순간

- 관찰

  - 근래 힘들었던 순간을 떠올려 보고 얘기해줄래? (힘들었던 순간이 없 다고 하면, 화가 났던 순간으로 바꿔도 된다)

  - (관찰로 바꿔주기) 그때 어떤 말을 듣거나 행동을 보았니?

  - (반영하기) ~ 말을 들었을 때 힘들었니?

- 느낌

  - (느낌 카드를 주고) 느낌 카드를 보면서 그때 들었던 느낌을 골라 보렴.

- (카드를 많이 골랐을 경우) 너에게 더 강하게 느껴졌던 느낌 2~3개만 골라 주겠니?

- (아이가 고른 후) 그 느낌이 왜 들었는지 설명해줄래?

- (아이의 말을 반영한다. 이는 교사가 자신의 말을 경청했으며 자신의 말에 공감한 다는 인상을 준다) ~ 때문에 ~ 느낌이 들었다는 거니?

■ 욕구

- 그 느낌이 들었을 때 네게 필요했던 것은 무엇이었을까? 욕구 카 드에서 골라 볼래?

- (카드를 많이 골랐을 경우) 너에게 더 필요한 것을 2~3개만 골라 주겠 니?

- (아이가 고른 후) 그게 너에게 왜 필요하니?

- (아이의 말을 반영한다. 이는 교사가 자신의 말을 경청했으며 자신의 말에 공감하 고 있다는 인상을 준다) ~ 때문에 너에게 ~가 중요하다는 거니?

■ 부탁

- 네게 필요한 것을 채우기 위해 어떤 방법이 좋을까? (구체적, 긍정적 내용의 부탁이 되도록 한다. 막연한 내용을 제시했을 경우 질문을 통해 구체화할 수 있도록 한다. 통제를 위한 벌이 되지 않도록 한다)

  예) 학생: 제 말을 무시하지 않았으면 좋겠어요.

  교사: 너는 왜 그 아이가 무시한다고 생각해?

  학생: 그만하라고 아무리 얘기해도 계속 장난을 치거든요.

  교사: 그럼 그만하라고 네가 말할 때 그 아이가 그 행동을 멈 췄으면 좋겠니?

  학생: 네.

■ 선생님이 도와줄 것이 있니?

4. 삶에서 중요한 것

- (욕구 카드를 주고) 욕구 카드를 보면서 너에게 꼭 필요한 혹은 갖고 싶은 걸 골라 보렴.
- (카드를 많이 골랐을 경우) 너에게 더 중요한 것 2~3개만 골라 주겠니?
- (아이가 고른 후) 그게 너에게 왜 중요하니?
- (아이의 말을 반영한다. 이는 교사가 자신의 말을 경청했으며 자신의 말에 공감한다는 인상을 준다) ~ 때문에 너에게 ~가 중요하다는 거니?

5. 마무리

- 학교생활 하면서 선생님에게 더 하고 싶은 말 있니? 선생님에게 하고 싶은 말 생기면 언제든 부담 갖지 말고 와서 말해 주렴.
- ○○이에 대해서 조금 더 알게 된 것 같아 선생님에겐 이 시간이 참 소중하고 기쁘구나. 함께해 주어 고마워. 내일 보자.

그로그 활용한 상담 사례 엿보기

자기 공감과 갈등이 생겼을 때의 상담은 시나리오를 보면 진행할 수 있을 것이다. 그래서 여기서는 일상적 상담 사례만 제시한다. 사례에 등장하는 학생은 여학생으로 말이 많지 않은 편이며, 스스로 얼굴도 못생겼고 공부도 못한다고 평가하는 등 자존감도 낮은 편이다. 친구는 많은 편이다. 1학년 때 방황하면서 어머니와 심한 갈등을 겪었고 현재는 관계가 개선되고 있다.

교사   이렇게 시간 내줘서 고맙구나. 이 자리는 ○○이와 선생님이 더 깊이 연결되길 바라는 마음에서 마련한 거야. 그래야 선생님이 너를 더 많이 이해할 수 있고, 앞으로 시간을 보내면서 ○○이를 도와줄 점이 뭐가 있을까 고민해볼 수도 있을 것 같아. 여기서 나온 얘기는 비밀로 할 거고, 부모님이 꼭 아셔야 할 경우는 너에게 미리 얘기할 테니까 솔직하게 얘기해줘.

학생   네.

교사   ○○이가 요즘 기분 좋았던 때를 떠올려봐. 그리고 느낌 카드에서 그때 느낌을 찾아봐.

학생   (느낌 카드에서 '홀가분한', '편안한'을 골라 책상 위에 놓는다)

교사   ○○이가 홀가분하고 편안한 느낌이 들었을 때를 선생님한테 얘기해줄 수 있을까?

학생   제가 1학년 때부터 성적이 별로 안 좋았는데, 공부한다고 했지만, 이번에 또 시험 망쳐서 엄마한테 어떻게 말해야 할까 고민하다가 그냥 말했어요. 한다고 했는데 시험 잘 못 봤다고요. 근데 엄마가 다 이해한다고 다음 시험은 잘 보라고 얘기해줘서 홀가분했어요.

교사   엄마가 이해한다고 한 말을 들었을 때 마음이 편안하고 홀가분했어?

학생   네. 엄마한테 혼나지 않고 이해받는다는 생각이 들어서 마음이 편안했고, 말을 할까 말까 고민하다가 해서 홀가분했어요.

교사   (욕구 카드를 내밀며) 그때 너에게 충족됐던 욕구는 뭘까?

학생   (욕구 카드에서 '이해', '따뜻함'을 골라 책상 위에 놓는다)

교사   왜 이게 너에게 채워진 건지 설명해줄래?

학생   전에는 엄마가 시험 성적 때문에 화내는 경우가 많았는데, 이

번에는 내가 노력했다는 걸 알아줘서 이해라는 욕구가 채워

졌고, 그렇게 말하는 엄마의 말투가 참 따뜻했어요.

교사 그랬구나. 정말 기분 좋았겠다. 그때 ○○이는 엄마에게 뭐라

고 했어?

학생 그냥 고맙다고 했어요.

교사 그랬더니 엄마는?

학생 웃었어요.

교사 너는?

학생 (미소 지으며) 저도 웃었어요.

교사 노력을 했는데도 시험 망쳤을 때는 실망스럽기도 하고 이걸

어떻게 엄마에게 말하지 싶어 불안하기도 했는데, 막상 말했

을 때 엄마가 이해한다고 말해주시니 기분이 홀가분하기도

하고 편안하기도 했구나. 너에게 중요한 이해와 따뜻함이라

는 욕구가 채워져서. 맞니?

학생 맞아요.

교사 엄마와의 이야기는 쉽게 꺼내기 힘들거든. 근데 선생님한테

이야기해줘서 ○○이랑 나랑 연결됐다는 생각이 들어서 뿌

듯하네. 엄마하고 갈등은 좀 많이 좋아진 것 같아? 가장 큰 변

화의 원인은 무엇인 것 같아? ○○이가 생각하기에.

학생 여전히 싸우기도 하지만, 1학년 때 선생님이랑 엄마랑 저랑

얘기 나눈 이후에, 엄마가 저를 이해하려고 노력하시는 것 같

아요.

교사 너에게는 너를 믿고 이해해주는 게 정말 중요한 거야?

학생 네.

교사	두 번째 질문. 요즘 네가 힘들었던 순간을 떠올려 보고 느낌 카드에서 네 느낌을 골라줘.
학생	(느낌 카드에서 '난처한', '걱정되는'을 골라 책상 위에 놓는다)
교사	무슨 일이 있었는지 얘기 좀 해줄래?
학생	같이 노는 친구끼리 싸웠어요. 근데 저는 전혀 관련 없거든요. 중간에 껴서 난처하고 걱정도 되고 그랬어요.
교사	이름은 얘기 안 해도 되는데, 내용을 구체적으로 얘기해줄 수 있을까? 어떻게 싸웠고, 네가 어떻게 중간에 끼게 되었고, 뭐 이런 거.
학생	반 친구 중에서 같이 다니는 애들이 있어요. 근데 뭘 정하는 것이 있었는데 거기서 둘이 의견 안 맞아서 싸웠어요.
교사	얼마 전에 있었던 체육대회 때 종목 정하는 거?
학생	네, 체육대회 종목을 정하는데, 의견이 안 맞아서 싸웠어요.
교사	(판단을 관찰로 바꾸는 질문을 한다) 네가 그 친구들이 싸웠다고 생각하는 이유는 뭐야? 보거나 들은 거, 뭐 이런 거.
학생	체육대회 종목 가지고 의견이 대립된 이후로, A는 B와 거의 말을 하지 않았어요. 얼마 후에 A가 저에게 와서 B는 항상 자기 생각만 옳다고 해서 짜증 난다고 했고, 또 얼마 후에는 B가 저에게 와서 A는 별거 아닌데 삐치는 일이 한두 번이 아니어서 같이 다니기 싫다고 했어요.
교사	그랬구나. 혹시 그때 난처하고 걱정됐어?
학생	그랬어요. 제가 어느 한쪽으로 마음이 기울지 않아서 이쪽저쪽 서로 뒷담화하는 걸 들으니까 불안하고 걱정도 됐던 것 같아요.

교사	무엇 때문에 걱정스럽고 불안했을까?
학생	제가 어느 편을 들었을 때 상대편이 알게 되면 저를 욕할 것 같았어요. 그렇다고 다른 쪽 아이들에 대해 불평하는데 동조 안 하면 그 자리에서 욕먹을 것 같기도 하고요. 이러지도 저러지도 못하는 게 너무 괴로웠어요.
교사	너는 양쪽 다 맞기도 하고 틀린 부분도 있고 그래서 어느 편을 못 들고 있는데, 그런 너에 대해 양쪽에서 나쁘게 볼까 봐 걱정도 되고 불안하기도 하고 괴롭기도 하고 그랬던 거야?
학생	네. 답답하고 막막했던 것 같기도 해요. 어찌해야 할지 모르겠어서요.
교사	이러지도 저러지도 못하는 상황 때문에 난처하고 걱정되고 불안하기도 하고 답답하고 막막하기도 하고. 많이 힘들었겠네. (욕구 카드를 내밀며) 그때 너한테 필요했던 건 뭘까?
학생	(욕구 카드 중 '소통', '연결', '이해'를 골라서 책상 위에 놓는다)
교사	설명을 해줄래?
학생	다 같이 소통을 하고 서로 이해해야지 애들끼리 관계가 연결될 것 같아서 골랐어요.
교사	(밑바탕에 있는 욕구를 찾기 위한 질문을 한다) 그렇게 되면 무엇이 좋을까?
학생	(한참 생각하다가) 제 마음이 편안해지고 친구끼리 즐겁게 지낼 수 있을 것 같아요.
교사	(욕구를 다시 한번 이야기한다) 너에게는 편안하고 즐겁게 지내는 친구 관계가 중요한 것 같구나. 맞니? (학생이 고개를 끄덕인다) 지금 친구들은 어때?

학생	지금은 잘 지내요.
교사	어떻게 문제가 해결됐는지 말해줄래?
학생	특별히 한 건 없어요. 시간이 지나니까 자연스럽게 다시 친해졌어요.
교사	서먹했다가 시간이 지나서 관계가 좋아진 거네. (욕구를 충족하기 위한 부탁을 마련하기 위한 질문을 한다) ◯◯이 생각에 이대로 가도 네 편안함이나 즐거움의 욕구가 채워질 것 같니?
학생	아니요. 언젠간 또다시 싸울 것 같아 불안한 마음이 있어요.
교사	너에게 친구끼리의 소통과 이해, 연결 그리고 편안하고 즐거운 친구 관계 이런 것이 중요하잖아. 이것을 채우기 위해서 친구들에게 부탁을 한다면, 어떤 부탁을 하면 좋을까?
학생	서운한 것이나 불만이 있으면 쌓아두지 말고 바로바로 말해서 풀고 넘어가면 좋겠어요.
교사	친구들에게 서운한 것이나 불만이 있으면 바로 말하자고 제안하면 친구들 반응은 어떨 것 같아?
학생	더 싸우게 될까 봐 걱정된다고 할 것 같아요. 저도 그런 생각이 들거든요.
교사	그럼, 어떻게 하면 좋을까?
학생	(잠시 생각을 한다) 싸우지 않고 말할 수 있는 장치가 필요한 것 같아요. 소소한 것은 바로 말해서 풀고, 심각한 것이나 별거 아니었지만 얘기하다가 심각해지면 선생님이 있는 자리에서 다 같이 얘기 나누면 좋을 것 같아요.
교사	전체적으로 모여서 서클을 해보고 싶다는 뜻으로 이해해도 괜찮겠어?

학생	네.
교사	혹시 체육대회 종목을 정하다가 생긴 일과 관련해서도 서클을 하고 싶니?
학생	네. 얘기해보고 싶어요. 항상 비슷한 일로 A와 B가 싸우거든요.
교사	서클을 하자는 네 제안을 선생님이 이야기하는 게 좋을까, 아니면 네가 친구들에게 말하는 게 좋을까?
학생	제가 얘기해보는 게 좋을 것 같아요.
교사	(자신의 느낌, 욕구를 중심으로 부탁을 할 수 있도록 돕는다) 뭐라고 얘기하고 싶어?
학생	지난번에 싸운 일이 제대로 풀리지 않은 것 같아 작은 일로 또 싸우게 될까 봐 걱정이라고요. 나에게는 너희와의 우정이 중요하다고요.
교사	그래. 아이들이 동의하면 나에게 다시 와 줘. 그때 서클 날짜를 잡아보자.
학생	네.
교사	(그로그 중 욕구 카드를 건네며) 이제 마지막 질문. 여기에서 요즘 너에게 중요한 것을 골라봐 줘.
학생	(욕구 카드 중 '이해', '편안함' 카드를 골라 책상 위에 놓는다)
교사	혹시 이것이 너한테 왜 중요한 건지 설명해줄 수 있을까?
학생	오늘 선생님이랑 얘기하면서 제가 불만 있을 때 왜 표현하지 않는지, 엄마랑 관계가 왜 좋아졌는지 다시 한번 생각하게 됐어요. 저는 싸우는 걸 보거나 제가 그 속에 있으면 엄청 괴롭고 답답해요. 그래서 갈등을 피하려고, 그러니까 편안해지려고 제 기분을 솔직히 표현하지 않는 것 같아요. 그리고 엄마

나 어른들이 제 이야기를 듣지 않고 무조건 혼내면 막 화가 나요. 절 이해해주지 않는다는 생각이 들어서요. 그래서 저에 겐 '이해, 편안함'이 중요해요.

교사 그렇구나. 편안함이나 이해의 욕구를 위해서 아까처럼 친구 들에게 서클을 해보자고 제안하는 용기를 내보기도 하는 사 람이기도 하고, 그치?

학생 (쑥스럽게 웃는다) 그러네요. 제가 그런 얘기를 잘 안 하는데, 그 렇게 해보고 싶었던 게 서로 이해해서 편안한 관계가 되기 위 해서였던 것 같아요.

교사 혹시 더 하고 싶은 말 있니?

학생 딱히 없어요.

교사 앞으로 선생님 도움이 필요하거나 하고 싶은 말이 있거나 할 때는 거리낌 없이 와서 얘기해주면 좋겠어. 그럴 수 있겠니? 왜냐하면 너랑 나랑 연결되는 것이 중요하거든.

학생 네.

교사 오늘 이 시간이 선생님한테는 소중하고 뿌듯해. 너랑 연결되 는 느낌이 들어서. 너는 어땠어?

학생 저도 그랬어요.

교사 정말? 다행이다. 오늘 솔직하게 얘기해줘서 고마워. 그럼 내 일 보자.

학생 네. 고맙습니다.

해보니까 이래요

그로그를 활용하게 된 계기는 비폭력대화로 아이들과 이야기하고 싶은데, 너무 어려웠기 때문이다. 아이들의 말을 듣고 그 안에 감춰진 느낌과 욕구를 읽어주어야 하는데, 내가 알고 있는 느낌말과 욕구말이 너무 적었다. 그로그를 활용하면 아이들이 느낌 카드나 욕구 카드에서 자신의 느낌과 욕구를 스스로 찾는다. 혹은 교사가 찾아주더라도 머릿속이 아니라 카드에서 골라주면 되기 때문에 비폭력대화를 실천하기가 쉬워진다.

이상하게도 남학생들과는 그로그를 활용해도 상담 진행이 어려운 경우가 많다. 느낌이나 욕구를 고르라고 하면 '없다' 라거나 '모르겠다' 라고 하기도 한다. 그럴 땐 당황하지 말고 그 아이가 말한 상황에 어울리는 느낌이나 욕구 카드를 추측하여 몇 장 내민다. 어디까지나 추측이기 때문에 "혹시 ~했니?"라고 의문형으로 말하는 게 좋다. 그러면 대부분의 아이는 교사가 제시한 카드 중에서 자신의 느낌이나 욕구를 선택한 후 짧게라도 자신에 관해 이야기한다. 아마 아이들은 60장이나 되는 카드를 살펴보면서 선택하는 것 자체가 귀찮거나 엄두가 나지 않아서 '없다' 라거나 '모르겠다' 라고 얘기했을 것이다. 그렇게 했는데도 '없다' 라거나 '모르겠다' 라고 하는 경우는 아예 말하고 싶지 않아서일 수도 있다. 그럴 때는 이 상담이 선생님에게 왜 중요한지 설명하고(주로 '연결'이나 '이해'의 욕구를 중심으로 말한다) 다른 날로 상담 약속을 잡는 것이 좋다.

또 느낌의 경우 아이들은 '화난', '짜증 난' 의 느낌 카드를 가장 많이 고른다. '화난, 짜증 난' 뒤에는 여러 결의 감정이 숨어 있는 경우가 대부분이다. 그때는 화나 짜증의 이유를 설명하는 아이의 말을 잘 듣고 그 이면에 있는 느낌을 추측하여 물어보아야 한다. 외로워서 화가 나기도 하고 두려워서 화가 나기도 하고 비참해서 화가 나기도 하기 때문이다.

비폭력대화 연수를 이끄는 어떤 강사는 "공감이란, 손전등을 들고 그 사람이 가는 길을 비춰주는 것"이라고 했다. 그 사람이 길을 쉽게 찾을 수 있도록 불빛을 그 사람의 발치에 비춰주면 된다. 틀려도 괜찮다. 그러나 강요해서는 안 된다. 그래서 상담을 할 때는 항상 의문형으로 말해야 한다. "너의 느낌이 ○○이다"가 아니라 "그때 네가 ○○니?"라고. 그리고 그 사람이 느낌이나 욕구에 머물러 마음의 움직임을 느낄 수 있도록 천천히 진행해야 한다. 그 상황에서 그 사람이 어떤 느낌이 들었고, 그 사람에게 어떤 욕구가 있었는지를 그 사람 스스로 찾고 부탁의 말을 만들어보도록 돕는 것이 공감이다.

3

공감친구 캠페인

학급을 운영하다 보면, 안타깝게도 학생과 학생 사이의 관계가 깨지기도 한다. 관계가 깨진 계기를 찾아 거슬러 올라가 보면, 상대방을 공감하지 못한 말 한마디에서 시작되는 경우가 많다. 오해를 일으키는 말, 비난의 말, 욕설로부터 시작되는 관계의 삐걱거림. '고운 말을 쓰자.' '비난하지 말자.' 담임교사의 몇 번의 훈화로는 학생들의 언어생활이 크게 변하지 않는다.

학생들이 대화를 할 때, 서로의 마음을 공감하는 언어를 사용한다면 학급에서 말로 인한 오해와 싸움이 생기지 않을 것이다. 또한 학급 구성원이 서로 따뜻한 말로 위안을 얻는다면 학급은 따뜻한 공동체가 될 수 있을 것이다. 이처럼 이상적인 상황을 꿈꾸지만 구체적으로 어떻게 지도할지 막막하다면, 학생들의 언어생활에 긍정적인 영향력을 발휘할 수 있는 캠페인을 해보는 것은 어떨까? 학급 구성원이 서로 공감할 수 있도록 돕는 '공감친구 캠페인'을 제안한다.

공감친구 캠페인 알아보기

공감친구 캠페인과 비폭력대화

학급 담임으로 학생들을 만날 때 안타까운 장면 중 하나가 비난과 욕설로부터 시작하여 다툼이 벌어지는 상황이다. 교실에서 생활하다 보면 감정이 상하는 상황이 생길 수 있다. 부정적인 감정이 생겼을 때 학생들은 자연스럽게 욕과 비난으로 부정적인 감정을 표현하는 경우가 많다. '공감친구 캠페인'은 욕과 비난이 아닌 다른 방법으로 감정을 표현하는 방법을 제시한다. 공감친구 캠페인을 하는 동안 학생들은 공감 언어를 연습할 수 있다. 자신의 부정적인 감정을 어떤 말로 표현하는지 몰라 욕설로 대신할 수밖에 없었던 학생들에게 공감 언어를 통해 바르게 표현하도록 도울 수 있다.

공감친구 캠페인에서 말하는 공감 언어는 비폭력대화에 해당한다. 학생들이 비폭력대화를 좀 더 쉽게 배울 수 있게 '공감밴드'를 통해서 느낌과 욕구를 표현하도록 돕는다. 학생들은 공감밴드에 적혀 있는 단어를 사용하여 느낌과 욕구를 말할 수 있다. 공감밴드 겉면의 '지금 너의 기분은 어때?' 부분을 뒤집으면 느낌을 표현할 수 있는 21개의 단어가 있다. 크게 부정적인 느낌과 긍정적인 느낌으로 나눌 수 있는데, 부정적인 느낌의 단어가 더 많다. 그 이유는 욕설과 비난을 줄이려는 캠페인 취지 때문이다.

공감밴드에는 욕구가 충족되지 않았을 때의 느낌으로 '지루해, 걱정

돼, 부끄러워, 무서워, 긴장돼, 불편해, 괴로워, 답답해, 슬퍼, 섭섭해, 외로워, 피곤해, 귀찮아'의 13개의 단어가 적혀 있다. 욕구가 충족되었을 때의 느낌으로는 '감동돼, 고마워, 즐거워, 뿌듯해, 홀가분해, 재밌어, 편안해, 기대돼'의 8개의 단어가 적혀 있다.

공감밴드 겉면에 욕구를 묻는 말 '너에게 필요한 것은 뭐야?' 부분을 뒤집으면 욕구를 표현할 수 있는 21개의 단어가 있다. '휴식, 음식, 존중, 인정, 안전, 공감, 이해, 평등, 재미, 사랑, 기여, 여유, 평화, 질서, 성취, 우정, 소통, 꿈, 도움, 신뢰, 자유'가 적혀 있다. 학생들이 직접 공감밴드를 뒤집어 보면서 자신의 느낌과 욕구에 가까운 말을 찾아서 사용할 수 있도록 연습한다.

공감친구 캠페인 시작하기

공감친구 캠페인을 시작하기 전에 준비해야 할 것들을 알아보자. 먼저 언제 할지 정한다. 학기 초 친구사랑주간(욕설 없는 주간)이나 학교폭력예방교육과 관련한 행사가 있는 주간에 하면, 학교 행사와 더불어 실시할 수 있는 장점이 있다. 하지만 꼭 학교 행사가 있는 주간에 해야 하는 것은 아니다. 경험상 1학기에는 5월쯤, 2학기에는 10월쯤 해도 좋았다. 따뜻한 학급공동체 형성을 위해 1학기에 하는 것을 추천한다.

캠페인 기간이 너무 짧으면 공감밴드를 나눠주는 것 이상의 의미를 찾기가 어렵고, 기간이 너무 길면 효과가 떨어진다. 맥스웰 몰츠는 『성공의 법칙』에서 무엇이든 21일 동안만 계속하면 습관이 된다는 '21일의 법칙'을 소개한 바 있는데, 공감 언어 사용이 습관이 될 수 있도록 캠페인 기간을 21일 정도로 하는 것이 좋다.

캠페인을 시작하기 전에 며칠간 직접 공감밴드를 하고 다니는 홍보 기간을 갖기도 했다. 밴드에 관해서 궁금해하는 학생들에게 자연스럽게 공감친구 캠페인을 소개할 수 있었다. 많은 학생이 공감밴드의 예쁜 디자인과 색에 관심을 보였다.

공감밴드는 학급 인원수에서 약간의 여분까지 생각하여 구입한다. 학급 예산이 있다면, 학급 예산으로 구입할 수 있다.

캠페인을 시작할 때 학급 자치시간 등을 활용하여 1차시 정도 충분하게 활동하는 것이 좋다. 다음의 활동이 포함된 1차시 수업을 구상해보았다. 준비물로는 영상을 시청할 수 있는 노트북과 영상 파일, 활동지, 공감밴드, B4용지 등이 있다.

- 기존 언어생활을 반성할 수 있는 활동(영상시청 및 활동지)
- 공감친구 캠페인 소개(영상시청)
- 공감친구 서약서 쓰기(활동지)
- 공감밴드로 공감 언어 사용해보기(공감밴드)

공감친구 캠페인 1차시 수업은 EBS 지식채널e '욕의 반격' 영상을 보는 것부터 시작한다. 4분 정도의 영상을 시청한 후 개인별로 느낀 점을 작성하게 한다. 작성이 끝나면, 학생들에게 영상이 어땠는지 소감을 들어본다. 그다음 '평소 자신이 가정 또는 학교에서 듣기 힘들었던 말은 무엇이고, 그때 어떻게 대처했는지'에 대한 경험과 '욕설이나 비난으로 발생한 갈등에서 상대를 공격하거나 무조건 참거나 회피하는 방식은 어떤 문제점이 있을까?'에 대해 모둠별로 의견을 나누게 한 후 모둠 발표를 진행한다. 이때 모둠별로 B4용지에 나온 의견을 적고 칠판에 붙인 후 발표한다.

　다음은 공감친구 캠페인 소개 영상을 함께 시청한다. 영상은 '좋은교사 홈페이지(http://www.goodteacher.org/) '소통과 나눔－공감친구 캠페인'에서 받거나 유튜브에 '2014 공감친구 캠페인 영상'을 검색하면 찾을 수 있다. 5분 정도의 영상을 시청한 다음 학생들에게 활동지에 '공감친구란 무엇인지?'를 적게 한 다음 교사가 공감친구 캠페인의 취지를 설명한다. 캠페인 기간을 공지하고, 캠페인 방법으로 '공감밴드를 활용하여 학교에서 공감 언어 사용하기', '조회, 종례시간에 공감 언어 사용에 대해 연습하고 성찰하기', '친구들이 공감 언어를 사용하도록 격려해주기' 등을 소개한다. 또한 공감친구 캠페인 중 공감 언어 사용이 잘 이루어질 때 학급 구성원들과 함께 축하할 방법을 정하여 참여를 독려한다. 이때 모든 학생을 강제로 캠페인에 참여하게 하지 않고 참여 의사를 물어보는 것이 좋다. 캠페인에 참여하는 학생들과 함께 공감친구 서약서를 쓰고, 공감밴드를 선물한다. 1차시로 수업하는 것이 부담된다면, 가볍게 공감친구 캠페인을 소개하는 영상을 시청하는 것으로 시작해도 좋다.

공감친구 캠페인 1차시 활동지[22]

[1] 경험 나누기

지식채널e "욕의 반격"을 감상해 봅시다.

1. 이 영상을 보고 느낀 점을 써보자.

2. 평소 자신이 가정 또는 학교에서 듣기 힘들었던 말은 무엇이고, 그때 어떻게 대처

   했었는지 경험을 나누어 보자. (모둠)

3. 욕설이나 비난으로 발생한 갈등에 대해 상대를 공격하거나 무조건 참거나 회피하

   는 방식은 어떤 문제점이 있을까요? (모둠)

---

22 http://www.goodteacher.org/ '소통과 나눔-공감친구 캠페인'의 자료를 활용하여 만들었다.

[2] 공감친구 선언하기

1. 공감친구란,

2. 공감친구 선언하기

A: 이 공감밴드는 너와 내가 서로 욕설이나 비난의 언어로 말하지 않고, 서로의 말을
마음으로 듣고 말하겠다는 약속의 표시야. 나는 앞으로 너한테 공감의 언어로만 말
할 것을 약속할게.

B: 나를 공감친구로 삼아줘서 고마워. 나도 앞으로 너와 대화할 때 욕설이나 비난의 언
어가 아닌 마음으로 듣고 말하는 공감의 언어로만 말할 것을 약속할게.

2018년   월   일

이름 (서명   )
공감친구 (서명   ) 증인 (서명   )

3. 짝꿍끼리 서로 공감밴드를 착용해주고, 느낌말과 욕구말을 묻고 답해보자.

지금 너의 기분은 어때?		너에게 필요한 것은 뭐야?

공감친구 캠페인

왜 하나요?

서로 존중하는 관계가 되기 위해서

평화로운 학교문화를 만들기 위해서

생각이나 감정을 욕이 아닌 다른 말로 표현하기 위해서

어떻게 하나요?

1) 공감밴드를 늘 차고 다닙니다.

2) 친구나 선생님의 말을 마음으로 들어주세요. (경청!)

　　내 생각이나 선입견 버리고 들어주세요.

　　친구가 말을 끝낼 때까지 들어만 주세요.

　　서로 나눈 이야기는 비밀로 해주세요.

　　상대가 원하지 않으면 조언이나 충고하지 않기로 해요.

3) 평가하지 말고 '있는 그대로' 본 것을 관찰해서 말해주세요.

4) 나의 느낌과 욕구를 솔직하게 말해주세요.

　　'나의 느낌은 ~~', '내가 원하는 것은 ~~'

5) 친구의 느낌이나 욕구를 물어주세요.

　　'지금 너의 기분은 어때?', '너에게 필요한 것은 뭐야?'

6) 느낌이나 욕구를 표현하는 말을 찾기 어려우면 공감밴드를 보고 자신의 느낌과

욕구를 찾아보세요.

7) 친구가 욕이나 거친 말을 하면 '우리는 공감친구'라고 말해주세요.

언제 하나요?

○월 ○일부터 ~ ○일까지

캠페인 기간에는 교사도 공감 언어를 사용하려고 노력한다. 캠페인 기간 중 욕이나 비난을 하는 학생이 있다면 공감친구 캠페인 중임을 상기시키고, 욕이나 비난 대신 사용할 수 있는 공감 언어를 함께 찾아준다. 중고등학교의 경우 담임교사가 공감친구 캠페인을 위한 시간을 확보하기가 쉽지 않지만, 짧은 시간이라도 반복하여 캠페인 기간에 다양한 활동을 하는 것이 필요하다. 짧은 시간(2~3분)을 활용하여 공감친구의 기분과 필요한 것을 물어보는 공감밴드를 이용한 활동을 틈틈이 하는 것도 공감 언어를 익히는 데 도움이 된다. 조회시간에 공감친구와 공감밴드를 이용하여 대화하도록 하고, 교사도 교실에서 학생들과 함께 어우러져 공감대화를 진행한다. 느낌, 욕구를 찾고 말하는 것을 어려워하거나 민망해하는 학생들에게 다가가서 '오늘 기분이 어때?', '지금 필요한 것은 뭐야?'라고 물어보고, 교사의 느낌과 욕구도 공유한다.

공감친구 캠페인 기간 중 공감 언어 사용이 잘 지켜지고 있는지 확인하는 방법을 소개한다. '공감 언어 학급 그래프' 와 '공감 온도계'[23]에 스

---

23 http://www.goodteacher.org/ '소통과 나눔–공감친구 캠페인'에서 자료를 받을 수 있다.

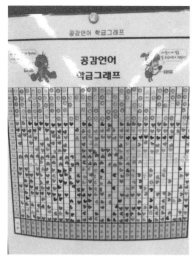
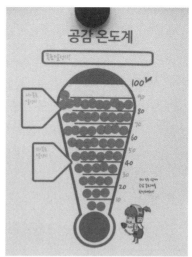

티커를 붙여서 확인할 수 있다.

'학급 공감 온도계'는 공감친구 캠페인을 몇 명 이상 지킬 수 있는지 약속을 정하여 약속이 지켜지면 공감 온도계에 스티커를 한 장씩 붙여나 가는 방법이다. 21일 후 공감 온도계의 온도를 몇 도까지 올릴 수 있는지 목표 온도를 정하여 목표 온도 이상 올라갔을 때 함께 축하할 방법을 학 급 구성원과 정한다.

주먹오 투표도 사용할 수 있다. 주먹오 투표는 0에서 5점까지 손가락 개수로 점수를 주는 방법이다. 종례 때 간단하게 할 수 있는 활동으로 공 감친구 캠페인이 '잘 지켜지지 않는다'(0점)에서부터 '잘 지켜졌다'(5점) 까지 손가락 갯수로 자신의 공감친구 캠페인 참여 여부를 표현한다.

공감밴드를 옮겨서 차는 방법으로 확인할 수도 있다. 공감밴드를 왼쪽 팔목에 찬 상태로 하루를 시작하여 하루 동안 공감친구 캠페인을 충분히 성공적으로 참여했으면 공감밴드를 계속해서 왼쪽 팔목에 차고, 욕을 사용한 경우는 공감밴드를 오른쪽 팔목으로 옮겨서 찬다. 종례 시 학급 구성원들의 공감밴드 위치를 확인한다.

공감친구 캠페인이 끝난 후 '공감친구 캠페인 소감문 쓰기'를 할 수 있다. 21일간 공감친구 캠페인을 하면서 느낀 점을 글로 써본다. 다음은 중학교 1학년 학생들의 소감문 내용을 발췌한 것이다.

- 하루 종일 욕을 안 하는 것은 정말 매우 어려웠다. 하지만 공감밴드 뒤에 있는 '뿌듯해, 슬퍼, 지루해, 재밌어, 기대돼, 편안해, 섭섭해, 외로워' 등의 단어를 썼더니 욕이 줄었다. 욕을 하면 순간 찔렸고, 뭔가 큰 잘못을 한 것 같은 기분이 들었다. 이러면서 나는 차츰 욕이 줄었다. 욕이 줄고 있는 순간 공감친구 캠페인을 한 효과가 있다고 느꼈다. 힘든 것을 끝내니 기쁨이 있어서 정말 너무 흐뭇했다. 그리고 공감밴드는 씻을 때나, 잘 때나, 먹을 때도 항상 끼고 있다. 항상 욕을 하지 않기 위해서 밴드를 절대 빼지 않는다. 처음에는 하기 싫었지만, 막상 계속하니까 괜찮았다. 욕을 아예 안 하는 것은 아니지만, 줄었다는 것이 신기하고 좋다.

- 어느 날 선생님께서 팔찌를 주셨다. 그 팔찌엔 감정을 나타내는 글이 있었다. 그리고 욕에 관련된 활동지를 했는데, 바로 그게 공감친구 캠페인이었다. 나는 욕을 쓰지 않아서 이런 캠페인에 신경 쓸 필요가 없었다. 이 캠페인은 욕을 쓰는 친구가 하는 캠페인이라 생각해서 나는 할 필요가 없다고 생각했다. 그런데 한 가지 내가 부족한 게 있었는데 바로 감정을 표현하는 것이었다. 그리고 매일 아침 공감친구에게 나의 기분을 물어보면서 감정을 표현하게 되었다. 감정을 표현하는 데 도움이 되었던 것 같다. 왜냐하면 나는 감정을 표현하는 방법을 잘 몰랐고 그래서 서툴렀기 때문이다. 하지만 이 밴드에는 여러 가지 감정이 적혀 있어서 감정을 표현하기 좋았다. 결국 나는 조금 밝은 성격이 된 것 같다. 그리고 욕에 관한 것은 나와 일부 욕을 아예 안 쓰는 친구를 제외하고 대부분 해당되는데, 이 밴드 때문인지는 몰라도 욕이 매우

준 것 같다. 내가 우리 반의 변화를 느끼고 있었고 정말로 욕 없이 대화가 수월하지 않았던 친구도 분명 있었는데, 예상외로 결과가 좋아서 놀라웠다. 친구들의 노력이 보였다.

앞으로의 다짐을 적게 해보는 것도 캠페인을 이어나가는 데 좋다. 포스트잇 등을 이용하여 앞으로의 다짐을 간단하게 적어서 학급에 게시한다. 다음은 학생들이 쓴 다짐이다.

- 공감친구 캠페인을 하게 돼서 욕을 줄이게 되어 좋았다. 학교에서 습관을 들이니까 학교 밖에서도 욕을 안 하게 된다. 앞으로도 노력해야겠다.
- 공감친구 캠페인은 좋은 캠페인 같다. 욕을 많이 하는 애들한테 추천해주고 싶다. 또 앞으로도 욕 안 하는 습관을 길러서 욕을 안 할 것이다.
- 공감친구 캠페인은 끝났지만, 앞으로도 욕이나 비난은 꼭 하지 말아야겠다. 욕을 하고 비난하는 것은 자신을 깎아내리는 것이라고 한다. 이 점을 항상 기억하고 명심하면서 욕과 비난을 하지 않아야겠다.
- 욕을 안 해도 얘기할 수 있고 더 좋은 대화를 나눌 수 있다는 것을 느꼈다.

공감친구 캠페인이 끝난 후에도 학생들이 욕을 할 때 캠페인과 연계하여 지도할 수 있다. 공감친구 캠페인에서 했던 활동처럼 욕 대신 어떤 말로 친구에게 표현할 수 있을지 표현을 찾게 하고, 혼자서 찾기 어려워하는 학생은 교사가 함께 찾아준다.

공감친구 캠페인을 마치며

공감친구 캠페인을 하는 동안 생긴 변화나, 새롭게 알게 된 점 등의 소감을 자유롭게

글과 그림으로 표현해봅시다.

학년   반 번호 이름 :

앞으로의 다짐 :

해보니까 이래요

공감친구 캠페인을 하고 난 후 학급의 분위기가 좀 더 따뜻해졌다. 학생들 다툼의 시작점이 상대방의 기분을 상하게 하는 말 한마디인 경우가 많았다. 공감친구 캠페인을 통해서 자신의 감정을 공감 언어로 표현하게 되면서 싸움이 줄고, 좀 더 학생들도 자신의 감정을 쉽게 표현하게 되어 좀 더 심리적으로 안정되었다.

소감을 들어보면 말할 때도 한 번 더 생각해보게 된다는 학생이 많았다. 서로 욕을 하거나, 친구가 비난하는 상황일 때 친구에게 다가가 공감 밴드를 함께 보면서 친구가 공감 언어를 사용해서 바르게 말할 수 있도록 돕는 학생들도 있었다. 학생들이 직접 경험해서 언어의 중요성을 알게 되어, '말을 바르게 하자!' 라는 교사의 훈화보다 훨씬 효과가 있었다.

공감친구 캠페인을 진행할 때 가장 어려웠던 점은 시간을 확보하는 것이었다. 중고등학교 교사가 자신의 교과 수업을 캠페인 시간으로 계속 사용할 수도 없고 조회, 종례 시간은 10분 정도이므로 시간이 부족했다. 시간 부족에 대한 해결책으로 교육과정과 연계하는 방법이 있다. 해당 학년의 교과 교육과정을 살펴보고, 언어 사용과 관련한 교육과정이 있는 교과 교사와 함께 협의하여 진행한다면 담임교사의 시간적 부담을 덜 수 있다.

4

학급소통신문

학급에서 서로 격려하거나 칭찬하는 모습을 자주 보기 어렵다. 장난인지 진담인지 구분하기 힘든 말로 비난하거나 놀리는 말을 하는 경우가 더 많다. '우리 서로 격려해주자' 하면 아이들 말로 손이 오그라들어서 못 한다고 한다. 더 안타까운 것은 서로 관심이 없다는 것이다. 1학기가 지나도록 학급 친구들의 이름을 모르는 아이도 있고, 친구들의 생각과 마음을 알려고 하지 않는 아이도 있다. 관계의 시작은 서로에 대한 이해와 관심에서 비롯되고, 이해와 관심은 소통을 통해 가능하다. 학급 구성원이 서로 더 잘 알고 격려와 칭찬의 소통을 나누는 방법으로 학급소통신문을 제안한다.

학급소통신문 첫걸음

학급에 관한 정보 공유로 민주적 소통을 시작하자. 학급소통신문의 가장 중요한 기능은 일반 신문과 마찬가지로 보도 기능으로 학급에 관한 정보를 객관적으로 전달하는 것이다. 학급소통신문을 통해 오늘 학급에서 일어난 사건을 학급 구성원에게 알려준다. 예를 들어, 환경미화를 위한 단체 사진을 찍었다면, 사진과 함께 사진 찍는 과정이나 상황을 설명하는 기사를 싣는다.

학급소통신문은 학급에서 일어난 사건만이 아니라 일어날 사건을 미리 안내하기도 한다. 예를 들어, 내일 대청소가 예정되어 있다면 시간과 방법, 역할 분담 등을 기사로 실을 수 있다. 학급에서 일어난 일에 관한 정보를 정확하게 공유하면 학급 구성원 간의 불필요한 오해나 갈등을 줄일 수 있고, 공동의 문제점을 발견하는 계기가 되기도 한다.

학급 문제에 관한 정보를 공유하여 평화로운 학급을 만들자. 학급소통신문의 또 다른 주요 기능은 교육 기능이다. 공동체 생활을 위해 필요한 가치나 태도 등을 함께 생각할 기회를 주는 것이다. 예를 들어, 쓰레기 분리수거가 잘 안 되어 분리수거를 담당하는 학생들이 어려움을 느끼고 있다면, 분리수거의 필요성을 언급한 글이나 쓰레기 분리수거가 잘 안 된 사진을 싣고 분리수거를 잘 해보자는 주장을 싣는다. 학급의 당면한 문제점을 제기하여 공론화를 할 수 있고, 학급회의로 이어져 해결 방안을 모색할 수 있다.

재미있는 읽을거리로 서로 친해지자. 학급소통신문의 오락 기능은 학급 친구들의 취미나 특기, 도전과 성취, 변화한 모습 등을 칭찬하고 격려하는 것이다. 예를 들어, 한 친구가 태권도 대회에 나간다면 이를 다른 친구들에게 알려 함께 응원하거나, 어려운 상황에 있는 친구를 도운 일이 있었다면 그것을 알려 칭찬하는 내용을 싣는다. 만화나 글쓰기에 재능이 있는 친구들을 소개할 수도 있다. 학급 구성원 한 명 한 명의 장점과 특기 등을 소개하면 모두가 학급의 주인공이 될 수 있고, 서로에 대한 이해를 높일 수 있다.

공익광고로 따뜻한 학급을 꿈꿔보자. 일반 신문의 광고는 주로 기업들의 광고로 신문사의 주 수입원이 되지만, 학급소통신문의 광고는 공공의 이익을 목적으로 하는 공익광고만 포함한다. 평화롭고 안전한 학급을 위해 함께 생각해보면 좋은 것을 안내한다. 예를 들어, 매일 위인들의 명언이나 좋은 시를 하나씩 싣거나, 공동체 생활에 필요한 가치를 안내하고 생각해보게 할 수 있다. 신문에 실린 짧은 글을 매개로 평화로운 공동체를 위해 우리에게 필요한 가치를 매일 떠올려볼 수 있다.

내용 구성에서 제작 방법까지

학급소통신문에 발행 날짜를 기록한다. 학급소통신문은 초등학교에서 쓰는 알림장을 대신하기도 하므로 매일 발행을 원칙으로 하나, 상황에 따라 일주일에 한 번, 한 달에 한 번 등 발행주기를 정할 수 있다. 학기 초에는 학급 구성원들이 서로 좀 더 빨리 이해하고 친밀한 관계를 맺는 것을 돕기 위해 힘들어도 매일 발행하는 것이 좋다.

학기 초 학생들과 학급소통신문의 발행 취지 등을 이야기 나누고 신문 이름을 함께 정하면 좋다. 그러면 학생들이 학급신문에 관심을 더 갖게 된다. 신문 이름을 짓기 위해 학기 초에 학급 구성원이 바라는 학급의 모습이나 학급 구성원의 공통점 찾기 등의 활동을 한다면 관계 맺기를 위한 좋은 기회가 될 수 있다.

신문의 취재와 편집을 담당하는 교사와 학생 기자의 이름, 즉 발행인을 기록한다. 보통은 교사가 취재와 편집을 담당하지만, 학급신문이 어느 정도 자리를 잡으면 학생 기자가 발행할 수도 있다. 컴퓨터를 써야 하므로 편집은 교사가 하되, 취재 및 기사 작성은 학생 기자에게 맡길 수도 있다. 학기 초 1인 1역을 정할 때 취재기자 2~3명, 사진기자 1명 정도를 정한다. 학생 기자와 한 달에 한 번 정도 기획 회의를 통해 신문 내용을 점검하고 새로운 아이디어를 모을 수 있다.

학기 초 학급의 공유된 목적을 정해서 학급소통신문에 실을 수 있다. 공동체는 공동의 가치를 함께 추구하는 집단이기 때문에 학급의 공유된 목적을 늘 함께 인식하고 생활할 필요가 있다. 학급에서 정한 존중의 약속을 실어 함께 만든 규범을 늘 떠올릴 수도 있다.

공동체 생활에 필요한 가치나 태도를 떠올리게 하는 기사를 매일 취재하여 기사를 쓰기는 어렵다. 함께 나눌 만한 사건이 없을 때 개인이나 공동체의 성장을 위해 필요한 가치를 떠올려볼 수 있는 짧은 글을 여는 글로 실어 일반 신문의 사설을 대신할 수 있다. 좋은 글이 있는 인터넷 사이트를 즐겨찾기 해 놓거나 책을 읽을 때 아이들과 나누고 싶은 구절을 사진으로 찍어두는 것이 도움이 된다.

오늘 학급이나 학교에서 일어난 사건, 내일 또는 앞으로 하게 될 교육활동 등을 안내할 수 있다. 학생들에게 전달해야 하는 수많은 공지사항을 메모해 두었다가 안내한다. 학년에 따라서 기획기사처럼 정보를 제공할 수도 있다. 예를 들어, 중학교 1학년인 경우 학교생활이나 자유학기제에 관해 안내할 수 있고, 3학년인 경우 입시에 관한 정보를 시리즈로 제공할 수 있다.

인성교육, 평화교육, 환경교육, 생명교육, 독서교육 등 교과 시간에 하지 못한 내용을 담아 공익광고를 만들어 실을 수 있다. 긴 글보다 짧은 글귀나 그림 또는 만화처럼 아이들이 관심을 갖고 쉽게 볼 수 있는 형태이면 더욱 좋다.

학급 구성원 소개를 할 수 있다. 매일 한 명씩 주인공으로 삼아 친구의 장점과 특기 등을 취재해 실을 수 있다. 취재기자들의 활약이 가장 큰 부분이다. 평소 느꼈던 친구들의 장점을 찾아 소개할 수 있고, 학급 친구들의 소개가 끝나면 칭찬 이어가기 등으로 바꿀 수 있다.

월말에는 사진으로 보는 학급 생활을 실을 수 있다. 한 달 동안 학급에서 일어났던 일들을 사진으로 정리해서 컬러 프린터로 출력해 제공한다. 사진은 학급 사진기자와 함께 교사가 틈틈이 찍고, 월별 또는 행사별로 폴더를 나누어 정리해둔다. 사진과 함께 설명을 재미있게 적으면 좋다. 사진이 있는 학급신문을 학급 게시판에 붙이면 아이들이 흥미로워하고, 매달 쌓이는 신문 속에서 지난 일들과 변화된 모습에 관해 이야기를 나눈다.

학급소통신문을 통해 교사와 학생뿐만 아니라 학부모와도 소통할 수 있으므로 학부모를 위한 공간을 만들 수 있다. 학기 초에는 학부모님에게 담임교사의 편지를 보내는데, 간단한 자기소개와 학급운영의 철학, 올해 학급운영에서 주로 힘쓸 내용을 적고 상담 방법 등을 안내한다. 이때 학급소통신문이 학부모와 소통의 창구가 될 것을 안내하고, 가정에서 자녀와 함께 읽고 학교생활에 관한 이야기를 나눌 수 있도록 알려드린다. 때에 따라 가정에서 학교로 학부모가 간단한 편지를 보낼 수 있는 공간도 신문에 싣는다. 학교나 학급 행사 뒤에 문자나 전화로 오는 학부모

피드백을 기사로 실을 수도 있다.

유의사항

학부모와 함께 읽는 신문이 되려면 어떻게 해야 할까? 학기 초에 첫 신문이 나갈 때 가정통신문처럼 학부모님이 읽고 확인했는지를 회신문으로 받을 수 있다. 첫 신문에서 학급소통신문의 존재와 그 취지를 학부모가 알게 하는 것이 중요하기 때문이다. 종종 부모와 함께 신문을 읽고 있는 사진을 찍는 돌발 행사를 하는 것도 재미있다. 또 학부모 총회 때와 같이 부모님이 학교에 올 때, 혹은 학부모와 문자 등으로 상담할 때 '학급소통신문 잘 읽고 계시죠?' 하고 물으면 학부모님이 아이에게 학급소통신문을 함께 읽자고 말하게 된다.

학급소통신문이 학생과 학부모의 소통을 도울 수 있다. 일부 학부모는 자녀의 학교생활에 대해 잘 모른다. 특히 사춘기에 접어든 학생들은 부모와의 대화도 적어지고, 부모도 공부 외에 학교생활에는 그다지 궁금해하지 않는다. 학급소통신문을 가정에서 학생과 학부모가 함께 읽는 시간을 단 5분만이라도 가진다면, 서로 더 이해하게 되고 학부모가 아이들의 학교생활을 이해하는 기회가 된다.

교사의 바람과는 달리 아이들이 신문을 집으로 가져가지 않고 버리기도 하고 책상 서랍 속에서 구겨 넣기도 한다. 학급소통신문을 잘 관리하지 않는다고 아이들을 혼낸다면, 아이들과의 관계가 멀어져 신문의 발행 취지와 멀어진다. 왜 버렸는지 이유를 묻고, 교사의 속상한 마음과 학급소통신문을 발행하는 의도를 설명해주면 좋다.

학급소통신문을 발행하고 싶지만, 수업하느라 바쁜데 편집 시간이 생길까 걱정이 들기도 한다. 그러나 기본 형식을 잡아 놓으면 실제 작성하는 데는 20~30분 정도면 충분하다. 아이들과 나누고 싶은 좋은 글이나 인성교육 자료는 평소에 따로 모아 두거나 좋은 인터넷 사이트를 찾아 즐겨찾기 해 놓으면 좋다. 전달사항은 메신저로 날아오는 수많은 정보 중에 학급 아이들에게 필요한 내용을 정리하면 된다. 학생 기자들과는 점심시간에 잠깐 만나 새로운 내용이 있는지 알아본다. 취재기자와의 만남은 그 자체가 학생과 관계를 맺는 훌륭한 상담의 장이 된다. 2학기에는 학생 기자에게 편집을 맡길 수도 있다.

해보니까 이래요

한 모임을 통해 학급소통신문을 알게 되어 처음 발행할 때 목적은 종례 빨리 끝내기였다. 종례 시간이 되어도 왁자지껄 떠들며 자리에 앉지 않고 가정통신문과 준비물을 챙기지 않고 좋은 이야기를 나누고 싶어도 듣지 않아 아이들과 종례하기가 힘들었기 때문이었다. 그런데 학급소통신문을 발행하면서 기대하지 않았던 장점들이 나타났다. 아이들이 '우리 선생님은 달라. 우리를 많이 사랑하는 것 같아. 우리에게 관심이 많아' 하는 반응을 보였고, 학부모 총회 때 학부모들도 '선생님을 이미 많이 만나본 것 같다'며 친밀감과 신뢰를 표현했다. 학급소통신문을 통해 학생, 학부모와 더 가까이 만나려는 노력을 기울이자 서로 믿고 진정으로 소통하게 되었다.

학급소통신문을 발행했을 때 모든 아이가 관심을 갖는 것은 아니었다.

읽기를 싫어하는 일부 아이는 숙제처럼 느끼기도 했다. 그래도 신문에 아이 한 명 한 명의 칭찬을 싣고 칭찬 이어가기를 했더니 한 아이가 변화를 보이기 시작했다. 평소 준비물을 못 챙기고 자존감이 낮아서인지 친구들에게 공격적으로 대하는 아이였다. 신문에 그 아이의 칭찬을 구체적으로 실었다. 축구를 잘하고 그림을 잘 그리며 특히 어려운 상황에 놓인 친구를 돕는 정의로운 모습을 칭찬하자 친구들이 그 아이를 인정하는 반응을 보였고, 그 아이는 신문을 자랑스럽게 여겨 부모에게 보여주기도 했다. 이것을 계기로 아이와 더 가깝게 소통하게 되었다.

학급소통신문을 발행하는 목적은 학급 구성원과의 따뜻한 소통이다. 그러나 신문은 학급에서 일어나는 소통을 더욱 풍요롭게 하기 위한 하나의 수단일 뿐이다. 종례 시간에 신문을 나누어주고 함께 읽고 이야기하는 시간을 갖지 않는다거나 교사가 아이들과 직접 만나는 시간이 신문을 만드느라 상대적으로 줄어든다면 학급소통신문의 발행 취지와 멀어진다. 신문을 매개로 아이들 한 명 한 명과 직접 만나 나누는 소통이 더 중요하다.

2016. 3. 3 (목)

3학년 6반 오늘신문 2호

* 급훈 : 서로 사랑하기 함께 꿈꾸기

* 편집인 : 한득재

♣ 여는 글
그대를 만나던 날
느낌이 참 좋았습니다.
착한 눈빛, 해맑은 웃음
한 마디 한 마디의 말에도
따뜻한 배려가 있어
잠시 동안 함께 있었는데
오래 사귄 친구처럼 마음이 편했습니다.

내가 하는 말들은 / 웃는 얼굴로 잘 들어주고
어떤 격식이나 체면차림 없이 / 있는 그대로 보여주는
솔직하고 담백함이 / 참으로 좋았습니다.

그대가 내 마음을 읽어주는 것만 같아
둥지를 잃은 새가
새 둥지를 찾은 것만 같았습니다.
짧은 만남이지만
기쁘고 즐거웠습니다.

오랜만에 마음을 함께
맞추고 싶은 사람을 만났습니다.

마치 사랑하는 사람에게
장미꽃 한 다발을 받는 것보다
더 행복했습니다.

그대는 함께 있으면 있을수록
더 좋은 사람입니다.

　　　　　－ 『함께 있으면 좋은 사람』 (용혜원)

♣ 전달사항
　1.<각종 교내 봉사도우미 모집>이 계속 이어질 예정. 봉사활
동을 통해 공동체에 기여하는 보람도 느끼고, 진학을 위한 최
소의 노력^^ 봉사시간(60시간)도 채우기를 바랍니다.
　　급식실 도우미(6명) 1학기 10시간 부여
　　교통 도우미(2명) 1학기 10시간 부여
　2. 학생증 재발급 신청: 심00
　3. <방과후학교 신청> 3월 9일 마감
　4. <가정통신문>
　　　2016년 교육급여 및 초중고 학생교육비 지원 안내
　　　학부모회 선출 및 선출관리 위원회 구성 안내
　　　학교아이엠스쿨 설치 안내
　　　학교운영위원회 학부모위원 선출 일정 안내
　5. <칭찬합니다> 아픈 00이를 대신해서 00이, 00이, 00이,
00이가 청소를 해주기로 했습니다. 자발적인 봉사활동 지원에
선생님은 정말 진심으로 감동^^ 그냥 가만히 있어도 사랑스러
운데 너희들 정말 짱!! 00이의 팔다리가 되어주는 너희들의 모
습 정말 아름다워. 우리 기념사진 찍어두자^^ 남는 건 사진뿐!
그리고 00이의 깁스는 4월 4일 전에 무조건 풀어야 한다고 주
장합니다.!! 00이 못 가는 소풍이란 있을 수 없다는.... ㅠㅠ

　　　　　얼른 이름 외우고 싶은 담임선생님 ☺

[당신의 꿈을 응원합니다]

균형을 유지하라 – 인내/포기

맞닥뜨린 시련이 끝나도록
침착하게 견디거나 기다리는 것.

오랜 기다림 뒤에는 무엇이 우리를 맞이하나요?

어떤 일이 있어도 책임감이 있는 변00
결의할 줄 아는 백00
이해할 줄 아는 김00
인내심이 많은 이00
끈기 있는 김00
협동적으로 도움을 주는 이00
끈기 있는 강00
결의가 있는 김00
긍정적으로 생각하는 김00
확신할 줄 아는 박00
책임감 있는 일을 잘하는 조00
신용인 김00
열정이 있는 방00
용기 심00
화합을 추구하는 장00
정직한 이00
상냥한 정00
친절한 오00
존중하는 장00
한결같고 사랑받는 김00
나의 일에 확신을 가지고 있는 김00
용기 있는 이00
책임감 있는 정00
포스트잇 안 낸 이00
배 아팠던 이00
감사할 줄 아는 한득재 선생님

* 올 한 해 3학년 6반 모두가 서로에게
'함께 있으면 좋은 사람'이길 기원하며...♡

4장

학기 중
관계 다지기

1

모든 의견이 존중되는
학급회의

"자치 시간마다 학교폭력예방교육, 진로교육 등으로만 채워지니 학급
회의 할 시간도 없고 어떻게 하라는 거야?"

"학급회의를 하라고? 회의 주제도 주지 않으면서 학급에서 알아서 하
라고 하면 어떻게 해. 오늘도 그냥 자습 시간이나 주어야겠다."

"학급회의 주제만 던져 주면 학급에서 학급회의를 어떻게 진행해. 반
장들도 회의 진행법을 모르는데 말이야. 결국 교사들이 회의를 진행해야
하잖아. 교사 할 일만 늘어나서 힘들어." (교사들)

"학급회의 시간을 주면 뭐해. 아이들이 딴짓만 하고 아무도 신경 쓰지
않는데, 잠이나 자야겠다."

"학급회의를 한다고 바뀌는 게 뭐 있어? 어차피 반장이 다 알아서 하
겠지 뭐."

"학급회의 해봤자, 목소리만 커지고 다툼이 생기잖아. 대충 선생님이 결정하고 통보하면 될 텐데. 왜 학급회의를 해야 하지?" (학생들)

학급회의와 관련해서 들리는 학교 현장의 목소리이다. 교사는 교사대로 학생은 학생대로 학급회의와 관련해서 여러 가지 불만이 있다. 그래서인지 학급회의가 실제로 잘 이루어지는 학급을 찾기가 매우 어렵다. 하라고 하니 하긴 하는데 왜 해야 하는지, 어떻게 해야 하는지 잘 모르기 때문이다.

또한 학급회의를 하고 나서 학생들 사이에 갈등이 많이 생기기도 한다. 진행을 해야 하는 사회자와 침묵하는 학생들 사이에서, 서로 의견이 달라 충돌하는 학생들 사이에서, 자신의 의견이 채택되지 않아 의견이 무시되었다고 생각하는 학생들 마음에서 갈등이 생긴다. 이런 갈등 때문에 마음으로 연결되는 평화로운 공동체가 형성되기 어렵다.

이런 갈등을 최소화하기 위해 학급회의 진행 방법을 알아야 한다. 나와 다름을 인정하고 더 나은 판단과 결정을 이끌어내는 과정을 배우고 익힘으로써 갈등을 예방하고 타인과 협력하는 자세를 지니는 학급회의가 되면 좋겠다. 무엇보다 서로의 생각과 감정을 공유하면서 관계를 다지는 시간이기를 바란다.

아이디어가 풍부해지는 브레인라이팅(6-3-5기법)

회의란 여럿이 모여 일정한 절차에 따라 의견을 나누고 문제를 해결하는 방법을 결정하는 것이다. 회의를 진행하기 위해 일반적인 회의 원칙

(일사부재의 원칙, 정족수 원칙, 발언 자유 원칙 등)과 진행 순서를 아는 것이 필요하다. 일반적인 학급회의는 개회선언, 의제 제안 및 채택, 토의, 의제 의결, 기타 건의 사항 제안, 회의 정리 및 폐회 순으로 진행된다. 그런데 굳이 이런 절차를 일일이 알아야 할까?

형식에 맞게 진행하는 것보다 중요한 것은 생각을 자유롭게 제시하고 제시된 생각을 검토하는 것이다. 자유롭게 의견을 교환했다면 그것으로 충분하다. 학급회의를 어렵게 생각하지 말고 주제에 대해 의견을 제시하고 검토한 후에 최선안을 결정하는 정도로 생각하면 된다.

그런데 막상 학급회의를 해보면 생각보다 잘 안 된다. 학급회의를 할 때 가장 어렵고도 난감한 순간은 학생들이 침묵할 때이다. 사회자가 의욕적으로 학급회의를 진행하려고 하지만, 아무도 의견을 제시하지 않는 상황을 상상해보자. 고요한 정적 속에 침묵이 흐르는 교실은 생각만 해도 답답하다. 이럴 때 사용할 수 있는 방법이 바로 브레인라이팅(6-3-5 기법)이다.

브레인라이팅은 생각을 글로 작성하는 것이다. 자유롭게 생각을 발산할 때 이용하는 방법이다. 6-3-5 기법은 일반적인 브레인라이팅을 조금 변형한 것이다. 6명이 3가지 아이디어를 5분 동안 연속적으로 발산하고 결합 및 개선한다고 해서 6-3-5기법이라 한다. 6명씩 1모둠으로 구성한 후 6명이 주제에 대해 아이디어를 3가지씩 작성을 하고 옆 친구에게 전달한다. 옆 친구가 작성한 3가지 아이디어를 보충하거나 새로운 아이디어 3가지를 다시 작성한다. 이렇게 처음 자신이 작성한 아이디어가 적힌 종이가 올 때까지 반복한다. 이 활동이 끝나면 개인별 종이에 18개의 아이디어가 있게 된다. 6명이 1모둠이니 모둠별로 보면 108개이 아이디어가 생성된다. 5분 만에 100개 이상의 아이디어가 만들어지는 기적

같은 일이 벌어진다. 브레인라이팅(6-3-5 기법)을 활용하여 체육대회 반티를 정하는 과정을 살펴보자.

브레인라이팅(6-3-5 기법)을 활용한 학급회의 시나리오와 사례[24]

0. 사전 준비
- 준비물: 모둠별 전지 1개, 모둠별 매직펜 세트 1개, 개인별 B4용지 1개, 포스트잇
- 모둠 구성하기: 학급 인원수에 따라 4~6명을 기준으로 모둠을 구성한다. 원칙적으로는 6인 1모둠이지만, 6인일 경우 무임승차자가 발생하기 쉬워 학급회의에서는 4인 1모둠 구성을 추천한다.

1. 사회자 안내
- 오늘 우리는 체육대회 반티를 정하려고 합니다. 그 과정에서 자신과 다른 의견이 생기고 의견 충돌로 의사결정이 힘들 수도 있습니다. 그러나 나와 의견이 다르다고 틀린 것이 아니라 다른 것일 뿐이라고 생각하고 서로의 생각을 존중하면서 의사결정 과정을 진행하면 좋겠습니다. 학급 전체 학생이 만족하는 결과를 얻기 위해서 최선을 다해주세요.

---

24 권재우 '참여와 소통의 학교 회의 디자인, 경기도교육청 2016 혁신교육 교사대회' 발표 자료, 기은경 참여를 촉진하는 퍼실리테이션, 응곡중학교 교사 연수 자료, 쿠 퍼실리테이션 그룹, 김병희(2014) 『아이디어 발상법』(커뮤니케이션북스), 정문성(2017) 『토의·토론 수업방법 84』(교육과학사)를 참고했다.

2. 아이디어 작성하기

- 그럼 이제부터 체육대회 반티에 관한 아이디어 작성하기를 해보겠습니다. 우선 B4용지 위쪽에 포스트잇 3개를 붙입니다. 그러고 나서 각자 포스트잇 1장에 반티로 정했으면 하는 것을 1가지씩 작성합니다. 개인별로 총 3개의 아이디어를 쓰세요.

학생 A	학생 B	학생 C	학생 D
축구복 수면잠옷 후드티	콘스프레 군복 경찰	과구복 농구복 사회가운	축구복 한복 풋살경기복

3. 아이디어 전달하기

- 이제 아이디어 전달하기를 해보겠습니다. 자신이 작성한 아이디어를 옆 친구에게 전달합니다. 시계방향으로 바로 옆 친구에게 B4용지를 전달하세요. 이제 전달받은 옆 친구의 아이디어에 자신의 아이디어를 더합니다. 각자 포스트잇에 3가지 아이디어를 작성하고 다시 붙여 볼게요. 옆 친구의 아이디어와 전혀 다른 새로운 아이디어를 작성하거나 옆 친구의 아이디어를 구체화하거나 보충하는 아이디어를 작성해도 좋습니다. 예를 들어, 옆 친구가 '운동복'이라는 아이디어를 제시했으면 '야구복'이라고 아이디어를 구체화해서 보충하거나 잠옷이라고 전혀 다른 아이디어를 작성합니다. 단, 처음에 자신이 작성한 아이디어를 반복해서 적으면 안 됩니다.

- 작성이 끝나면, 다시 시계방향으로 옆 친구에게 전달하고 아이디어 작성하는 것을 반복하면 됩니다. 처음에 자신이 작성한 것이 다시 돌아올 때까지 반복합니다.

학생 A	학생 B	학생 C	학생 D
축구복 수면잠옷 후드티	코스프레 군복 경찰	죄수복 농구복 사처가운	축구복 한복 롱롱잠옷
국가대표 유니폼 수영복 경찰관	환자복 해병대 해양경찰	백수 야구복 롱패딩	농구복 개량한복 공룡

학생 A	학생 B	학생 C	학생 D
축구복 수면잠옷 후드티	코스프레 군복 경찰	죄수복 농구복 사처가운	축구복 한복 롱롱잠옷
국가대표 유니폼 수영복 경찰관	환자복 해병대 해양경찰	백수 야구복 롱패딩	농구복 개량한복 공룡
대한민국 국가대표 유니폼 삼각 수영복 소방관	의사복 세라복 소방관	트레이닝복 태권도복 수영복	유도복 생활한복 테니스저지스

학생 A	학생 B	학생 C	학생 D
축구복 수면잠옷 후드티	코스프레 군복 경찰	죄수복 농구복 사처가운	축구복 한복 롱롱잠옷
국가대표 유니폼 수영복 경찰관	환자복 해병대 해양경찰	백수 야구복 롱패딩	농구복 개량한복 공룡
대한민국 국가대표 유니폼 삼각 수영복 소방관	의사복 세라복 소방관	트레이닝복 태권도복 수영복	유도복 생활한복 테니스저지스
일본 국가대표 유니폼 래쉬가드 해녀복	수술복 옛날교복 우편부옷	아디다스 시범군복 비키니	검도복 해병한복 토끼잠옷

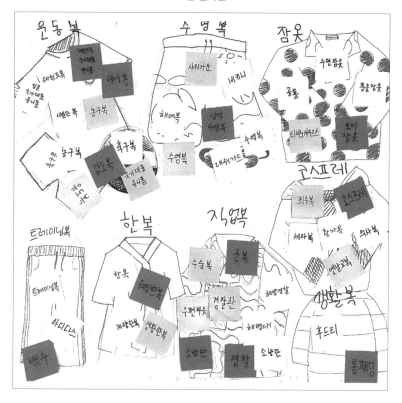

4. 아이디어 분류하기

▪ 모둠원들이 작성한 아이디어를 분류하도록 하겠습니다. 비슷한 아이디어끼리 모아서 전지에 붙이겠습니다. 분류된 아이디어 맨 위에는 제목을 붙여 보고 시간이 남으면 아이디어가 더 빛날 수 있도록 매직펜으로 꾸며도 좋습니다.

※ 여러 모둠이 동시에 활동하기 때문에 아이디어 분류하기를 먼저 끝낸 모둠에서는 자신들의 아이디어를 더욱 돋보이게 하도록 꾸미게 하는 것이 좋다. 이를 통해 회의 참여에 재미를 느끼게 된다.

5. 모둠 대표 아이디어 선정하기

- 이제 모둠별로 대표 아이디어를 선정한다. 바로 투표를 해도 좋지만, 투표 기준을 정하는 것이 좋다.

  ① 브레인스토밍으로 투표 기준 정하기: 우선 모둠별로 대표 아이디어를 선정하기에 앞서서 투표 기준을 정하겠습니다. 체육대회 반티 투표를 하기 위해서 우리가 고려해야 할 기준으로 무엇이 있을까요? 체육대회 반티가 되기 위해서 갖추어야 할 조건 등을 자유롭게 이야기해 주세요.

  ※ 학생들에게 반티를 정하는 데 중요한 기준이 무엇인지 확인한다. 대부분 비싸지 않고(경제성), 체육대회 끝나고 일상에서도 입을 수 있고(실용성), 다른 반과 겹치지 않아야 한다(개성)는 의견이 나온다.

  ② 투표하기: 이제 정해진 투표 기준에 맞게 투표하겠습니다. 개인별로 가장 마음에 드는 아이디어에 스티커를 붙여주세요. 개인별 스티커는 3개까지 할 수 있습니다. 한 가지 아이디어에 스티커 3개를 다 주어도 되고 다른 아이디어에 나눠서 줘도 됩니다. 반티로 정했으면 하는 아이디어에 투표하세요.

  ※ 투표하기 전에 비슷하거나 중복되는 아이디어가 있으면 통합한다. 그렇지 않을 경우 비슷한 아이디어에 투표가 분산되어 실제 원하는 바와 투표 결과가 달라질 수 있다.

  ③ 모둠 대표 아이디어 선정하기: 각 모둠에서 가장 많은 스티커를 받은 대표 아이디어를 선정한다.

  ④ 모둠 결과 발표하기

대한민국
국가대표 유니폼 (4표)
축구복이니까 편안하고,
우리나라 축구 유니폼 이니까.

여기까지 진행하면 이제 최종 결정만 남는다. 최종 결정 방법은 뒤에서 안내하겠다. 브레인라이팅(6-3-5 기법)을 활용하면 처음에 만들어진 수많은 아이디어 중에서 최선의 안을 결정할 수 있는 장점이 있다. 무엇보다도 학생 모두의 의견이 반영되고 검토된다는 장점이 있다. 학급회의를 할 때 가장 중요한 것이 모든 학생의 참여이다. 평소 말이 없거나 소극적인 학생들은 학급회의에서 말하기가 두렵다. 그러다 보니 주로 말하기 좋아하는 학생들이 학급회의를 주도하는 경우가 많다. 하지만 브레인라이팅(6-3-5 기법)을 활용하면, 이런 문제점을 쉽게 해결할 수 있다.

브레인라이팅(6-3-5 기법)을 실제 학급회의에서 활용할 수 있는 주제로는 현장체험학습 장소 정하기, 반티 정하기, 체육대회 종목 정하기, 학교 축제 프로그램 정하기 등이 있다. 여러 가지 대안 중에서 한 가지를 정해야 한다면 브레인라이팅(6-3-5 기법)을 활용해보기 바란다. 학급회의 주제 중 50% 정도는 브레인라이팅(6-3-5 기법)으로 진행할 수 있다.

깊이 있는 논의가 필요할 때는 PMI와 육색생각모자

학급회의 주제 중 나머지 절반가량은 깊이 있는 논의가 필요한 주제들이다. 예를 들어, 학교 내 화장 허용, 체육복 등교, 염색, 파마 등 용의복장 관련 문제 등으로 다양한 측면에서 바라보며 관련 사항들을 꼼꼼하게 따져봐야 하는 주제들이다. 그리고 첨예하게 의견이 대립하다 보니 갈등이 많이 생기는 주제들이기도 하다. 이런 주제들을 다룰 때 사용하기 좋은 방법인 PMI와 육색생각모자를 소개하고자 한다.

PMI는 주제나 아이디어에 대해 장점과 단점, 흥미로운 대안을 제시하는 방법이다. 장점과 단점의 의견을 살펴보고 장점을 살리면서 단점을 극복할 수 있는 흥미로운 대안을 제시하기 때문에 찬반 대립이 뚜렷한 주제를 다룰 때 효과적이다. PMI를 학급회의에서 활용할 때는 모둠을

화장을 허용해야 할까?	
P(장점)	**M(단점)**
· 자신의 개성을 살릴 수 있어서 학교생활이 즐겁다. · 청소년들은 외모를 중시하는데, 외모의 부족한 부분을 화장으로 채울 수 있어 자신감이 생길 수 있다. · 화장 문제로 발생하는 교사와 학생 간의 갈등을 없앨 수 있다.	· 화장을 많이 하면 피부 트러블 등이 생겨서 건강에 좋지 않다. · 청소년에게 가장 중요한 것은 공부인데, 화장 때문에 공부에 소홀하게 된다. · 여학생들의 화장으로 남학생들이 피해를 받을 수 있다.
I(흥미로운 대안)	
· 화장하는 날을 정해서 운영하자. · 화장을 매일 하는 것에 대한 논란이 많으니 한 달 혹은 일주일 중에 화장할 수 있는 날을 지정해서 운영한다면 문제를 해결할 수 있다. 화장하는 날은 학생들의 개성을 살릴 수 있으며, 화장을 하지 않는 날에는 학업에 집중할 수 있다.	

구성하고 모둠별로 전지에 작성하고 결과물을 발표하면서 전체 공유하면 된다.

'학생들의 화장을 허용해야 할까?' 라는 주제로 실시한 학급회의 결과는 다음과 같다.

주목할 점은 I(흥미로운 대안) 부분이다. 화장했을 때의 장점을 살리면서 단점을 극복할 수 있는 대안을 제시한다. 그렇게 해서 중용의 묘를 발휘한 화장하는 날을 지정하자는 흥미로운 대안을 찾게 되었다.

다음으로 소개할 방법은 육색생각모자이다. 주제를 조금 더 다양하게 살펴볼 때 하면 좋다. 육색생각모자는 6가지 색깔의 모자를 쓰면서 각 색깔의 특성에 맞게 생각하는 것이다.

6명으로 모둠을 구성하고 각자 원하는 색깔을 정하게 한다. 물론 모자를 직접 머리에 쓰고 하는 것이 좋지만, 중학교 이상에서는 굳이 그럴 필

하얀 모자	중립적이고 객관적인 사고로 주어진 문제 상황과 정보, 사실 등을 확인하도록 한다.
빨간 모자	직관에 의한 감정이나 느낌으로 주어진 문제 상황에 대한 자신의 감정, 떠오르는 느낌을 말하도록 한다.
노란 모자	밝고 긍정적인 생각으로 주어진 문제 상황에서 장점, 강점, 좋은 점을 말하도록 한다.
까만 모자	부정적이고 비판적인 생각으로 주어진 문제 상황에서 단점, 약점, 나쁜 점을 말하도록 한다.
녹색 모자	새롭고, 창의적이고, 대안을 말하도록 한다.
파란 모자	메타 인지적 사고로 침착하고 냉정하게 다른 색깔 모자에서 나온 이야기를 정리, 평가한다.

정문성(2017), 『토의·토론 수업방법 84』(교육과학사), P. 188

요까지는 없다. 색깔별 포스트잇에 작성하게 하면 충분하다. 만약에 포스트잇 준비도 힘들다면, 위의 표를 제시하고 각자 색깔에 맞는 생각을 작성하게 한다. 6명이 모든 색깔의 모자에 맞게 돌아가면서 생각하게 하면 좋지만, 시간적 제약이 있으므로 2~3가지 정도 색깔별 생각을 하게 하면 충분하다. 개인별로 작성한 것을 돌아가면서 발표한 후 협의를 통해서 모둠 의견을 작성한다.

'화장을 허용해야 할까?'라는 주제로 실시한 결과는 다음과 같다. PMI 결과와 직접 비교해보길 바란다.

학생들의 화장을 허용해야 할까?	
하얀 모자	현재 우리 학교에서는 학교 규정상 화장은 금지되어 있다. 하지만 실제적으로는 틴트와 비비크림 사용은 허용하고 있다.
빨간 모자	화장 문제 얘기만 들어도 머리가 아프다. 선생님들과 계속되는 갈등에 힘들다.
노란 모자	학생들은 화장을 원하고 있다. 만약 화장이 허용된다면 학생들은 즐겁게 학교생활을 할 수 있을 것이다.
까만 모자	화장을 하면 피부 노화가 발생하고 피부 트러블 등이 생긴다.
녹색 모자	현재 틴트와 비비크림은 허용하고 있으니 이것은 유지하고 전체 화장을 할 수 있는 날을 지정하자.
파란 모자	화장을 하는 것의 장점과 단점이 분명히 존재하니 화장하는 날을 지정해서 양측의 의견을 반영하는 것이 좋겠다.

모두가 만족하는 합의를 이끌어내는 동의단계자

다양한 아이디어를 수렴적으로 검토해나가는 브레인라이팅(6-3-5 기법), 주제를 깊이 있게 논의해보는 PMI와 육색생각모자를 활용하여 모둠별로 논의하는 과정을 살펴봤다. 이제 최종 결정안을 정하는 마지막 단계가 남아 있다. 여러 모둠에서 나온 결과들을 공유하고 그중에서 최종 결정하면 된다.

최종 결정안을 정하는 가장 쉽고도 빠른 방법이 바로 다수결 투표이다. 다수결 투표는 회의에 참여한 모든 사람이 이성적인 판단을 한다는 가정하에 이루어지는 일반적인 방법이다. 하지만 다수결 투표로 결정을 하면 여러 문제가 발생하기도 한다. 대표적인 것이 소수 의견 무시 문제이다. 그로 인해 소수 의견을 제시한 학생들이 상처를 받는다. 내 의견이 무시당했다고 느끼며 최종 결정안대로 진행되는 것에 협조하지 않는다. 만약 그 결정안이 학급 생활에 일 년간 적용되며 매우 중요한 문제라면, 소수 의견을 제시한 학생들은 큰 고통을 받는다. 이런 문제를 해결하는 방법이 동의단계자이다.

동의단계자는 수직선을 1~8단계로 나누고 대안에 대한 학생의 지지나 동의의 정도를 표시하게 하는 것이다. 수직선에서 1은 거부, 2는 심각한 반대의 의견, 3은 맘에 들지 않지만 지지, 4는 좀 더 논의가 필요하다고 생각, 5는 기권, 6은 제시된 의견을 수용, 7은 완벽하지는 않지만 좋음, 8은 완전한 지지를 의미한다. 이렇게 대안에 대해서 각 학생에게 지지하는 정도를 표시하게 한다.

만약 모든 학생이 3(마음에 들지 않지만 지지) 이상에 표시했다면, 전체 합의로 간주한다. 그렇게 되면 전원 합의로 결정하게 되는 것이다. 그런데

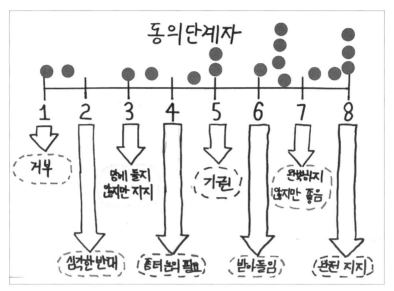

권재우(2016), 참여와 소통의 학교 회의 디자인, 경기도교육청 2016 혁신교육 교사대회 발표 자료.
기은경(2017), 참여를 촉진하는 퍼실리테이션, 응곡중학교 교사 연수 자료, 쿠 퍼실리테이션 그룹

1(거부)과 2(심각한 반대) 사이로 낮은 지지를 보낸 학생이 있다면, 그 학생에게 이유가 무엇인지 어떤 점이 불편한지 의견을 물어본다. 그 후 개선할 부분에 대해 함께 고민한다. 그러면 기존 안에 불편한 학생의 의견이 반영된 새로운 대안이 나온다. 그리고 다시 의견을 스티커로 투표하고 모두가 합의하는 최종안을 결정하면 된다. 만약 그래도 최종 합의가 되지 않는다면 첫 번째 안은 폐기하고 두 번째 대안으로 동의 단계를 밟아간다.

실제 반티를 정하는 학급회의에서 모둠 대표 아이디어들 중 전체 다수결 투표로 결정된 1순위 안이 대한민국 축구 국가대표 유니폼이었다. 이 안에 대해 동의단계자를 적용했더니 여학생 3~4명이 심각한 반대 의사를 표명했다. 이유를 물어보니 대한민국 축구 국가대표 유니폼이 빨간색

이라 마음에 들지 않는다는 것이었다. 그래서 어떻게 하면 좋을까 물었더니 다른 색깔 유니폼이면 받아들일 수 있다고 했다. 한 여학생은 하늘색 계통의 색을 선호한다고 했다. 그래서 한 친구가 하늘색 계통의 아르헨티나 국가대표 유니폼을 제안했다. 다시 동의 단계를 물었더니 이번에는 모두 3(마음에 들지 않지만 지지) 이상을 표시해서 합의에 도달했다.

만약 다수결로 대한민국 축구 국가대표 유니폼으로 결정했으면, 어떤 일이 생겼을까? 반대하던 여학생 3~4명은 체육대회 내내 즐겁지 않았을 것이다. 하지만 동의단계자를 활용하여 전원 합의의 결과를 이끌어낼 수 있어서 모두가 만족하는 체육대회가 될 수 있었다.

해보니까 이래요

학급회의를 진행하기 위한 몇 가지 방법을 설명했다. 앞의 방법들을 활용하면 학급회의 진행에 많은 도움이 되며, 효율적으로 학생 참여를 이끌어낼 수 있다. 그런데 학급회의를 진행하는 데 있어 중요한 것은 방법이 아니다. 다양하고 화려한 방법을 활용해서 멋들어지게 학생들의 생각을 표현하는 것보다 더 중요한 것이 있다. 바로 '모든 의견은 존중되어야 한다'는 정신이다. 모든 학생이 의견을 제시하고 서로의 의견을 존중하면서 의견을 검토하고 최선안을 결정하는 학급회의가 된다면, 마음으로 연결되는 평화로운 공동체가 될 수 있다.

'모든 의견은 존중되어야 한다'는 정신에 가장 부합하는 학급회의는 바로 서클로 진행하는 학급회의이다. 동그랗게 둘러앉아 서로 바라보며 자기 생각을 발표하고 경청하고 공감하는 대화가 진행되는 것보다 더 나은 학급회의는 없다. 화려하지는 않지만, 서로 이해하고 주어진 문제를 진정성 있게 고민할 수 있다. 학급회의를 진행할 때 그냥 둘러앉아 보라. 그리고 대화를 나눠라. 그것으로 충분하다. 매번 서클로 진행하기 힘들 때 학생들에게 다른 방법을 경험해주고 싶을 때 앞에 제시된 방법들을 활용해보기를 권한다.

2

평화적인 갈등 해결 1
_ 회복적서클과 긴급중재

아이들은 갈등 속에서 성장한다고 한다. 청소년 시기는 아직 전두엽이 완전히 발달되지 않아 감정 기복이 심하고 감정 조절이 잘 되지 않으며 공감 능력이 떨어진다고 한다. 이런 사실을 알지만, 갈등의 소용돌이 속에서 그것을 해결해야 하는 교사의 역할이 참으로 벅차다. 아이들 사이에 갈등이 생기면 우리는 아이들에게 사과를 강요하기도 하고, 도저히 해결할 수 없어서 대충 덮고 모른 척하기도 하고, 반복되는 갈등에 방법을 찾지 못해 막막해하기도 하며, 갈등이 깊어져 결국 징계를 받았는데도 점점 더 태도가 나빠지는 학생을 보면서 절망감과 무력감을 느끼기도 한다.

진정한 갈등 해결을 위한 새로운 방법은 없는 것일까? 회복적서클이 도깨비방망이처럼 모든 것을 해결해주지는 않지만, 회복적서클을 통해 갈등을 바라보는 새로운 시각과 그것을 해결하는 새로운 방법을 제안한다.(회복적서클이나 긴급중재를 진행하기 위해서는 아이들의 말을 관찰, 느낌, 욕구로 바꿔주어야 한다. '관찰, 느낌, 욕구'에 대해서는 1장의 '2. 회복적 생활교육의 밑바탕'과 3장의 '2. 비폭력대화 기반의 그로그 상담'을 참고하기 바란다)

회복적서클 알아보기

회복적서클이란 공동체 안에서 갈등이 발생했을 때 갈등과 관련 있는 사람들이 둥글게 모여 앉아 얘기를 나눔으로써 서로의 마음이 연결되어 관계 회복으로 나아가도록 돕는 구조화된 대화 모임을 말한다. 갈등이 일어났을 때 자신의 이야기를 충분히 하고 상대의 고통에 충분히 공감하도록 하기 위해, 평등한 관계에서 자신의 느낌과 욕구를 솔직하게 이야기하고 다른 사람의 말을 경청하는 것이 회복적서클이다.

비폭력대화에서는 사람들에게 '연민'의 본성이 있다고 믿는다. 자신의 느낌과 욕구를 충분히 표현하고 상대의 느낌과 욕구에 공감하여 연결된다면, 상대를 연민하는 감정이 회복되어 기꺼이 행동을 바꾸게 된다는 철학을 바탕으로 한다. 회복적서클 프로세스는 이런 비폭력대화의 철학을 바탕으로 구성된다.

회복적서클 프로세스는 사전 서클, 본 서클, 사후 서클, 이렇게 3단계이다. 사전 서클은 갈등의 원인이 상대에 있지 않고 자신의 욕구에 있다는 것을 인식하도록 돕는 과정이다. 가능하면 교사와 학생이 일대일로 진행하는 것이 좋다. 주변 사람을 의식하지 않고 자신의 이야기를 충분히 하고 그 과정에서 자신의 느낌과 욕구를 발견하는 것이 이후 있을 본 서클 진행에 큰 도움이 되기 때문이다. 그러나 학교 현실은 일대일로 만나는 시간을 확보하는 것이 어렵기 때문에 부득이한 경우 생각이 비슷한 아이끼리 묶어 진행하기도 한다.

본 서클은 갈등과 직접적 관련이 있는 사람들과 사전 서클 '참여 의사 확인하기' 단계에서 동의한 사람들이 모두 모여 책상 없이 둥글게 앉아 진행한다. 본 서클 말미에는 소감을 나누고 사후 서클 날짜를 정한다. 사후 서클 날짜는 참여자의 의견을 반영하여 정하기는 하지만, 본 서클과 사후 서클의 사이가 너무 멀 경우 약속 이행이 흐지부지될 수 있다. 보통 일주일 정도 기간을 주는 것이 좋다.

사후 서클은 본 서클에서 나왔던 약속의 이행 정도를 점검하며, 잘 지켰다면 서로 격려하고 축하하고, 잘 지켜지지 않았다면 어떤 어려움이 있었는지 살펴보고 약속을 조정하는 자리이다. 잘 지켜지지 않는 약속이 있다면, 그에 관해 얘기하고 어떻게 하면 좋을지 이야기를 나눈다.

회복적서클 해보기

회복적서클 1. 사전 서클 시나리오[25]

1. 행동을 확인하기(관찰)

- 가능하면 일대일로 진행하며, 부득이한 경우 생각이 비슷한 아이끼리 묶어 진행한다.

  - (서클을 요청한 사람에게) 어떤 말이나 행동으로 인해 회복적서클을

---

25 앞으로 소개되는 회복적서클의 사전 서클, 본 서클, 사후 서클과 긴급중재 시나리오는 한국NVC센터 (2016), 회복적서클 진행자를 위한 교육 자료, P.2~7를 참고 및 인용했다.

하고 싶니? (자신의 생각이나 느낌이 아닌 행동과 말(관찰)로 얘기할 수 있도록 돕는다)

- (서클을 요청하지 않았으나 관련 있는 사람들에게) 어떤 말이나 행동으로 인해 회복적서클에 오게 되었니? (자신의 생각이나 느낌이 아닌 행동과 말(관찰)로 얘기할 수 있도록 돕는다)

- (들은 내용을 정리해서 짧게 다시 말한 후) 내가 말한 게 맞니? (만약 아니라고 대답하면 다시 얘기를 듣는다)

2. 의미를 이해하기(느낌과 욕구 찾기)

- 그로그의 느낌과 욕구 카드를 활용하면 좀 더 쉽다.(3장의 '2. 비폭력대화 기반의 그로그 상담'을 참고)

  - 앞에서 얘기했던 자극이 되는 행동이나 말을 보거나 들었을 때 느낌을 얘기해줄래?

  - 그 느낌이 들었을 때 채워지지 않았던 욕구를 얘기해줄래?

  - 너는 ~을 느꼈니? 왜냐하면 ~이 필요했기 때문이니?

3. 참여 의사 확인하기

- 앞으로 진행될 과정을 설명해줄게. 불편한 점이 있거나 질문이 있으면 나중에 얘기해줘. 조금 이따 누가 서클 모임에 올 필요가 있는지 물어볼 거야. 그리고 이 대화 모임에서는 모두가 말하고 서로 듣는 기회를 갖게 될 거야. 어떤 일이 있었는지 그 일로 자신이 어떤지, 앞으로 어떻게 하기를 원하는지 얘기하는 자리지. 질문이나 불편한 점 있니?

- 이 일을 해결하기 위해 누가 올 필요가 있니?

▪ 대화 모임을 계속 진행하고 싶니? (걱정되는 부분이 있으면 듣고 보완점을 함께 마련한다)

회복적서클 1. 사전 서클 사례 엿보기

학생 A, B, C, D는 초등학교 때부터 중학생이 된 지금까지 친한 친구이다. 그런데 B, C가 SNS상에서 알게 된 다른 학교 친구들과 놀기 시작하면서 사이가 소원해진다. 속이 상했던 A가 화가 난 상태에서 B에게 "왜 요즘 개네랑 놀아?"라고 묻자 B가 "개네들이랑 노는 게 꿀잼이야"라고 답했다. 이 일로 B, C와 더 멀어진 A는 고민하다가 교사를 찾아와 서클을 요청한다.

교사   무슨 일이 있었나요?

학생   B, C와 멀어졌어요. 개들은 다른 학교 아이들이랑 더 친하게 지내면서 저를 무시해요.

교사   친하게 지내던 친구들이랑 멀어져서 많이 속상했어요? (고개를 끄덕인다) 언제부터 멀어졌다는 생각이 들었어요?

학생   2~3주 됐어요. 저보다 개네들을 더 좋아하는 것 같아요.

교사   친하게 지내던 친구들이 다른 친구를 사귀면서 ○○이와 멀어진 것 때문에 서클을 하고 싶은 것 같은데, 맞나요?

학생   네.

교사   ('무시하다, 좋아하다'라는 판단의 말을 관찰로 바꿔주기 위해 질문한다) 그 친구들이 ○○이를 무시한다거나 다른 아이들을 더 좋아한다는 생각이 들었을 때, 들은 말이나 본 행동이 있었나요?

학생	(생각하다가) 제가 걔네들에게 "왜 그 아이들이랑 놀아?"라고 물으니까 "걔네들이랑 노는 게 꿀잼이야"라고 했어요.
교사	그래서 B, C가 ○○이보다 새로 사귄 친구들을 더 좋아한다고 생각했나요?
학생	네.
교사	그 말을 들었을 때 느낌이 어땠어요?
학생	짜증 나고 화가 났어요.
교사	(화나 짜증 아래의 느낌을 찾기 위해 질문한다) 왜 짜증 나고 화났는지 설명해줄래요?
학생	그간 쌓인 우정이 얼만데 그렇게 얘기하냐고요. 배신자들이에요.
교사	(학생의 말을 느낌말로 바꿔주며) 그 말을 듣고 많이 서운하고 서글펐어요?
학생	네. 엄청 서운하고 속상하고 슬펐어요.
교사	(욕구를 찾아주기 위해 질문한다) 그런 감정을 느꼈다는 건 무언가가 필요해서인데요, ○○이에게 그때 필요했던 건 뭘까요?
학생	걔네들이 여전히 저를 좋아하고 있다는 확신 같은 거요?
교사	(학생의 말을 욕구말로 바꿔주며) 그 아이들과 변함없이 친밀하게 지내고 싶은 마음이 있는 걸까요? ○○이에게 소중한 그 친구들과의 우정도 지키고 싶은 거고, 맞나요?
학생	네, 맞아요.
교사	(관찰, 느낌, 욕구를 정리해서 다시 말해주며) ○○이는 친구들의 "걔네들과 노는 게 재미있어"라는 말을 들었을 때, 친구들과의 친밀한 관계나 우정이 중요했기 때문에, 서운하고 속상하고 슬

였다는 건가요?

학생   네.

교사   앞으로 진행될 과정을 설명해줄게요. 불편한 점이 있거나 질문이 있으면 얘기해줘요. 조금 이따 누가 서클 모임에 올 필요가 있는지 물어볼 거예요. 그리고 이 대화 모임에서 우리는 모두가 말하고 서로 듣는 기회를 갖게 될 거예요. 어떤 일이 있었는지 그 일로 자신이 어떤지, 앞으로 어떻게 하기를 원하는지 얘기하고 듣는 자리예요. ○○이도 얘기하지만, 상대방도 충분히 얘기하는 자리가 될 텐데 괜찮은가요? 질문이나 불편한 점 있나요?

학생   없어요. 괜찮아요.

교사   이 일을 해결하기 위해 누가 올 필요가 있을까요?

학생   B랑 C요.

교사   서클은 강제로 할 없어요. 그 아이들을 대화 모임에 초대하고 오겠다고 하는 아이들만 오게 될 거예요. 이것도 괜찮나요?

학생   네.

교사   진행 과정을 알고 나서도 대화 모임을 계속 진행하고 싶은가요? 혹시 걱정되는 부분이나 선생님에게 부탁하고 싶은 게 있나요?

학생   걔네는 둘이고 저는 혼자라서 좀 불안한데. 다른 친구를 데려와도 될까요?

교사   이 일과 관련이 있는 친구인가요?

학생   직접적 관련은 없어요. 걔네들이 다른 친구들과 노는 거에 저처럼 불만이 있지는 않거든요. 그래도 원래 함께 놀던 아이라

완전히 관련이 없다고 할 수도 없어요.

교사　　그럼 그 친구도 초대해보도록 해요. 용기 내서 얘기해보겠다고 해줘서 고마워요. 서클하는 날 봐요.

학생　　네.

회복적서클 2. 본 서클 시나리오

1. 여는 의식

- 갈등 관련자들이 모두 모여 둥글게 앉은 후 진행한다. 의자를 인원 수만큼 배치하고 자유롭게 앉도록 한다.
- (감사의 말) 오늘 이 자리에 갈등을 해결하기 위해 용기와 시간을 내서 참석해준 여러분에게 감사합니다.
- (당부의 말) 갈등을 해결하기 위해 우리는 회복적서클을 엽니다. 상처나 피해를 받은 우리 모두를 회복하기 위한 서클이기 때문에 이름이 '회복적서클'이며, 선생님의 가장 큰 욕구도 '회복'입니다. 이 서클을 하기 위해 몇 가지 약속이 있습니다. 잘 듣고 불편한 점이 있으면 말해주세요.
  ① 다른 사람의 이야기를 경청하며 자신의 발언 시간을 기다려 이야기한다. (중간에 끼어들지 않는다)
  ② 상대를 존중하며 상대가 불쾌감을 느낄 언행을 하지 않는다.
  ③ 일방적으로 자리를 떠나지 않는다.
  ④ 서클에서 나온 이야기는 비밀이 보장되어야 한다.
  ⑤ 자신에게 하고 싶은 말이 무엇인가를 중심으로 다른 사람의 말

을 경청한 후, 사회자가 '무엇을 들으셨나요?' 라고 물으면 들은 내용을 얘기한다.

- 혹시 규칙 중에 불편한 점 있으면 얘기해주세요. (얘기를 듣고 수정, 보완한다)
- 지금 앉아있는 자리는 괜찮은가요? 혹시 불편한 사람 있나요? (얘기를 듣고 반영한다)

2. 상호 이해

- ~(자극이 됐던 말이나 행동)으로 인해 지금 자신이 어떤지에 대해, 누가 무엇을 알아주길 바라나요?
- ('누가'에 해당하는 사람에게) 무엇을 들으셨나요? / 무엇을 알아주길 원하는 것 같은가요?

※ 서로 비난하는 말이 계속 오가거나 서로의 느낌이 연결되지 않고 기계적으로 반복만 계속될 때 사회자가 말한 사람의 느낌이 잘 전달되도록 말을 전달하는 '번역 지원'을 한다. "저는 조금 다른 것을 들었는데요…"라고 시작한다.

- (처음에 말했던 사람에게) 맞나요? 그런가요? 더 할 말이 있나요?
- 여러분이 자극받았던 그 말로 인해 지금 당신이 어떤지에 대해, 누가 무엇을 알아주길 바라나요? (충분히 서로가 받은 영향에 대해 얘기했으면 '자기 책임' 단계로 넘어간다)

3. 자기 책임

- 그 행동을 하기로 선택했을 때, 자신이 어떤 것을 원했는지에 대해, 누가 무엇을 알아주기를 바라나요?

- ('누가'에 해당하는 사람에게) 무엇을 들으셨나요? / 무엇을 알아주길 원하는 것 같은가요?
- ※ 서로 비난하는 말이 계속 오가거나 서로의 욕구가 연결되지 않고 기계적으로 반복만 계속될 때 사회자가 말한 사람의 욕구가 잘 전달되도록 말을 전달하는 '번역 지원'을 한다. "저는 조금 다른 것을 들었는데요…"라고 시작한다.
- (처음에 말했던 사람에게) 맞나요? 그런가요? 더 할 말이 있나요?
- 그 행동을 하기로 선택했을 때, 자신이 어떤 것을 원했는지에 대해, 누가 무엇을 알아주기를 바라나요? (충분히 자신이 원했는지에 대해 얘기했으면 '동의한 행동' 단계로 넘어간다)

4. 동의한 행동

- 우리는 지금까지 서로의 말에 귀 기울여 그 사람의 마음이 어땠는지 알아보았습니다. 우리의 욕구가 모두 만족되기 위해서 상대에게 어떤 부탁 혹은 제안을 하고 싶으세요? (먼저 제안하고 싶은 사람이 제안한다. 구체적, 긍정적 행동인지, 통제를 위한 벌이 아닌지 사회자가 들어본 후 수정·보완한다)
- 동의하나요? / 할 수 있는 건가요? / 부탁을 이행하기 위해 필요한 도움이 있나요?
- 합의대로 이행하면 여러분이 얘기한 욕구가 모두 채워지나요?

5. 사후 서클 안내

- 우리는 신뢰를 회복하는 시간이 필요합니다. 일정 기간 우리가 약속한 행동을 실행하고, 그 후 원하는 변화가 어느 정도 나타났는지,

다른 행동 계획을 세우고 싶은지를 평가하기 위해 한 번 더 모일 것입니다.

- 언제, 어디서 보면 좋을까요? (대답한다. 약속을 정한다)

6. 소감 나누기

- 이번 서클을 하면서 느낀 점이나 배운 점 혹은 지금 드는 생각 등을 자유롭게 얘기해주세요. 제 왼쪽에 있는 친구부터 시작할까요?
- 긴 시간 진솔하고 진지하게 이야기 나눈 우리 모두에게 박수를 보냅니다. 수고 많았습니다.

회복적서클 2. 본 서클 사례 엿보기

교사   오늘 이 자리에 갈등을 해결하기 위해 용기와 시간을 내서 참석해준 여러분에게 감사합니다. 갈등을 해결하기 위해 우리는 회복적서클을 엽니다. 상처나 피해를 받은 우리 모두를 회복하기 위한 서클이기 때문에 이름이 '회복적서클'이며, 이 서클을 통해 이루고 싶은 선생님의 가장 큰 욕구도 '회복'입니다. 이 서클을 하기 위해 몇 가지 규칙이 있습니다. 잘 듣고 불편한 점이 있으면 말해주세요. (시나리오에서 소개한 규칙을 제시한다. 규칙은 상황에 맞게 수정한다) 혹시 규칙 중에 불편한 점 있으면 얘기해주세요. 그리고 혹시 지금 앉아있는 자리가 불편하면 말씀해주세요.

학생들   없습니다.

교사   우리는 서로 친했던 여러분 사이에서 "왜 그 아이들과 놀아?", "걔네들이랑 노는 게 재미있어"라고 얘기했던 일과 관련하여 모였습니다. 이 일로 인해 지금 자신이 어떤지에 대해, 누가 무엇을 알아주길 바라는지 이야기하겠습니다. 먼저 준비된 사람이 얘기해주세요.

학생 A 제가 먼저 말할게요. 그때 5년간 유지됐던 우정이 깨지는 것 같았어요. '어떻게 나보다 얼마 안 만난 걔네들이 더 좋다고 하지?' 라는 생각에 잠도 안 왔어요.

교사 그 얘기를 누가 들어주면 좋겠나요?

학생 A B요.

교사 (B에게) 무엇을 들었나요?

학생 B 우정이 깨지는 것 같았고 화가 나서 잠도 안 왔대요.

교사 (A에게) 맞나요?

학생 A 화도 났지만, 나보다 걔네들을 더 좋아하는 것 같아서 속상하고 슬펐어요.

교사 (B에게) 무엇을 들었나요?

학생 B 화도 났지만, 자기보다 걔네들을 더 좋아하는 것 같아서 속상하고 슬펐대요.

교사 (A에게) 맞나요?

학생 A 맞아요.

교사 (A에게) 더 하고 싶은 말이 있나요?

학생 A 지금은 없어요.

교사 (B에게) A의 말을 듣고 하고 싶은 말 있나요?

학생 B 걔네들을 더 좋아한다는 뜻은 아니었어요. 그냥 걔네랑 노는 게 재미있다고요. A랑 노는 것보다 더 재미있다는 뜻도 아니었어요.

교사	(A에게) 무엇을 알아주길 원하는 것 같은가요?
학생 A	걔네랑 노는 게 재미있다는 뜻이지, 우리보다 걔네를 더 좋아하거나 더 재미있다는 뜻은 아니었대요.
교사	(B에게) 맞나요?
학생 B	네, 맞아요.
교사	(B에게) 더 하고 싶은 말 있나요?
학생 B	아니오.
교사	(A에게) B의 말을 듣고 하고 싶은 말이 있나요?
학생 A	하지만 저는 그때 그 말이 그렇게 들렸어요. 우리랑 노는 거보다 걔네들이랑 더 많이 놀았으니까요. 그래서 그때 그 말이 너희랑 노는 게 재미없어서 걔네들이랑 논다고 저에게 들렸어요. 지금 얘기를 나누어 보니 B는 그런 뜻으로 얘기하지 않았을 수도 있었을 것 같아요. 그렇지만 그 말 듣고 제가 엄청 서운했다는 건 알아주면 좋겠어요. 상황이 그렇게 생각하게 만들 수도 있었다고 생각해요.
교사	(B에게) A가 무엇을 알아주길 원하는 것 같은가요?
학생 B	상황이 그렇게 생각하게 만들 수도 있었겠지만, 엄청 서운했대요.
교사	(A의 느낌에 집중하며 번역 지원한다) 선생님은 조금 다른 말도 들었는데요. 자신보다 걔네들이랑 노는 횟수가 더 많은 것 같아 '자기보다 쟤네들을 더 좋아하나?' 라는 생각이 A에게 들어 불안했는데, 그때 "걔네들이랑 노는 게 재밌다"라는 말을 들으니 서운했다고 하는 것 같은데요, 자기 생각이 맞는 것 같

아서. (A에게) 맞나요?

학생 A 맞아요.

교사 (B에게) 무엇을 들었나요?

학생 B 자기보다 그 아이들을 더 좋아하는 것 같다는 생각이 들어 불안했는데, 그때 제가 그 아이들이랑 노는 게 재미있다고 하니까 자기 생각이 맞는 것 같아 서운했대요.

교사 (A에게) 맞나요?

학생 A 맞아요.

교사 (A에게) 더 하고 싶은 말 있나요?

학생 A 제 생각이 사실이 아닐 수도 있을 것 같아요. 제가 너무 예민했던 것 같아요. B랑 C랑 더 많은 시간을 보내고 싶어서 그랬던 것 같아요. (더 친밀한 관계를 맺고 싶어 했던 A의 욕구 표현이다. 보통 대화 모임을 하다 보면 이렇게 느낌, 욕구가 혼재되어 나온다. 이때 느낌, 욕구를 나누지 말고 충분히 흘러가도록 둔다)

교사 (B에게) 무엇을 들었나요? (중요한 느낌이나 욕구가 나왔을 때 강조하고 싶은 마음이 들더라도 일단 갈등 상대가 그 말을 반복하도록 한다. 기계적 반복이더라도 진행자가 반복하는 것보다 상대가 반복하는 것이 공감받는다는 느낌을 주며 이 공감은 갈등을 푸는 중요한 열쇠가 된다)

학생 B 저희랑 더 많은 시간을 보내고 싶어서 예민했대요. 사실이랑 다르게 받아들일 만큼.

교사 (A에게) 맞나요?

학생 A 네. 제가 예민하게 굴어서 애들에게 미안해요.

교사 (B에게) 무엇을 들었나요?

학생 B 자기가 예민하게 굴어서 미안하대요.

(중략)

교사 그 행동을 하기로 선택했을 때, 자신이 어떤 것을 원했는지에 대해, 누가 무엇을 알아주기를 바라나요?

학생 B 저희가 그 아이들이랑 놀았던 건 새로 사귄 친구들이라서 재미있어서였어요. A나 D랑 노는 것보다 더 재미있다, 뭐 이런 생각은 한 적 없어요.

교사 누가 그 얘기를 들어주면 좋겠나요?

교사 A가요.

교사 (A에게) 무엇을 들었나요?

학생 A 걔네들이랑 노는 게 재미있긴 했지만, 우리랑 노는 것보다 더 재미있다는 생각은 안 했대요. 그러니까 우리 우정은 변함없다고 얘기하는 것 같아요. (상호 이해 단계에서 충분히 자신의 느낌이 표현되고 상대의 느낌을 듣게 되면, 그 이후의 단계는 쉽게 풀린다)

교사 (B에게) 맞나요?

학생 B (자신의 욕구를 A가 읽어주자 감탄하며) 맞아요. 우리 우정은 변함없다고 얘기하고 싶어요. 그 아이들이랑 노는 게 재미있다는 제 말을 듣고 A가 우리 우정이 깨질까 봐 불안하고 속상했던 것 같아요.

교사 그 말을 A가 들어주면 좋을까요? (대화 모임 시나리오는 기본 형식일 뿐이다. 대화 흐름에 따라 자연스럽게 변화시켜 진행한다)

학생 B 네.

교사 (A에게) B가 무엇을 알아주길 원하는 것 같나요?

학생 A 우리 우정은 변함없다고 얘기하면서 저를 안심시키고 싶어 하는 것 같아요.

교사	(B에게) 맞나요?
학생 B	네. 그냥 개네랑 노는 게 새로워서 재미있었을 뿐이지 A나 D 보다 개네가 더 좋은 건 아니에요. 절대.
교사	(A에게) 무엇을 들었나요?
학생 A	개네랑 노는 게 새로워서 재미있긴 하지만, 우리가 더 좋은 친구래요.
교사	(B에게) 맞나요?
학생 B	네.
교사	(B에게) 더 하고 싶은 말 있나요?
학생 B	아니요.
교사	(A에게) 자극이 됐던 B의 말을 들었을 때 필요했던 건 뭐였을까요?
학생 A	저는 우리 우정이 변함없다는 믿음이 필요했던 것 같아요.
교사	누가 그 얘기를 들이주면 좋겠어요?
학생 A	B랑 C요.
교사	(상대적으로 발언 기회가 적었던 C에게) 무엇을 들었나요?
학생 C	A는 우리 우정이 변함없다는 믿음이 필요했대요.
교사	(A에게) 맞나요?
학생 A	맞아요.
교사	혹시 더 이야기하고 싶은 사람 있나요?
학생들	아니요.
교사	(종이와 매직펜을 주며) 그럼 종이에, 그때 여러분에게 필요했던 욕구를 모두 적어서 다른 사람이 볼 수 있도록 들어줄래요?
학생들	(종이에 '친밀한 관계, 우정, 신뢰, 재미'를 적는다. 모두의 욕구를 충족할 수 있

는 약속을 정해야 하므로 적어 놓고 이야기하는 게 조금 더 편안하다. 혹시 빠진 욕구가 있다면 아이들에게 동의를 구한 후 교사가 추가로 적는다)

교사   우리는 지금까지 서로의 말에 귀 기울여 그 사람의 마음이 어땠는지 알아보았습니다. 우리의 욕구가 모두 만족되기 위해서 상대에게 어떤 부탁이나 제안을 하고 싶나요?

학생 A   우리가 주말에는 잘 놀 수 없으니까 평일에 더 많이 놀면 좋겠어요.

교사   (A의 제안이 막연하므로 구체적으로 바꿀 수 있는 질문을 한다. 약속을 정할 때는 구체적, 긍정의 약속이 될 수 있도록 진행자가 개입하는 것이 좋다) 평일 어떤 시간에 놀 수 있을까요?

학생 A   쉬는 시간이랑 점심시간에 꼭 만나고요. 뭐 숙제 같은 걸 하느라 못 만날 때는 상황을 설명해주고요. 월요일, 수요일은 학원 가기 전에 시간이 좀 있으니까 같이 놀고요.

교사   (다른 아이들에게) A의 제안이 어때요?

학생들   좋아요.

교사   (학생들이 동의한 제안을 '약속 이행 동의서'에 적는다) 다른 제안은 더 없나요?

학생들   없어요.

교사   (모든 욕구가 채워졌는지 살펴본 후) 여러분이 제안한 약속은 '친밀한 관계, 우정, 신뢰, 재미' 라는 욕구를 다 채울 수 있나요?

학생 B   주말에는 저희가 다른 학교 아이들이랑 놀아도 서운해하지 않으면 좋겠어요.

학생 A   어차피 저의 집이 멀어서 그간 주말에는 못 놀았어요. 이제 우정이 변함없다는 걸 확인했으니 그 아이들이랑 놀아도 불안하지 않아요.

교사   그럼 약속을 정리해볼게요. 여러분이 한 이야기가 모두 포함
되었나 살펴봐 주세요. (약속 이행 동의서 내용을 읽는다)

1. 쉬는 시간이랑 점심시간에 만나서 논다. 단, 사정이 있을
때는 설명해준다.

2. 월요일, 수요일 학원 가기 전 시간은 함께 보낸다.

3. B와 C는 주말에는 다른 학교 친구들과 논다.

학생 B   평일에 그 아이들이랑 놀 수도 있을 것 같아요. 그럴 땐 어떻
게 하지요?

학생 D   그 아이들이랑 논다고 톡에 남기면 괜찮을 것 같아요. 연락이
안 돼 답답하다가 나중에 그때 걔네들이랑 놀았다는 사실을
알게 되면 서운하거든요.

교사   (B, C에게) 괜찮나요?

학생 B,C   괜찮아요.

교사   그럼 '평일에 다른 학교 친구들과 놀 경우 미리 A와 D에게
톡으로 알린다'란 내용을 추가할게요. 자, 그럼 제가 약속을
다시 한번 천천히 읽어볼게요. 여러분의 욕구가 모두 채워질
수 있는지 생각하면서 들어봐 주세요. (약속을 천천히 읽는다) 모
두 괜찮은가요?

학생들   네.

교사   약속을 잘 지키겠다는 의미로 사인을 받을게요. (약속 이행 동의
서에 아이들의 사인을 받는다)

교사   우리는 신뢰를 회복하는 시간이 필요합니다. 일정 기간 우리
가 약속한 행동을 실행하고, 그 후 원하는 변화가 어느 정도

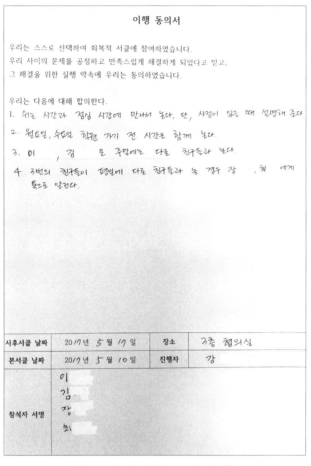

이행 동의서

우리는 스스로 선택하여 회복적 서클에 참여하였습니다.
우리 사이의 문제를 공정하고 만족스럽게 해결하게 되었다고 믿고,
그 해결을 위한 실행 약속에 우리는 동의하였습니다.

우리는 다음에 대해 합의한다.
1. 쉬는 시간과 점심 시간에 만나서 논다. 단, 사정이 있을 때 설명해 준다.
2. 월요일, 수요일 학원 가기 전 시간을 함께 논다.
3. 이   , 김   은 주말에도 다른 친구들과 논다.
4. 3번의 친구들이 평일에 다른 친구들과 놀 경우 장   , 최   에게
   톡으로 알린다.

사후서클 날짜	2017년 5월 17일	장소	3층 협의실
본서클 날짜	2017년 5월 10일	진행자	강
참석자 서명	이 김 장 최		

경기도 NVC 연구회에서 공유한 양식을
다운받아 작성한 약속이행동의서

나타났는지, 다른 행동 계획을 세우고 싶은지를 평가하기 위
해 한 번 더 모일 것입니다. 일주일 후에 이 시간에 이 장소에
서 봤으면 하는데 어떤가요?

학생들   네.

교사   이번 서클을 하면서 느낀 점이나 배운 점 혹은 지금 드는 생

학생 A	생각해보면 별말 아니었던 것 같은데 일이 이렇게 돼서 아이들에게 미안하기도 하고요, 서로의 마음을 확인해서 안심되기도 했어요.
학생 D	저도 속에 있는 이야기를 나눌 수 있어서 좋았어요.
학생 B	제 의도와 다르게 다른 사람에게 상처를 줄 수도 있다는 걸 알게 됐어요. 다른 친구들의 이야기를 들으니 처음엔 답답했는데 나중엔 그럴 수도 있었겠다는 생각이 들었어요. 저도 별 생각 없이 한 제 말로 친구들이 상처받은 것 같아 미안해요.
학생 C	이렇게 속에 있는 얘기 솔직하게 나누면서 싸우지 않고 잘 지내면 좋겠어요.
교사	긴 시간 진솔하고 진지하게 이야기 나눈 우리 모두에게 박수를 보냅니다. 수고 많았습니다.

위 표 앞에 다음 문장이 이어집니다:

각 등을 자유롭게 얘기해주세요. 제 왼쪽에 있는 친구부터 시작할까요?

회복적서클 3. 사후 서클 시나리오

1. 여는 의식

- 본 서클에 왔던 사람들이 모두 모여 둥글게 앉은 후 시작한다.

  - 오늘 이 자리에 다시 시간을 내서 참석해준 여러분에게 감사합니다. 이번 모임은, 우리가 사인했던 약속 이행 동의서 내용이 잘 지켜지고 있는지에 대해 얘기를 나눌 것입니다. 솔직하게 자신의 생각을 얘기해주시기 바랍니다.

2. 참여자들의 웰빙 조사하기

- 지난번 정했던 '약속 이행 동의서'와 관련해서 지금 자신이 어떤지 누가 무엇을 알아주기를 바라나요?
- (이야기가 끝나고 '누가'에 해당하는 사람에게) 무엇을 들었나요?
- (원래 말했던 사람에게) 맞나요? 더 할 말이 있나요?

(위의 과정을 반복한다)

3. 마무리

- 서로의 욕구가 충족됐고, 서로 부탁한 일들이 잘 지켜지고 있을 때 : 한 방향으로 돌아가며 서로에게 감사한 점, 축하할 점 등을 말한다.
- 충족되지 않은 욕구가 남아 있거나, 서로 부탁한 일들이 지켜지지 않았을 때: 약속을 조정한다. 대화 과정에서 갈등이 깊어지면 본 서클을 다시 연다.

회복적서클 3. 사후 서클 사례 엿보기

교사　오늘 이 자리에 다시 시간을 내서 참석해준 여러분에게 감사합니다. 이번 모임은, 우리가 사인했던 약속 이행 동의서 내용이 잘 지켜지고 있는지에 대해 얘기를 나눌 것입니다. 솔직하게 자신의 생각을 얘기해주시기 바랍니다. 지난번 정했던 '약속 이행 동의서'와 관련해서 지금 자신이 어떤지 누가 무엇을 알아주기를 바라는지를 누가 먼저 말해주겠어요?

학생 B　제가 할게요. 지난번에 약속을 정하고 나서 A나 D와 보내는 시간이 더 많아져서 좋았고요. 서로 이해하는 마음이 더 커져서 좋았어요. 이 말을 A와 D가 들어주면 좋겠어요.

교사   (B에게) D에게 반영해 달라고 해도 될까요?

학생 B   네.

교사   (D에게) 무엇을 들었나요?

학생 D   우리와 보내는 시간이 더 늘어났고 서로 이해하는 마음이 커져서 좋았대요.

교사   (B에게) 맞나요?

학생 B   네.

교사   (B에게) 더 하고 싶은 말이 있나요? (B 고개를 젓는다) 지난번 정했던 '약속 이행 동의서'와 관련해서 지금 자신이 어떤지 누가 무엇을 알아주기를 바라나요?

학생 A   저는 다 좋았는데, 월요일과 수요일 학원 가기 전에 만나는 게 생각보다 힘들었어요. 학원 숙제를 못 했을 경우 마음이 조급하다고요. 다른 아이들은 재미난 얘기 나누고 있는데, 저 혼자 숙제를 하는 상황도 좀 그렇고요. B가 들어주면 좋겠어요.

교사   (B에게) 무엇을 들었나요?

학생 B   A가 월요일이나 수요일 방과 후에 학원 숙제 때문에 함께 시간을 보내기 어렵다고 했어요.

교사   (A에게) 맞나요?

학생 A   네 맞아요. 그래서 월요일과 수요일 약속은 빼고 예전처럼 자연스럽게 만나는 걸로 했으면 해요. 그리고 주말에 다른 학교 아이들과 논다는 약속이 있어 놀고 싶을 때 연락하기가 어려운데, 우리끼리 미리 약속이 되면 주말에도 저희랑 노는 걸로 약속을 추가하면 어떨까 싶어요. 이것도 B가 들었으면 좋겠어요.

교사　　(B에게) 무엇을 들었나요?

학생 B　약속에서 월요일, 수요일 항목은 빼고, 대신 미리 약속이 됐을 경우 주말에 만나서 노는 걸 넣으면 좋겠대요.

교사　　(A에게) 맞나요?

학생 A　네. 맞아요.

교사　　(A에게) 더 하고 싶은 말이 있나요?

학생 A　없어요.

교사　　(B에게) A의 말을 듣고 어때요?

학생 B　A가 학원 때문에 바쁘니까 그렇게 해요. 근데 월요일이나 수요일에 A가 학원 때문에 바쁠 경우 우리끼리 놀아도 되는 건지 확인하고 싶어요.

교사　　(A에게) 무엇을 들었나요?

학생 A　월요일, 수요일 항목을 빼는 건 상관없는데, 자기끼리 놀아도 되는지 묻고 싶대요.

교사　　(B에게) 맞나요?

학생 B　네.

교사　　(A에게) B의 말을 듣고 어때요?

학생 A　저만 빼고 논다니까 아쉽기는 해요. 하지만 제 사정으로 빠지는 거니까 어쩔 수 없다고 생각해요. 괜찮아요.

(중략)

교사　　한 방향으로 돌아가며 서로에게 감사한 점, 축하할 점 등을 얘기하겠습니다.

(학생들 얘기한다)

교사　이렇게 대화로 갈등을 푸는 여러 모습을 보니 선생님이 참 뿌듯하고 안심이 됩니다. 친구로 지내다 보면 갈등이 또 생길 수도 있습니다. 이후에 약속이 잘 지켜지지 않을 경우 다시 서클을 열자고 제안해주세요. 고생 많았습니다.

긴급중재 알아보기

　회복적서클은 갈등 관계에 있는 사람들이 자신의 마음을 충분히 표현하고 상대의 마음을 충분히 듣는 과정으로 많은 시간과 노력이 필요하다. 진행자의 개입을 최소화해서 서로 깊이 이해하고 공감할 수 있기에 훌륭한 방법이지만, 바쁜 학교 일상에서 이를 실천하기는 쉽지 않다.

　학교 안에서 소소한 갈등이 생겼을 때 상대적으로 짧은 시간 안에 갈등을 해결하는 방법이 긴급중재이다. 회복적시클에 비해 진행자의 개입 정도가 조금 더 높다. 긴급중재는 대화할 의사가 있는지를 묻고 대화 방식을 소개하는 '여는 말', 자신의 느낌을 말하고 상대의 말을 반영하는 '서로 이해', 자신의 욕구를 찾고 상대의 말을 반영하는 '자기 책임', 부탁을 찾아 말하는 '행동 계획', 욕구가 모두 충족되었는지와 현재의 느낌을 점검하는 '닫는 말' 순서로 진행된다. 소소한 갈등의 경우 '서로 이해' 단계에서 해결되는 경우도 많다.

긴급중재 해보기

긴급중재 시나리오

1. 여는 말

- 대화 동의 확인
  - 평화롭게 갈등을 해결하기 바라는데, 무슨 일이 있었는지 선생님과 함께 얘기해봐도 될까요?
- 대화 방식 소개
  - 말할 기회는 공평하게 줄 거예요. 그러니 다른 사람이 말할 때 중간에 끼어들어 말하지는 말아 줘요. 그리고 들은 대로 이야기해 달라고 부탁하면, 들은 것을 이야기해줄 수 있겠어요? 이 대화 방식이 괜찮은가요? 더 제안하고 싶은 것이 있나요? 그럼 시작해볼까요?

2. 상호 이해

- 누가 먼저 이 일로 자기 기분이 어떤지 말해줄래요? (먼저 얘기하겠다고 한 A가 말한다)
- (B에게) A가 무엇을 알아주었으면 한다고 들었는지 얘기해줄래요?
- (A에게) 맞나요? (아니라고 하면 다시 말할 기회를 주고, B에게 다시 묻는다) 더 얘기하고 싶은 게 있나요?

(충분히 서로의 기분이 전해질 때까지 위의 과정을 반복한다)

3. 자기 책임

- (A에게) 그때 진심으로 원했던(필요했던) 것이 무엇이었나요?

- (B에게) 무엇을 원했다고 들었는지 얘기해줄래요?

- (A에게) 맞나요? (아니라고 하면 다시 말할 기회를 주고, B에게 다시 묻는다) 더

  애기하고 싶은 게 있나요?

(충분히 서로의 욕구가 전해질 때까지 위의 과정을 반복한다)

4. 행동 계획

- (A에게) B에게 부탁할 것이 있나요? (구체적, 실천 가능한 부탁이 되도록 질

  문을 해서 바꾸게 한다)

- (B에게) A가 너에게 어떤 부탁을 했는지 이야기해줄래요?

- (A에게) 맞나요? 더 이야기하고 싶은 것이 있나요?

- (B에게) 실천할 수 있는 부탁인가요? (아니라고 하면, 어떤 점이 실천하기 어

  려운지 얘기를 듣고 수정 · 보완해 보라고 한다. A의 동의를 구한다)

- (B에게) A에게 부탁할 것이 있나요? (이하는 A에게 했던 것과 동일하게 운영

  한다)

5. 닫는 말

- 서로에게 했던 부탁을 통해 여러분이 애기했던 욕구(원했던 것, 필요

  했던 것)가 채워질 수 있는지 생각해보고 애기해줄래요? A는 어떤가

  요? B는 어떤가요?

- 지금 기분은 어떤가요? (A, B 각각 대답한다. 아직도 기분이 나아지지 않았다

  면 왜 그런지 물어본다. 기분이 나아지지 않았다면 대부분 기분을 회복하기 위해서

  시간이 필요하다고 하거나 그 아이가 약속을 지키지 않을 것 같다고 말한다. 시간이

필요하다고 한 경우에는 하루쯤 지나서 다시 기분을 물어보겠다고 제안하고, 그 아이

가 약속을 지키지 않을 것 같다고 얘기하는 경우는 사후 서클 약속을 잡는 게 좋다)

긴급중재 사례 엿보기

쉬는 시간에 교실에서 A와 B가 험하게 말싸움을 한다.

교사	잠깐만요. 평화롭게 갈등을 해결하기 바라는데, 무슨 일이 있었는지 선생님과 함께 얘기해 봐도 될까요?
학생들	(씩씩대며 대답을 하지 않는다)
교사	여러분에게 시간이 필요한 것 같군요. 다음 쉬는 시간에 얘기할까요?
학생 A	아니에요. 지금 해요.
학생 B	네. 지금 얘기하는 게 나아요.
교사	그럼 얘기를 잘 나누기 위해 눈을 감고 심호흡을 3번씩 천천히 해봅시다. 자, 눈을 감고, 하나~ 둘~ 셋~. 자 이제 눈을 뜨세요. 이제 말할 수 있을까요?
학생들	네.
교사	말할 기회는 공평하게 줄 거예요. 그러니 다른 사람이 말할 때 중간에 끼어들지 말아 주세요. 그리고 들은 대로 이야기해달라고 말하면, 들은 것을 이야기해줄 수 있겠어요? 이 대화 방식이 괜찮아요?
학생들	네.
교사	추가로 더 제안하고 싶은 것이 있나요? (학생들이 고개를 가로젓는

다) 그럼 시작해볼까요? 무슨 일이 있었는지 누가 먼저 얘기
해줄래요?

학생 B   제가 수업시간에 장난을 조금 친 것 가지고 B가 저에게 욕했
어요.

교사   (B에게, 판단을 관찰로 바꾸기 위해 질문) 욕했다고 생각한 순간 들은
말이 뭐예요?

학생 B   한심하다는 말투로 "왜 저래. 왜 저래" 이렇게 말했어요.

교사   (A에게) 이제 무슨 일이 있었는지 말해줄래요?

학생 A   중요한 수행평가 시간이었어요. 토론을 하고 결과물을 만들
어야 했는데, B가 자꾸 장난을 치고 잡담만 해서 그만하라고
했지만 멈추지 않았어요. 그래서 제가 화가 나서 "왜 저래. 왜
저래"라고 말했어요.

교사   중요한 수행평가가 있는 수업시간에 B가 장난을 계속 쳐서 A
가 멈추라고 했지만 B가 멈추지 않았고, 이에 화가 난 A가 "왜
저래. 왜 저래"라고 말했고, 그걸 듣고 B는 욕을 했다고 생각
했다고 한 것 같은데. 혹시 있었던 일과 다른 게 있나요?

학생 B   아니에요. 쟤는 멈추라고 한 적 없어요.

교사   A는 이 말을 듣고 하고 싶은 말 있나요?

학생 A   말로는 안 했어요. 근데 손짓으로 했어요. 손을 쫙 펴서 막는
것처럼 이렇게요.

교사   B는 이 말 듣고 하고 싶은 말 있나요?

학생 B   네. 그건 한 것 같아요.

교사   그럼 이렇게 있었던 일을 정리하면 될까요? 중요한 수행평가
가 있는 수업시간에 B가 장난을 계속 쳐서 A가 손짓으로 멈

추라고 했지만 B가 멈추지 않았고, 이에 화가 난 A가 "왜 저래. 왜 저래"라고 말했고, 그걸 듣고 B는 욕을 했다고 생각했다, 이렇게요.

학생들 맞아요.

교사 이 일과 관련해서 자기가 어떤지 누가 먼저 말해줄래요?

학생 B 제가 계속 장난을 친 건, A가 선생님에게 일렀기 때문이에요. 저는 평소처럼 했는데 오늘따라 A가 잘 받아주지도 않고 제가 장난친다고 선생님께 일러서 혼났어요.

교사 (느낌말로 표현할 수 있도록 돕는다) 그래서 당황스럽고 짜증 나고 억울했어요?

학생 B 억울하지는 않았는데, 당황스럽고 창피하고 짜증이 났어요.

교사 (A에게) 무엇을 들었나요?

학생 A B는 평소처럼 행동했는데 제가 잘 받아주지도 않고 선생님에게 일러서 혼나는 바람에 당황스럽고 창피하고 짜증 났대요.

교사 (B에게) 맞나요?

학생 B 맞아요.

교사 (B에게) 더 하고 싶은 말 있나요?

학생 B 지금은 없어요.

교사 (A에게) 그때 기분이 어땠는지 말해줄래요?

학생 A 제가 평소와 달랐던 건 중요한 수행평가였기 때문이에요. 잘 보고 싶었거든요. 그래서 장난을 안 받아 주고 멈추라고 손짓도 했는데 B가 멈추질 않아 선생님에게 얘기할 수밖에 없었어요. 그 이후에 장난이 더 심해졌어요. 일부러 장난쳤어요.

교사 (느낌말로 바꿔서 말해준다) 수행평가를 망칠까 봐 불안하고 장난을 멈추지 않는 B를 보며 답답했고, 선생님이 다녀가고 나서 장난이 더 심해진 B를 보고는 일부러 그러는 것 같아 짜증 났어요?

학생 A 네.

교사 (B에게) 무엇을 들었나요?

학생 B 내가 모둠 활동에 참여 안 해서 수행평가를 망치게 될까 봐 불안하고, 제가 안 멈추니까 짜증 났대요.

교사 (A에게) 맞나요? (A가 고개를 끄덕인다) 저는 선생님이 다녀가신 후 장난이 더 심해져서 일부러 그러는 것 같다는 생각이 들어 짜증 났다고 들은 것 같은데 맞나요? (연결을 위한 교사의 경청이 중요하다)

학생 A 제가 B의 행동을 멈출 수가 없어서 선생님을 불렀는데 그 이후에도 계속 장난치는 걸 보고 일부러 저를 괴롭히려고 장난치는 것 같았어요. 제 수행평가 망치려고요.

교사 (B에게) 무엇을 들었나요?

학생 B 제가 A의 수행평가를 망치려고 더 심하게 장난치는 것 같아 짜증 났대요.

교사 (A에게) 맞나요?

학생 A 그때 그런 생각이 들었다는 거예요. 지금은 생각이 좀 달라요. B가 선생님에게 혼난 후 화가 나서 한 행동이라는 걸 알게 됐어요.

교사 그때와 달리 지금은 B의 행동을 이해했다는 거군요. (갈등 당사자의 입에서 연결을 도울 수 있는 말이 나오면 진행자는 이것을 꼭 전달해야 한다. B에게) 무엇을 들었나요?

학생 B	그때는 일부러 했다는 생각을 했는데, 지금은 제가 화가 나서 한 행동이라는 걸 알게 됐대요. 지금은 저를 더 이해하게 됐대요.

(중략)

교사	그때 진심으로 원했던 게 무엇이었나요?
학생 A	수행평가를 잘 보고 싶었어요. 그래서 활동에 집중하고 싶었어요.
교사	활동에 집중해서 수행평가를 잘 볼 수 있도록 B가 협력하기를 바랐나요? (A 고개를 끄덕인다. B에게) 무엇을 들었나요?
학생 B	수행평가를 잘 보고 싶어서 제가 협력하기를 바랐대요.

(중략)

교사	그때 진심으로 원했던 게 무엇이었나요?
학생 B	저는 재미를 바랐던 것 같아요. 평소 A랑 장난치는 게 재미있었으니까요.
교사	(A에게) 무엇을 들었나요?

(중략)

교사	우리가 원했던 '성취, 협력, 재미' 라는 욕구를 충족하기 위해 서로에게 부탁하고 싶은 말이 있나요?
학생 A	기분 상할 만큼의 장난은 안 하면 좋겠어요.
교사	(구체적, 실천 가능한 부탁이 되도록 질문한다) 음…. 기분 상할 만큼의 장난은 사람마다 혹은 상황에 따라 기준이 다른데, 이걸 상대가 어떻게 알 수 있을까요?
학생 A	제가 그만하라고 하면 그만하면 좋겠어요.
교사	(B에게) A가 어떤 부탁을 했는지 말해줄래요?

학생 B	그만하라면 행동을 멈춰 달래요.
교사	(A에게) 맞나요? 더 하고 싶은 말이 있나요?
학생 A	없어요.
교사	(B에게) A의 부탁이 실천할 수 있는 부탁인가요?
학생 B	제가 장난치다 보면 그 말을 잘 못 들을 수가 있으니까, 제 손을 잡고 "그만해"라고 말하면 좋겠어요. 그럼 저도 멈출 수 있을 것 같아요.
교사	(A에게) B의 부탁이 어떤가요? 지킬 수 있을까요?
학생 A	네, 좋아요.
교사	(B에게) A가 손을 잡고 "그만해"라고 말하면 하던 말이나 행동을 멈출 수 있을까요?
학생 B	네. 노력해볼게요.
교사	'손을 잡고 "그만해"라고 말하면 하던 말이나 행동을 멈춘다'라는 약속을 지키면 두 사람의 '성취, 협력, 재미' 욕구가 다 채워질 수 있는지 다시 한번 돌아볼래요?
학생들	괜찮아요.
교사	지금 기분은 어떤가요?
학생 A	상황이 이렇게 된 데는 제 잘못도 있었다는 걸 알게 됐어요.
학생 B	A가 수행평가를 망치게 된 것 같아 미안해요. 다음부터는 멈추라고 하면 멈출게요.

회복적서클과 긴급중재를 실천할 때 방해가 되는 것

　서클을 진행하는 교사는 잘 해보고 싶은 마음과 갈등을 잘 해결하겠다는 의지가 크다. 그래서 아이들의 이야기를 듣다가 판단하고 조언하는 경우가 종종 생긴다. 판단이나 조언은 언어적으로 표현하지 않더라도 비언어적 혹은 반언어적으로 표현되며 갈등 당사자들은 진행자의 이런 변화에 매우 민감하게 반응한다. 이 경우 아이들은 입을 다물거나 자신을 방어하기 위해 상대를 더 공격하거나 다른 아이의 편을 든다며 교사를 공격하기도 한다. 판단이나 조언을 하고 싶어질 때 진행자는 자기 연결[26]을 통해 다시 중심을 잡아야 한다. 회복적서클이나 긴급중재에서 교사의 역할은 갈등 관련자들이 자신의 느낌과 욕구를 충분히 표현하고 그 욕구를 채우는 방법을 스스로 찾도록 돕는 것이고, 교사의 중요한 역할은 '해결 방법 제시'가 아니라 관련 학생들의 마음을 '연결'하는 것을 기억하면서 말이다.

　회복적서클은 많은 시간과 노력이 필요하다. 바쁜 일상 속에서 실천할 때, 효율성을 높이고 싶은 마음에 진행의 속도를 높이는 경우가 있는데, 이럴 경우 서클이 끝나도 마음의 찜찜함이 계속 남아있고 갈등이 더 깊어지기도 하며, 서클 해봤자 아무 소용없다는 얘기를 듣게 되기도 한다. 진행자인 교사에게는 갈등 해결을 위한 효율적 기술이 아니라 연결을 위한 대화법이며, 이번 서클이 실패할 수도 있고 그러면 상황을 봐서 다시 하면 되고, 아이들을 연결하는 데 시간이 오래 걸릴 수도 있다는 느긋한

---

26 '자기 연결'은 NVC 연수나, NVC 중재 연수를 통해 배울 수 있다. 서클 진행을 하는 중간에 자기 연결을 하기 위해서는 평소 연습이 필요하다. 이것을 배우기 전이라면 자신의 내부에서 판단이나 조언이 올라온다는 것을 인식하고 심호흡을 크게 한 후 평정심을 유지하도록 해본다.

마음이 필요하다.

서클 한 번으로 아이들이 180도 변하지는 않는다. 생각해보면 아이들
뿐 아니라 인간 누구나 그렇지 않은가? 그래서 서클에 대한 높은 기대는
오히려 회복적서클을 실천하는 데 방해가 되고 한두 번 시도하다 그만두
는 가장 큰 원인이 된다. 아이들은 함께 정한 약속을 지키기 위해 노력하
며 조금씩 변한다. 교사는 학생의 변화 정도가 아니라 변화를 위한 실천
노력에 관심을 두고 지원과 격려를 해야 한다.

해보니까 이래요

회복적서클을 진행해보면 습관화된 판단, 평가, 비난 등의 말이 오가
면서 서로 상처만 준 채 마무리되는 경우가 있다. 이런 경험을 소개한다.

학생 A가 자신을 지속해서 놀리는 B를 학교폭력으로 신고했다. 겉으로 드러난
사안은 단순했고 가벼운 대화 모임으로 끝날 것으로 예상했다. 놀림을 받았던 A
와는 사전 서클을 통해 충분히 공감했지만, B는 자신이 잘못했다는 것을 인정해
서 따로 사전 서클을 하지 않은 채 본 서클을 했다. 본 서클에서 A는 그 놀림의
말이 자신에게 얼마나 큰 고통을 주었는지 얘기했고 B가 사과를 했다. 그러나 A
는 B의 진정성이 느껴지지 않는다며 자신의 고통을 계속 이야기했다. 이 이야기
를 듣다 기분이 상한 B는 올해는 자신이 잘못했지만, 작년에 A가 자신에게 했던
행동(수업시간에 자는 B를 깨우기 위해 머리를 때리거나 욕을 했다) 때문에 놀린
것이라고 했다. 올해는 자신이 A를 존중하지 않았지만, 작년에 A도 자신을 존중
하지 않았다고 항변했다. A는 그런 행동을 절대로 하지 않았다고 했고 어떤 것

이 진실이냐를 두고 이야기가 한참을 오갔다. 이야기 끝에 B는 선생님과 공부 잘하는 아이들은 자신을 무시하고 무조건 자신이 잘못했다고 몰아세운다며 눈물을 글썽였다. 서클은 더 진행될 수 없었다. A는 서클 이후에 더 화가 났다. B가 반성하고 있지 않으니 꼭 학교폭력대책자치위원회를 열어달라고 했다. 돌이켜 보면, 평소 B는 교사가 지적했을 때 "왜 저한테만 그러세요"라고 말하는 아이였다. 서클 이후에 대화를 나눠보니 B는 자신의 말을 판단 없이 그대로 수용하거나 이해받고 싶은 욕구와 공평함의 욕구가 매우 컸고, 자신이 그렇게 나쁜 아이가 아니라는 것을 진행자가 알아주기를 바라는 마음에(그때 진행자는 B의 국어 교사였다), 작년에 자신이 당했던 일을 강조해서 서클에서 말했던 것이라고 했다.

서클 진행이 원활하지 않았던 첫 번째 이유는 시간이 없다고 사전 서클을 제대로 하지 않았기 때문이다. 사전 서클에서 B의 욕구를 충분히 반영하고 공감해주었다면 본 서클에서 B는 A의 고통을 공감할 수 있었을 것이다. 결국 아이들이 어느 것이 사실이냐를 밝히는 데 집중하는 이유는 비난에 대한 두려움이나 저항의 마음 때문이다. 충분한 공감은 이런 두려움이나 저항을 약화시킨다. 그래서 사전 서클이 중요하다.

둘째로 겉으로 드러난 갈등은 작아 보이지만 그 뿌리가 깊었기 때문이다. B는 모범생이라고 불리는 A가 자기에게 조용히 하라고 말하는 것에 불만이 많이 쌓여 있었다. 이처럼 뿌리가 깊은 갈등이 의외로 많다. 긴급중재를 하다가 갈등의 뿌리가 깊은 걸 알게 되면 바로 멈추고, 각자 사전 서클부터 시작하는 회복적서클의 단계를 밟기도 한다. 시간이 없다고 무리하게 서클을 진행하다 보면, 서로 상처만 남기고 끝나는 경우가 많다. 천천히 사전 서클부터 시작하는 게 늦지만 더 좋은 방법이다.

셋째는 진행자가 B에게 공감하지 못하고 판단이나 비난의 마음을 갖고 있었기 때문이다. 본 서클에서 올해는 자신이 잘못을 하긴 했지만, A도 작년에 자신에게 이런 잘못들을 했다고 이야기하는 B를 보며 진행자는 중립의 입장을 유지하지 못했다. 진행자는 말로 표현하지 않았지만, B가 공감 능력이 떨어지며 이기적인 아이라고 생각하고 있었다. 비록 말로 하지는 않지만, B에 대한 이런 비난의 에너지는 비언어적 혹은 반어적 표현으로 B에게 고스란히 전달됐을 것이다. 평소 비난을 많이 들어 방어적 기제가 강했던 B는 민감하게 이런 비난의 에너지를 느꼈을 것이고, 교사에게 자신만 잘못한 것이 아니라는 것을 항변하고 싶었을 것이다. B는 A를 비난하기 위해서가 아니라 자신이 그렇게 나쁜 아이가 아이라는 것을 국어 교사인 진행자에게 전달하기 위해서 A의 잘못된 행동을 본 서클에서 이야기한 것이다. 진행자는 판단하지 말고 모두에게 공감해야 한다. 공감하기 어려울 때는 잠시 쉬는 시간을 갖는 것도 좋으며 계속 그런 경우 서클 날짜를 새로 잡는 것이 좋다.

서클을 진행하다 보면, 진행자에게 걱정스럽고 두려운 순간이 있다. 첫 번째가 '상호 이해' 단계에서 갈등이 고조되는 경우이다. 그러나 이 단계를 거치지 않으면 진정한 화해나 갈등 해결은 없다. 자기표현을 충분히 하지 않고 바로 '부탁'으로 넘어가면, 갈등에서 받은 상처를 대충 덮고 끝나는 것이기 때문에 후에 비슷한 원인으로 다시 갈등이 일어나게 된다. 어떤 비폭력대화 강사는 이 과정을 '갈등을 꽃피우는 과정'이라고 표현했다. 갈등이 꽃을 피워야 연결과 연민에 기초한 행동 변화라는 열매를 맺는다는 것이다. 갈등이 고조되어 걱정과 두려운 마음이 든다면, 서로에게 상처가 되는 말만 주고받고 있다면, 표면적인 말이 아니라 이면에 감춰진 그 사람의 느낌이나 욕구를 듣고 "저는 조금 다른 걸 들었는데요"라고 번역하여 전달해주어도 된다.

두 번째는 '무엇을 들으셨나요?' 라는 말 때문에 대화 진행이 느려지고 대화가 답답해진다고 참여자들이 생각하는 순간이다. 회복적서클은 수치심이나 공포심이 아니라 연민의 감정을 기반으로 행동이 변화하기를 기대한다. 그렇기 때문에 자신의 느낌이나 욕구를 충분히 표현하고 상대에게 그것이 잘 전달됨으로써 갈등 당사자들이 연결되는 것이 매우 중요하다. 서클을 진행하다 보면 "무엇을 들으셨나요?"라는 질문에 "잘 모르겠어요"라거나 전형 엉뚱한 대답을 하는 경우가 있다. '무엇을 들으셨나요?' 라는 질문은 상대의 말에 경청하고 공감하게 하는 장치이다. 이 과정이 단순하고 지루하기는 하지만, 상대의 진심을 듣게 하기 위한 매우 중요한 과정이다.

연수를 통해 회복적서클을 배운 후 아이들과 처음 서클을 시도해봤던 그해에는 사후 서클을 거의 하지 않았다. 사전 서클과 본 서클 과정에서 아이들과 충분히 대화하고 공감하고 연결되어 감동적인 순간이 많았기 때문에 아이들이 변하리라고 믿었다. 그러나 사후 서클을 하지 않으면, 약속이 이행될 확률은 매우 낮아진다. 또한 이런 경험이 계속될수록 학생들은 약속을 지키지 않아도 아무 일도 일어나지 않기 때문에, 잘못을 하고 서클만 하면 된다는 생각을 하기도 한다. 그 결과, 교사와 학생 모두 서클은 해봤자 아무 소용이 없다고 생각하게 된다. 그렇기 때문에 사후 서클은 번거롭더라도 꼭 하는 것이 좋다. 칭찬과 지지, 실천할 때 어려운 점을 공유하는 사후 서클은 약속을 지키려는 노력을 지속시키기 위한 매우 중요한 과정이며, 아이들이 만족할 때까지 쉬는 시간이나 점심시간에 잠시 모여 간단하게나마 잘 지켜지고 있는지를 확인하는 것이 좋다.

너무나 슬프게도 상대의 느낌이나 욕구에 연결되지 않는 아이들이 종종 있다. (물론 깊이 있는 공감을 끌어낼 수 있는 전문가라면 달라질 수도 있을 것이다)

여러 가지 이유로 본인의 상처가 너무 커서 그러는 경우가 대부분이다. 그럴 경우 서클이 아닌 다른 방법을 고민해 봐야 한다. 학교의 상담 교사와 연계하거나 외부 기관과 연계하여 상처를 먼저 치료하게 해야 한다. 이 과정에서도 다른 사람에게 피해를 주는 행동을 멈추지 않기도 하는데, 이때는 마지막 수단으로 응보적 방법을 함께 사용하기도 한다. 회복적서클은 아이들의 회복과 연결을 돕기 위한 좋은 방법이긴 하지만, 우리는 전문가가 아니므로 모든 문제를 해결하기는 어렵다. 자신의 한계를 알고 기꺼운 마음으로 할 수 있는 데까지 하는 것, 힘에 부칠 때는 다른 전문가들의 도움을 받는 것도 회복적 생활교육을 계속하기 위해 꼭 기억해야 할 점이다.

3

평화적인 갈등 해결 2
_ 문제해결서클

"선생님, 우리 반 수업 분위기가 너무 안 좋아요."

"선생님, 지갑이 없어졌어요."

"선생님, ○○ 때문에 학교 오는 게 너무 힘들어요."

학급에서 문제가 생기면 그 일을 어떻게 해결해야 할지 막막하고 머리가 아프다. 학급운영, 수업 준비, 업무로 바쁘게 하루하루를 보내는데, 왜 이렇게 많은 문제가 생기는 건지. '어떻게 해야 평화로운 학급을 만들 수 있을까?'를 고민하지만 어떻게 해야 할지 도무지 모르는 경우가 많다.

성장 배경이 서로 다른 많은 학생이 모여 생활하다 보면, 갈등이 생기는 것은 자연스러운 일이다. 갈등이 존재한다는 것을 받아들이고, 갈등을 해결하는 방법을 연습하는 것이 필요하다. 갈등을 평화롭게 해결하는 데 도움을 주는 문제해결서클을 제안한다.

문제해결서클 알아보기[27]

문제해결서클은 문제가 발생했을 때 문제를 해결하기 위해 당사자가 함께 모여 이야기를 나누고 해결하기 위해 노력하는 대화 모임이다. 서로 이야기를 하고 듣는 과정을 통해 문제를 직면하고 공동체의 지혜를 모아 평화로운 해결 방법을 찾을 수 있다. 문제해결서클의 목적은 처벌이 아니라 문제를 평화적으로 해결하는 과정을 통해 공동체가 연결되고 회복되는 것이다.

문제해결서클은 학급 전체나 학급 대다수의 학생이 어려움을 겪는 문제가 발생했을 때 적용할 수 있다. 예를 들어, 학급 다수에게 영향을 미치는 문제가 생겼을 때, 학급 구성원끼리의 관계가 훼손되어 문제가 되었을 때, 체육대회나 발표회 등 행사 준비로 갈등이 생겼을 때, 친구들을 비난하거나 거친 욕을 하는 분위기가 형성되어 많은 학생이 힘들어할 때, 수업 방해나 지각, 도난 등의 문제가 발생했을 때 적용해볼 수 있다. 모둠 내에서 어려움을 겪을 때는 모둠 구성원들과 문제해결서클을 할 수도 있고, 문제를 일으킨 학생이나 어려움을 겪는 학생과 일대일로 만날 때도 적용할 수 있다. 학교에서 소소하게 일어나는 폭력 사건에서 교사가 해당 학생들과 문제해결서클을 할 수도 있고, 선도위원회와 학교폭력대책자치위원회에서 적용할 수도 있다. 상황에 맞게 서클을 일부 변형하면 된다. 단, 매우 심각한 갈등은 회복적서클을 통해 더 깊게 만나기를 추천한다. 갈등의 골이 깊고 피해 의식이 큰 경우는 회복적서클의 "맞나요? 더 할 말이 있나요?"라는 질문과 "무엇을 들었나요? 무엇을 알아주길 원

---

27 정진(2016), 『회복적 생활교육 학급운영 가이드북』(피스빌딩), 경기도교육청(2016), 「평화로운 학급공동체 워크북」, 경기도교육연수원, '회복적생활교육 직무연수 심화과정'을 참고했다.

하는 것 같은가요?"와 같은 반영하기가 경청과 연결에 큰 도움을 준다.

문제해결서클을 진행할 때는 영향을 받은 모든 사람이 자발적으로 참여하여 평등하게 자기 목소리를 내고 다른 사람의 이야기를 적극적으로 듣도록 하는 것이 중요하다. 그러기 위해서는 문제를 드러내고 소통할 수 있는 안전한 공간을 확보하고 중립적으로 진행하며 미래에 대한 기대나 욕구를 명료화하는 것이 필요하다.

문제해결서클은 사전 서클—본 서클—사후 서클로 진행된다. 사전 서클은 핵심 당사자를 만나 당사자의 느낌과 욕구(필요)를 파악하고, 학급 공동체와 어떤 연관성이 있는지를 알아본다.

본 서클은 크게 사전 준비—서클 열기—여는 질문—주제 질문—창조적 대안 탐색과 동의—서클 닫기로 구성된다. 사전 준비 단계와 서클 열기 단계는 신뢰서클과 유사하고, 진행자는 서클의 목적이 서로의 이야기를 충분히 듣고 공동의 지혜를 모아 해결하기 위한 모임임을 밝힌다. 존중과 배려의 분위기 속에서 참가자들이 평등하게 목소리를 낼 수 있도록 기본 규칙을 정한다. 아래의 기본 규칙 외에 참가자들이 규칙의 내용을 추가할 수 있다. 추가하려는 내용이 있으면 모두의 동의를 구하고 기본 규칙으로 정한다.

첫째, 다른 사람이 이야기를 하는 동안 집중하여 경청한다. 끼어들거나 방해하지 않고 자신의 발언 시간을 기다려 이야기한다.

둘째, 상대를 존중하며 상대가 불쾌감을 느낄 언행을 삼간다.

셋째, 일방적으로 자리를 떠나지 않는다.

넷째, 서클에서 나온 이야기를 비밀을 지킨다.

다섯째, 생각이 나지 않으면 '패스'라고 하고 다음 차례가 돌아왔을 때 이야기한다.

여는 질문은 참가자들이 서로 연결되어 있음을 확인할 수 있는 것으로, 편안하게 답할 수 있고 긍정적인 분위기를 만들 수 있는 질문이 좋다.

주제 질문은 상황 이해, 영향 파악, 피해 회복, 재발 방지 순서로 구성한다. 상황 이해 단계에서는 문제 상황을 파악하기 위해 '사람'이 아니라 '문제'에 초점을 맞추고 상황을 객관화할 수 있는 질문을 한다. 특정 학생을 비난하는 분위기가 형성되지 않고 자신의 행동을 성찰할 수 있도록 하기 위해 "무슨 일이 있었나요?"라고 묻고 참가자들이 자기 입장에서 이야기하도록 한다. 도난 사건처럼 피해 학생이 있는 경우에는 피해 학생의 이야기를 충분히 듣고 그 마음이 공동체에 전달되게 하는 게 좋다. 비폭력대화(관찰–느낌–욕구–부탁)로 표현하여 자신의 마음을 이야기하면 공감대를 형성하는 데 더 도움이 된다. 영향 파악 단계에서는 문제로 인해 개인과 공동체에 어떤 피해와 영향이 있는지를 파악하기 위한 질문을 한다. 피해 회복 단계에서는 문제를 바로잡고 피해를 회복하기 위해 필요한 것이나 할 수 있는 것을 실문한다. 재발 방지 단계에서는 문제의 재발을 방지하고 회복을 위해 노력할 수 있는 것과 도움이 필요한 것을 질문한다. (단계별 질문은 '본 서클 시나리오'를 참고하기 바란다)

창조적 대안 탐색과 동의 단계에서는 주제 질문을 통해 참가자들이 제안한 것 중에서 받아들일 수 있는 제안을 선택하고 수정하거나 결합하여 스스로 책임질 수 있는 실현 가능한 구체적 행동 약속을 정한다.

서클 닫기 단계에서는 본 서클을 함께 한 느낌과 배움을 나누며 서클을 마무리한다.

사후 서클은 문제해결서클에서 드러난 문제가 해결되고 참가자들이 정한 약속이 지켜지는지를 확인하는 서클이다. 행동의 변화가 수반되어야 문제가 해결된 것이다. 본 서클에서 합의된 약속이 행동으로 이어지는지 평소 관찰하고 다시 모여서 문제해결서클 이후 변화된 것은 무엇인지, 변화되지 않았다면 후속 조치로 어떤 것이 필요한지를 나눈다.

문제해결서클에서는 공동체의 평화로운 압력에 의해 공동체를 세우는 것을 중요하게 생각하기 때문에 서클을 진행할 때 존중의 분위기가 가장 중요하다. 바람직한 방향으로 나아가기를 바라는 학생들이 목소리를 낼 수 있도록 사전 서클에서 교사가 일대일로 만나 이야기를 나누고 본 서클에서 자기 생각을 이야기할 수 있도록 독려하는 것도 좋다. 문제를 일으킨 학생은 다른 학생들의 이야기를 듣는 과정을 통해 전체 상황을 이해하게 된다. 그렇게 될 때 문제의 진실을 모두 밝힐 수 없을지라도 바람직하지 않은 행동이 줄어든다. 진행자는 중립적 개입을 한다. 돌아가며 이야기하기가 끝나면 반영할 때 나온 이야기 중에서 중요한 생각을 서너 개로 요약해서 돌려주는 반영하기를 한다. 반영할 때 판단이나 자기 해석이 들어가지 않도록 주의한다. 진행자의 역할은 참가자들이 안전한 분위기에서 자신의 이야기를 하고 경청할 수 있도록 돕는 것이다.

문제해결서클 해보기

문제해결서클 1. 사전 서클 시나리오[28]

1. 상황 이해

- 무슨 일이 있었나요?

---

28 한국NVC센터(2016), 회복적서클 진행자를 위한 교육 자료를 참고했다.

2. 느낌과 욕구 찾기

- 앞에서 이야기했던 자극이 되는 행동이나 말을 보거나 들었을 때 어떤 느낌이 들었나요?

- 그 느낌이 들었을 때 채워지지 않았던 욕구는 무엇인가요?

- 당신은 ~을 느꼈나요? 왜냐하면 ~이 필요했기 때문인가요?

(비폭력대화를 공부하고 그로그의 느낌과 욕구 카드를 활용하면 도움이 된다)

3. 참여 의사 확인하기

- 앞으로 진행될 과정을 설명해줄게요. 불편한 점이나 질문이 있으면 얘기해줘요. 이 문제를 해결하기 위해 함께 모여서 말하고 듣고 해결책을 만드는 시간을 가지려고 해요. 어떤 일이 있었는지, 그 일로 자신이 어떤지, 앞으로 어떻게 하기 원하는지를 이야기할 거예요.

- 이 일을 해결하기 위해 누가 올 필요가 있을까요?

- 서클을 계속 진행하고 싶나요? (걱정되는 부분이 있으면 듣고 보완점을 함께 마련한다)

문제해결서클 1. 사전 서클 사례 엿보기

학급의 수업 분위기로 인해 어려움을 겪고 있는 학생이 담임교사를 찾아와 어려움을 호소한다.

교사　무슨 일이 있었나요?

학생　선생님, 너무 힘들어요. 아이들이 수업시간에 떠들어서 선생님 말씀이 들리지도 않고 집중도 안 돼요. 모둠 활동도 매번

	저 혼자만 하고 아이들은 저한테만 시키셔 기분이 나빠요.
교사	수업에 어려움이 있어서 선생님의 도움을 받고 싶은 것 같은데 맞나요?
학생	네.
교사	아이들이 수업시간에 떠들고 모둠 활동을 하지 않는 모습을 보았을 때 느낌이 어땠어요? (그로그 느낌 카드를 활용하면 느낌을 찾는 데 도움이 된다)
학생	화나요.
교사	화난 이유를 설명해줄래요?
학생	제가 공부를 잘하는 편이 아니라 잘 모르거든요. 선생님 말씀에 집중하고 싶은데, 아이들 떠드는 소리 때문에 잘 안 들려요. 모둠 아이들은 나보고 하라고 나한테만 시키고 자기들은 놀다가 베끼기만 해요. 너무 힘들고 화가 나요. 지난 시험에서 성적이 떨어졌어요.
교사	성적이 떨어져서 걱정되고 불안하나요?
학생	네. 원하는 학교에 못 가게 될까 봐서요.
교사	그런 감정을 느꼈다는 건 무언가 필요해서인데, 그때 필요했던 건 뭘까요? (그로그 욕구 카드를 활용하면 욕구를 찾는 데 도움이 된다)
학생	배려와 협력이요.
교사	수업에 집중할 수 있도록 친구들이 배려해주면 좋겠고, 모둠 친구들과 함께 협력하길 원하나요?
학생	네, 맞아요.
교사	(관찰, 느낌, 욕구를 정리해서 다시 말해주며) 수업시간에 아이들이 수업과 관련 없는 이야기를 하고 모둠 아이들이 "네가 해"라고

학생	네.

하는 말을 들었을 때, 화가 나고 걱정되었나요? 아이들의 배려와 협력이 필요했나요?

학생	네.
교사	앞으로 진행될 과정을 설명해줄게요. 불편한 점이 있거나 질문이 있으면 얘기해줘요. 이 문제를 해결하기 위해 함께 모여서 말하고 듣고 해결책을 만드는 시간을 가지려고 해요. 어떤 일이 있었는지, 그 일로 자신이 어떤지, 앞으로 어떻게 하기 원하는지를 이야기할 거예요. 질문이나 불편한 점 있나요?
학생	없어요. 괜찮아요.
교사	이 일을 해결하기 위해 누가 올 필요가 있을까요?
학생	반 아이들 모두요.
교사	진행 과정을 알고 나서도 서클을 계속 진행하고 싶은가요? 혹시 걱정되거나 선생님에게 부탁하고 싶은 것이 있나요?
학생	제가 선생님께 온 것을 아이들이 모르면 좋겠어요.
교사	알겠어요. 용기 내서 말해 줘서 고마워요. 서클하는 날 봐요.
학생	네.

문제해결서클 2. 본 서클 시나리오[29]

0. 사전 준비

- 준비물: 토킹피스, 음악, 음악을 틀 수 있는 기기(휴대폰, 블루투스 스피

---

29 정진(2016), 『회복적 생활교육 학급운영 가이드북』(피스빌딩)를 참고 및 인용했다.

커 등), 센터피스(양초, 화분, 프리즘 카드, NVC 카드 등)

- 할 일: 칠판에 서클 규칙 미리 써 놓기(또는 서클 규칙 포스터 붙이기)
- 자리 배치: 모임 전에 참여하는 학생들의 자리를 서클 형태로 둥글게 배치한다. 당사자의 특성과 역할을 고려하여 배치한다. 교사 옆에 피해 학생을 앉게 하고, 그 옆에 지지해주는 학생을 앉게 한다. 불편한 관계인 학생이 옆에 붙어 앉거나 마주 보는 자리에 앉지 않도록 하는 것이 좋다.

1. 서클 열기

- [환영과 소개] 오늘 이 자리에 함께 해주어서 고맙습니다. 우리가 오늘 모인 이유는 우리 반 수업 분위기가 좋지 않다는 이야기가 들려서 이 부분을 함께 이야기 나누고 해결책을 찾아보고자 하는 겁니다. 누군가의 잘못을 비난하거나 처벌하기 위한 것이 아닙니다. 우리 모두가 함께 우리의 문제가 무엇인지 알고 지혜를 모아 평화로운 해결 방법을 찾고 이 일이 다시 일어나지 않도록 함께 구체적인 약속을 만들려고 합니다. 선생님은 서클의 진행자로서 중립적인 입장에서 서클을 진행하고, 여러분 모두가 자신의 이야기를 충분히 말하고 서로 잘 들을 수 있도록 돕겠습니다. 자신이 느끼는 어려움과 생각을 솔직하게 이야기하고 서로의 마음을 들여다보는 시간이 되었으면 합니다. 먼저 간단하게 자기소개를 하겠습니다. (구성원들이 서로 아는 경우는 자기소개를 생략해도 된다)
- [여는 의식] 잠시 음악을 들으며 마음을 가라앉히면 좋겠습니다. 눈을 감고 음악에 집중해주세요. (시, 동영상, 침묵, 프리즘 카드도 활용 가능)
- [토킹피스 소개] 서클에서 진행되는 대화는 한 사람씩 돌아가면서

'토킹피스'를 가지고 이야기를 합니다. 선생님이 준비한 토킹피스는 ○○○입니다. (토킹피스의 의미를 간단하게 설명)

- [서클의 목적 나누기] 서클은 우리에게 어떤 일이 있었는지, 이 일로 어떤 영향을 받았는지 함께 이야기하면서 해결책을 찾는 시간입니다. 솔직하게 대화하면서 모두에게 의미 있는 시간이 되기를 바랍니다.

- [기본 규칙 정하기] 함께 대화할 때 서로의 이야기가 잘 들릴 수 있도록 몇 가지 규칙을 정했으면 합니다.
  - 첫째, 다른 사람이 이야기를 하는 동안 집중하여 경청한다. 끼어들거나 방해하지 않고 자신의 발언 시간을 기다려 이야기한다.
  - 둘째, 상대를 존중하며 상대가 불쾌감을 느낄 언행을 삼간다.
  - 셋째, 일방적으로 자리를 떠나지 않는다.
  - 넷째, 서클에서 나온 이야기를 비밀을 지킨다.
  - 다섯째, 생각이 나지 않으면 '패스'라고 하고 다시 차례가 되었을 때 이야기한다.

  혹시 규칙 중에서 불편한 점이나 추가하고 싶은 것이 있나요? (참가자들이 추가하고 싶은 규칙이 있다면 모두의 동의를 구하고 추가할 수 있다)

2. 여는 질문

- 첫 번째 이야기를 함께 나누겠습니다. 우리 반에서 가장 행복한 순간은 언제였나요? ○○부터 이야기해볼까요? (처음 말하는 친구는 솔직하게 잘 말할 수 있는 학생으로 선정한다. 생각할 시간을 조금 주고 이야기를 시작한다)

  【 이 외 질문 예시 】
  - 우리 반이라서 좋은 점은 무엇인가요?

- 우리 반을 색깔로 표현한다면 무슨 색인가요?

- 지금 떠오르는 고마운 사람은 누구인가요?

▪ 모두의 이야기를 듣고 나니 좋았던 순간이 떠올라 마음이 따뜻해집니다.

3. 주제 질문

▪ 상황 이해

- 이제 우리의 문제와 관련한 이야기를 나누겠습니다. 먼저 그때 어떤 일이 있었는지 자기 입장에서 이야기해볼까요?

▪ 영향 파악

- 이번 일로 누가 어떤 영향을 받았다고 생각하나요?

- 이번 일로 본인에게 가장 힘든 점은 무엇인가요?

- 이번 일로 학급 공동체가 겪는 어려움은 무엇이라고 생각하나요?

▪ 피해 회복

- 이번 일을 해결하기 위해 필요한 것은 무엇일까요?

- 앞으로 내가 할 수 있는 일은 무엇일까요?

▪ 재발 방지

- 이런 일이 생기지 않으려면, 어떻게 해야 한다고 생각하나요?

- 앞으로 어떤 관계가 되길 원하나요?

- 앞으로 공동체에서 할 수 있는 일은 무엇인가요?

- 선생님, 학교, 부모님이 어떻게 도와주면 좋을까요?

4. 창조적 대안 탐색과 동의

▪ 오늘 서클을 통해 우리가 가진 문제와 어려움에 대해 알고 서로의

마음을 들여다볼 수 있었습니다. 선생님이 여러분이 요청한 것을 정리해보겠습니다. (요약 정리한 것을 이야기한다) 혹시 이 중에 수정하거나 추가할 것이 있나요?

- 지금까지의 내용을 바탕으로 우리의 약속을 정하려고 하는데, 모두 동의하나요? 이제 이 약속을 잘 실천해서 같은 문제가 반복되지 않기를 바랍니다. (필요할 경우 당사자들이 직접 사과할 기회를 준다) 우리의 약속을 정리해서 기록하고 다음에 사후 서클에서 다시 확인하도록 하겠습니다.

5. 서클 닫기

- 오늘 이 자리에 함께해서 자신의 어려움을 용기 있게 이야기하고 경청하고 문제 해결을 위해 적극적으로 의견을 낸 여러분 모두에게 감사드립니다. 우리가 정한 약속을 잘 지킨다면, 이번 일로 발생한 피해를 회복할 수 있고 평화로운 학급에서 생활할 수 있을 겁니다.
- 끝으로 오늘 서클에 참여한 소감을 한마디씩 이야기해주세요.

문제해결서클 2. 본 서클 사례 엿보기

학급의 수업 분위기가 좋지 않다는 이야기를 듣고 담임교사가 학급 학생 전체와 문제해결서클을 진행했다. 학급 전체의 문제인 경우는 학급 구성원 모두가 참여하여 문제를 공유하고 해결책과 약속을 정하는 것이 좋다. 학년부장 교사나 다른 교사가 진행자를 맡고, 학급 담임교사가 서클에 함께 참여할 수도 있다. 교과 교사도 함께 참여하면 더 좋다.

교사 　오늘 이렇게 함께 와줘서 고맙습니다. 우리가 오늘 모인 이유는 우리 반 수업 분위기가 좋지 않다는 이야기가 들려서 이 부분에 관해서 함께 이야기를 나누고 해결책을 생각해보려는 거예요. 누구를 비난하고 처벌하는 것이 아니라 우리의 문제가 무엇인지 알아가고 함께 지혜를 모아서 문제를 해결하고자 하는 것이니까 서로 솔직하게 이야기하고 진솔한 대화를 하면 좋겠어요. 모두의 이야기를 듣고 약속을 만드는 것까지 할게요. 선생님은 진행자로서 모두가 충분히 말하고 잘 들을 수 있도록 도울 거예요. 잠시 눈을 감고 음악을 들을게요. (음악) 지금부터 돌아가면서 이야기를 할 건데, 이 토킹피스는 대화를 할 수 있는 상징물로 토킹피스를 가진 사람만 이야기를 할 수 있어요. 선생님이 준비한 토킹피스는 졸업한 제자가 선물한 카네이션 볼펜이에요. 이것을 볼 때마다 그 학생의 마음을 생각하고 힘을 얻는 소중한 선물이에요. 오늘 우리가 얘기를 하면서 그동안 벌어진 일에 대해 얘기하고 바로 잡는 기회가 되었으면 좋겠어요. 기본 규칙을 선생님이 읽어줄게요. (기본 규칙을 칠판에 붙이고 함께 읽어도 좋다. 시나리오의 기본 규칙 참고) 혹시 규칙 중에서 불편하거나 추가하고 싶은 것이 있나요? 첫 번째 이야기부터 나눠볼게요. 우리 반에서 가장 행복했던 순간이 언제인지 이야기해볼게요. 먼저 A부터 이야기할까요?

학생 A 　방학 때 친구들과 함께 놀면서 많이 친하지 않았던 친구들과 더 많이 친해지고 다 함께 놀았던 것이 가장 행복했던 것 같아요.

학생 B 　현장체험학습 때 갯벌에 갔는데 거기서 친구들이랑 재미있게 논 것이 가장 행복했어요.

학생 C 체육대회 우승했을 때요.

(중략)

교사 모두의 이야기를 들으니 마음이 따뜻해지고 좋네요. 본격적인 질문을 할게요. 우리 반 수업 분위기와 관련해서 어떤 일이 있었는지 이야기할게요.

학생 A 모둠 활동할 때 친구들이 잘 참여하지 않아서 힘들어요.

학생 B 저는 잘 이끌어가려고 하는데, 친구들이 잘 따라주지 않아서 그것이 힘들어요.

학생 C 우리 반 아이들이 시끄러워서 선생님 말씀에 집중이 안 돼요.

학생 D 저는 우리 반 친구들이 경청하지 않을 때 좀 답답한 마음이 들어요.

학생 E 수업에 집중하지 못하니까 성적이 떨어질 것 같아 불안해요.

교사 이번 일로 가장 힘든 것은 무엇이고, 누가 어떤 영향을 받았는지, 우리 반이 겪고 있는 어려움이 무엇인지 서로 생각한 것을 얘기해볼까요?

학생 A 저도 수업시간에 떠들어서 선생님 말씀도 잘 못 듣고 수업 집중도 안 되고 모둠 활동도 잘하지 못해서 제 공부에 영향이 있는 것 같아요.

학생 B 제가 떠들어서 모둠 친구들에게 피해를 주고 친구들 공부에도 피해를 준 것 같아요.

학생 C 저도 함께 떠들어서 수업에 방해가 되고, 저 자신도 선생님 말씀에 경청하지 못해서 제대로 된 공부를 못했어요.

교사 본인과 학급 친구들의 공부에 방해가 되었다는 의견이 많은 것 같네요. 그럼 어떻게 하면, 이 피해가 회복될 수 있을지, 앞으로 내가 할 수 있는 일에는 무엇이 있을지 함께 얘기해 봤으면 해요.

학생 A   반 친구들이 조금씩 조용하게 말하면 개선이 될 것 같고, 저도 평소처럼 시끄럽게 말하는 것이 아니라 할 말이 있으면 작게 말하고 되도록 잡담을 안 하는 방향으로 하면 될 것 같아요.

학생 B   반장이 먼저 아이들을 타일러서 수업시간에 좀 더 집중하게 이끌어나가면 좋겠어요.

학생 C   저는 수업시간에 자느라 수업을 못 들어요. 집에서 일찍 잘 수 있도록 방법을 도와주면 다음 날 학교에서도 집중해서 할 수 있을 것 같아요.

학생 D   수업이 잘 진행될 수 있도록 수업시간에 경청할 수 있게 친구들이 서로 배려해주면 좋겠어요.

교사   이제 우리 반에 이런 일이 생기지 않으려면, 어떻게 해야 한다고 생각하나요? 선생님이나 부모님이나 친구들이 어떻게 도와주면 좋을지 이야기해볼게요.

학생 A   수업시간에 떠드는 아이들은 선생님과 상담을 하는 것이 좋을 것 같아요.

학생 B   선생님들이 수업을 재미있게 해주시고, 친구들은 선생님이 질문하셨을 때 바로 대답을 할 수 있게끔 수업에 집중하면 좋겠어요.

학생 C   떠드는 아이들은 선생님이나 친구들이 그만하라고 할 때 그만 떠들면 좋겠어요.

학생 D   모둠 활동을 하지 않는 이유가 다른 일이 있어서 우울하거나 답답해서 모둠 활동에 참여할 기분이 아니어서 그럴 수도 있어요. 선생님이나 친구들이 상담을 해주면 마음이 풀려서 더 공부에 잘 참여할 수 있을 것 같아요.

학생 E 저도 수업시간에 아무 생각 없이 떠드는 경우가 있는데, 그럴 때 화를 내기보다는 수업에 방해가 되니 조용히 해달라고 말하면 화를 내는 것보다 더 빨리 조용해질 수 있을 것 같아요.

학생 F 학급회의를 통해 수업시간에 떠들거나 집중을 못 하는 일이 발생하는 원인을 찾고 그 일을 없앨 방법을 찾아서 일주일 동안 그 방법을 실천하는 것이 좋을 것 같아요.

교사 우리가 이렇게 이야기를 나누면서 서로에 대해 알게 되고 좋은 의견이 많이 나왔어요. 선생님이 정리해볼게요. (학생들의 이야기를 정리해서 말해준다) 혹시 빠진 것이나 추가할 내용이 있을까요? (함께 지킬 약속을 정한다) 우리가 함께 약속한 것이 잘 지켜지는지 보완할 점이 있는지 한 달 후에 다시 모여서 확인하도록 할게요. 오늘 함께 이야기를 나눠서 감사해요. 우리가 이 약속을 잘 지킨다면 우리의 문제가 잘 해결되고 더 좋은 반이 될 것이라는 생각이 들어요. 끝으로 소감 한마디씩 나눌게요.

학생 A 선생님이 따로 불러서 지적하는 것이 아니라 친구들이 이렇게 모여서 서로 문제점과 해결 방안을 찾으니까 기분이 덜 나쁘고 더 고치고 싶은 마음이 드는 것 같아요.

학생 B 모두 함께 약속을 정했으니 앞으로는 수업시간에 떠드는 일이 줄어들면 좋겠어요.

학생 C 약속을 잘 지켜서 수업시간에 경청하면 좋겠어요.

학생 D 더 이상은 수업시간에 분위기가 나쁘다는 이야기 안 듣고 선생님들과도 관계가 좋아지길 바라요.

교사　선생님은 오늘 서클을 통해 여러분의 마음을 알게 되어서 좋았어요. 스스로 정한 약속을 잘 지켜서 서로 존중하고 평화로운 우리 반이 되기를 기대해요. 함께 이야기를 나눠준 친구들 모두 감사해요. 서로에게 감사의 박수를 치면서 마무리할게요. (박수)

문제해결서클 3. 사후 서클 시나리오

1. 서클 열기

- 본 서클에 왔던 사람이 모두 모여 둥글게 앉은 후 진행한다.
  - 오늘 이 자리에 다시 시간을 내서 참석해준 여러분에게 감사합니다. 이번 모임에서는 지난 서클에서 정한 약속이 잘 지켜지고 있는지에 대해 이야기를 나눌 것입니다. 솔직하게 자기 생각을 말해주시기 바랍니다.

2. 주제 질문

- 지난 서클 이후 변화된 것은 무엇인가요?
- (변화되지 않았다면) 후속 조치로 어떤 것이 필요한가요?

3. 서클 닫기

- (약속이 잘 지켜지고 문제가 해결되었다면) 우리의 문제가 해결된 것을 보니 뿌듯하고 안심이 됩니다. 마지막으로 서로에게 감사할 점, 축하

할 점을 이야기하며 서클을 마무리하겠습니다.

- 약속이 잘 지켜지지 않고 문제가 해결되지 않았다면 약속을 조정하고 필요에 따라 다시 본 서클을 열 수도 있다.

교사 오늘 이 자리에 다시 시간을 내서 참석해준 여러분에게 감사합니다. 이번 모임에서는 우리가 함께 정한 약속이 잘 지켜지고 있는지에 대해 이야기를 나눌 거예요. 솔직하게 자기 생각을 얘기해주기 바랍니다. 지난 서클 이후 변화된 것은 무엇인가요? 누가 먼저 말해줄래요?

학생 A 제가 할게요. 전보다 수업 분위기가 좋아졌어요. 아이들이 선생님과 친구들 이야기에 집중하려고 노력하는 것 같아요.

학생 B 수학 선생님도 좋아졌다고 말씀하셨어요. 저도 모둠 활동 열심히 하려고 노력해요.

학생 C 저도 수업 내용을 잘 이해하지는 못하지만, 떠들지는 않으려고 해요. 아이들에게 방해가 될까 봐서요.

학생 D 전보다 좋아졌어요. 모둠 활동할 때 수업 내용과 관련 없는 이야기를 하는 아이들이 있어서 좀 방해가 될 때도 있지만 그냥 괜찮아요.

(중략)

교사 우리의 약속이 대체로 잘 지켜지고 있고, 여러분이 노력하는 모습이 보이네요. 마지막으로 서로에게 감사할 점이나 축하할 점을 이야기하고 서클을 마무리하겠습니다.

학생 A	B에게 고마워요. B가 모둠 활동에 잘 참여하고 지난 시간에는 나가서 발표도 했어요.
학생 C	저는 반장에게 고마워요. 반장이 쉬는 시간에 그다음 시간 수업을 준비하도록 아이들을 챙겨줘서 도움이 됐어요.

(학생들이 돌아가며 이야기한다. 중략)

교사	이렇게 대화를 통해 문제를 해결하고 변화하는 여러분의 모습을 보니 참 뿌듯하고 안심이 됩니다. 함께 지내다 보면 또 어려움과 문제가 생길 수 있어요. 이후에 약속이 잘 지켜지지 않을 경우 다시 서클을 열자고 제안해주세요. 감사합니다.

서클을 통한 문제 해결 사례

학생 A는 소심하고 자존감이 낮다. 초등학교 때 운동을 하다 그만두어서 기초학력이 부족한 데다 외모 콤플렉스도 있는 편이며 말수도 적어 자기표현을 거의 하지 않는다. 어느 날 담임교사는 A의 어머니에게 전화를 받는다. 어머니는 A가 집에서 손목에 상처를 내는 자해 행동을 해서 놀라 물어보니 학교에서 아이들이 못생겼다고 놀려서 너무 괴롭다고 얘기했다는 내용을 교사에게 전하고 해결을 부탁한다.

다음 날 교사는 A를 불러 어떤 말을 들었는지, 그때 기분은 어땠는지 등을 묻고 이와 관련된 서클을 여는 것에 동의하는지와 그 자리에서 솔직하게 자신의 기분을 얘기해줄 수 있을지를 물었다. A는 자신이 선생님에게 이 일을 알린 걸 알게 됐을 때의 아이들 반응이 두렵고 그 상황에서 솔직하게 자신의 감정을 표현할 수 없을 것 같다고 대답했다. A에게 안전한 공간을 만들어주기 위해 교사는 서클을 A의 상황만으로 한정하지 않고 학급원 전체의 문제로 하자는 것과 A를 지지해줄 수 있는 친구를 사전에 만나 그 친구의 느낌을 솔직하게 얘기해주면 좋겠다는 부탁을 하면 어떻겠냐고 제안했고, A는 그렇다면 서클을 진행할 수 있을 것 같다고 동의했다. 그 후 A가 자신을 지지해주는 친구라고 얘기한 B를 불러 A와 관련된 일을 묻고 그때 B가 받았던 영향을 물어본 후, A의 상황과 앞으로의 서클 진행 내용을 설명해주고 문제 해결을 위해 앞으로 할 서클에서 솔직하게 말해줄 것을 부탁했다. 교사는 그날 종례 시간에 학급에서 상처받는 말이 오간다고 말하는 아이들의 수가 많아져서 내일 학급 서클을 할 예정이라고 말한 후, 학급원 전체에게 종이를 나눠주고 '나에게 상처가 됐던 친구들의 말이나 행동'을 적어서 제출하게 했다. 방과 후에 이를 유목화했고, 유목화한 내용을 교실 뒤에서도 보일 정도로 큰 글씨로 출력했다.

　다음 날 학급 서클을 열었다. 칠판에는 유목화한 내용을 붙였다. 이 내용에는 A가 들었던 말뿐만 아니라 평소 학생들 사이에 오갔던 말이 포함돼 있다. 학생들은 칠판에 붙여놓은 내용을 잠시 읽는다. 교사는 "이런 말이나 행동과 관련해서 자신이 받은 영향, 혹은 다른 사람이 받았던 영향에 대해 얘기해보자"라는 첫 번째 질문을 던졌다. 토킹피스는 평소 중립적인 위치에서 자신의 의견을 잘 표현하는 반장 E에게 먼저 준다. 약간은 쑥스럽고 장난스러운 분위기가, A의 친구 B에게 토킹피스가 돌아간 순간 갑자기 숙연해졌다. B가 자신이 평소에 들었던 외모 비하나 인신공격성 발언 때문에 죽고 싶었다고 고백하며 눈물을 흘렸기 때문이다. 그 옆에 앉아 있던 A도 같이 눈물을 흘리며 말을 잇지 못했다. 숙연한 분위기에서 그다음부터는 '자신이 했던 장난이 다른 사람에게 큰 상처가 된다는 걸 몰랐다' 는 내용의 말이 나오기 시작했다.

한 바퀴 토킹피스가 돌아간 후, 교사는 "피해를 회복하기 위해 내가 할 수 있는 일이 무엇일까?"라는 두 번째 질문을 했다. 아이들은 "인신공격이나 외모 비하의 말을 하지 않겠다", "자신의 말 때문에 상처받은 아이에게 사과하겠다", "그런 얘기를 하는 아이가 있으면 그만하라고 정색하면서 말하겠다" 등의 방안을 제시한다. 마지막으로 교사는 "오늘 서클을 통해 배운 점, 느낀 점 등을 얘기하자"라고 말한 후 토킹피스를 돌렸다.

이 서클 후 교사의 훈계나 처벌이 없었지만, 외모 비하나 인신공격성 말이 많이 줄었다. 남학생이 여학생에게 했던 말들은 사라졌고, A의 어머니나 A와의 상담에서도 그 말들이 사라졌다는 것을 확인할 수 있었다.

서클의 가장 큰 힘은 엄청나게 기발한 해결 방안을 찾는 것이 아니다. 서클의 가장 큰 힘은 피해를 당한 사람에게는 자신이 받은 피해에 대해 시원하게 말할 기회를 주고, 피해를 준 사람에게는 자신의 행동이 다른 사람 혹은 공동체에 어떤 피해를 주는지에 직면하고 상대의 고통을 느끼는 기회를 줌으로써 문제를 해결하기 위한 과정에 자발적으로 참여하고 공동체의 일원으로 역할을 해내도록 하는 데 있으며, 다른 구성원에게는 누군가 피해를 받고 있을 때 그 사람의 고통에 공감함으로써 방관하지 않고 도움을 주어야 한다는 사실을 깨닫게 하는 데 있다고 생각한다.

해보니까 이래요

문제해결서클은 교사나 진행자 중심이 아니라 학생들 스스로 문제에 직면하고 해결하는 과정을 찾아가는 것이다. 학교 현장에서 교사들은 크고 작은 문제와 갈등에 맞닥뜨린다. 회피하거나 교사가 일방적으로 지시하는 것이 아니라 공동체를 구성하는 학생들과 함께 지혜를 모아 해결책과 약속을 만드는 과정을 통해 공동체 안의 연결을 경험할 수 있고 자발적 책임과 공동체의 회복을 기대할 수 있다.

문제해결서클도 회복적서클과 마찬가지로 피해자의 회복에 초점을 둔다. 회복적 정의는 잘못한 사람을 찾아 벌을 주는 것이 아니라 피해가 회복될 때 성취되기 때문이다. 피해 회복을 통해 깨어진 공동체가 회복되는 것이 회복적 생활교육이 추구하는 것이다.

문제해결서클에 앞서 학기 초부터 학생들이 연결될 수 있도록 관계 맺기에 힘을 쏟아야 한다. 신뢰서클, 존중의 약속 등을 통해 개별성이 존중되고 수평적인 구조의 학급을 만드는 것이 선행되어야 한다. "서로 다른 사람들이 모인 공동체에서 갈등이 생기는 것은 자연스러운 일이다. 문제가 생기면 공동체 안에서 대화를 통해 함께 해결책을 찾아가도록 하자"라는 말을 학기 초에 학생들에게 이야기하고, 일상 속에서 꾸준히 공동체를 세우는 데 에너지를 쏟으면 공동체 안에서 성장하는 학생들의 모습을 보게 될 것이다. 지금 이 순간 문제를 해결하겠다는 급한 마음을 잠시 접어두고 서클로 이야기를 나누어 본다면 문제를 해결하는 과정을 통해서 배움과 성장이 일어나고 공동체의 관계도 평화롭게 회복할 수 있을 것이다. 학급 안에서 문제와 갈등을 안전하게 드러낼 수 있고 평화롭게 다루어지는 공동체를 꿈꾼다.

5장

학기 말
관계의 지붕 얹기

따뜻한 마무리
_ 학년 말 신뢰서클

아이들과 아름다운 이별의 시간을 만들어보라고 어떤 학교에서는 담임에게 자치 시간을 주기도 한다. 이런 시간이 주어졌을 때 우리의 모습을 떠올려 보자. 아이들에게 격려의 말을 하고 나서도 시간이 남아 어색하게 교탁을 부여잡고 있었던 순간이나 게임을 하면서 웃고 즐기다 끝나버려 허무했던 기억이 떠오르기도 하고, 그 한 시간 동안 무엇을 해야 할지 마땅한 방법이 없어 막막하기도 하고, 학년 말 성적 처리와 생활기록부 작성 때문에 눈코 뜰 새도 없는데 자치 시간까지 준비해야 하나 하는 생각에 답답함과 화가 올라오기도 했을 것이다. 하지만 막상 아이들과 일 년을 마무리할 시간이 주어지지 않으면, 일 년간 정들었던 아이들과 그냥 헤어지는 것 같아 섭섭하기도 할 것이다. 이런 고민과 섭섭한 마음을 덜고, 아이들과 교사가 함께 한 해를 뜻깊게 마무리하고 새 출발을 격려하는 시간으로 만들어주는 학년 말 신뢰서클을 제안한다.

학년 말 신뢰서클 알아보기

학년 말 신뢰서클은 그냥 즐기는 자리가 아니라, 학급 아이들과 일 년 간의 학교생활을 돌아보고 추억을 나누고 서로 칭찬하며, 새 출발을 격려하는 자리가 되어야 한다. 활동을 계획할 때 이 목표를 이룰 수 있는지를 살펴보아야 '재미'만을 추구하는 허무한 마무리가 되지 않는다.

학년 말 신뢰서클에 사용할 토킹피스는 평소 사용하던 것보다는 학년 말 신뢰서클의 목표와 어울리는, 즉 학급의 추억과 관련 있는 물건이면 더 좋다. 첫 학급 사진, 체육대회 때 받은 학급 상장, 체육대회 때 아이들이 교사에게 만들어주었던 애칭(별명)을 적은 목걸이형 플래카드, 음악 조회 때 활용한 휴대용 스피커 등이 있을 것이다.

토킹피스를 정했으면 학년 말 신뢰서클을 기획해본다. 물론 기획 후에 토킹피스를 정해도 된다. 학년 말 신뢰서클의 기본 흐름은 '여는 의식–몸 놀이–여는 질문–주제 활동–소감 나누기'이다. 학기 초에 하는 '첫 만남 신뢰서클'의 기본 흐름과 유사하지만, 기획자의 생각에 따라 순서는 바꿀 수 있다. 서클 기획이 끝나면 기획한 서클이 주어진 시간에 적합하고, 학년 말 서클의 목표를 이룰 수 있는지 살펴야 한다. 또한 아이들은 생각 외로 대답을 짧게 하므로 질문이나 활동은 넉넉하게 준비하며 시간이 부족할 것을 대비해서 질문이나 활동의 우선순위를 정해놓는 것도 필요하다.

그다음으로는 기획한 서클 시나리오를 바탕으로 토킹피스, 음악, 음악을 틀 수 있는 기기, 양초, NVC 미니 카드(또는 자석카드), 색종이, 매직펜 등 필요한 준비물을 챙긴다. 또한 센터피스를 꾸미기에 적절한 준비물(작은 화분, 추억이 담긴 물건, 향초 등)도 챙긴다. 학년 말 신뢰서클 진행이 끝난

NVC 미니 카드
느낌말, 욕구말이 적혀 있다.
1장의 작은 종이여서
활용하기 편리하다.

NVC 느낌 욕구 자석카드
큰 글씨로 느낌말, 욕구말이 있고
뒷면은 자석으로 되어 있어 칠판에 붙일 수 있다.
그그러나 미니 카드에 비해
사용된 느낌말, 욕구말이 쉽다.
작은 칠판에 붙여놓고 일상에서 활용하기도 한다.

후, 애초의 목표를 이루었는지, 좋았던 점은 무엇이었는지, 아쉬운 점은 무엇이었는지 등을 적어서 내년에 학년 말 신뢰서클을 기획할 때 참고자료로 삼으면 더욱 좋다.

학년 말 신뢰서클은 아이들에게 감사의 말과 서클 규칙을 이야기하는 '여는 의식'으로 시작한다. 두 번째는 간단한 몸동작을 하는 '몸놀이'를 통해 긴장을 없애고 웃음을 주어 따뜻하고 편안한 분위기를 만든다. 세 번째로는 개인적으로 일 년을 되돌아보는 질문인 '여는 질문'을 하며, 네 번째로는 학급 아이들의 연결을 돕는 활동, 즉 서로를 칭찬하고, 새로운 출발을 격려하며 축하하는 활동인 '주제 활동'을 한다. 이 활동은 같은 의미를 지닌 '주제 질문'으로 대신할 수도 있다. 마지막으로 소감을 나눈다. 일련의 활동은 진행자의 의도에 따라 순서를 바꾸어도 된다. 다시 한번 강조하고 싶은 것은, 서클의 순서는 고정된 것이 아니고, 목적과 상황에 따라 달라질 수 있다는 점이다.

학년 말 신뢰서클 해보기

학년 말 신뢰서클 시나리오[30]

0. 사전 준비

- 준비물: 토킹피스, 음악(경음악이 더 좋음), 음악을 틀 수 있는 기기(휴대폰, 블루투스 스피커 등), 양초(7~8명당 1개 정도), NVC 미니 카드, 색종이(A4 1/4 크기), 매직펜 등
- 할 일: 칠판에 서클 규칙 미리 써 놓기

1. 여는 의식

- (미리 틀어 놓은 음악을 끈다) 지난 일 년 우리에게 많은 추억이 쌓였지요? 일 년이라는 짧고도 긴 시간을 함께한 우리를 되돌아보고 일 년을 마무리하는 이 자리에 참여해준 여러분에게 고맙다는 얘기를 하고 싶어요.
- 같은 반으로서의 마지막 서클을 시작하기 전에 서클 규칙을 다시 한번 읽어봐요. (칠판에 적힌 규칙을 학생들과 함께 읽는다)
  ① 토킹피스를 가진 사람만 이야기할 수 있다.
  ② 다른 사람의 이야기를 경청하며 자신의 발언 시간을 기다려 이야기한다.
  ③ 상대를 존중하며 상대가 불쾌감을 느낄 언행을 삼간다.

---

30 시나리오에서 제시된 활동은 한국NVC센터(2015~2017) 비폭력대화 연수 자료, KOPI(2017) '새학기 준비 워크숍' 자료, 정진(2016)『회복적 생활교육 학급운영 가이드북』(피스빌딩), 교사 동아리 구인회(2015) '회복적 생활교육 자료집(KOPI)', 경기도교육청(2016) '평화로운 학급공동체 워크북(중등)'을 참고 및 인용했다.

④ 일방적으로 자리를 떠나지 않는다.

⑤ 서클에서 나온 이야기는 비밀이 보장되어야 한다.

⑥ 생각이 나지 않으면 '패스'라고 하고 다시 자신의 차례가 돌아오면 이야기한다.

- 혹시 덧붙이고 싶은 규칙이 있나요? (추가하고 싶은 규칙이 있다고 할 때 학년 말 신뢰서클의 목표에 어긋나지 않는다면 되도록 수용한다)

2. 몸놀이

[십시일반(十匙一飯) 체조]

- 지금부터는 몸을 좀 풀기 위해 '십시일반 체조'를 할 거예요. 방법은 간단해요. 일단 자신이 알고 있는 간단한 동작을 머릿속에 떠올려 봅니다. (잠시 생각할 시간을 준다) 혹시 아직 못 정한 친구가 있나요? (있다고 하면) 1분 정도 시간을 더 줄게요. (1분 후) 지금부터 한 친구가 하는 동작을 다른 친구들은 따라 하면 됩니다. 첫 주자는 ○○로 하려고 하는데 괜찮아요? (처음에 하는 사람은 되도록 쑥스러움이 없는 친구를 지명한다) 그럼 ○○부터 오른쪽으로 돌아갑니다. 자, 모두 자리에서 일어나 주세요. (음악을 튼다. 경쾌한 음악이 좋다. 한 사람이 간단한 동작을 하면 다른 사람들은 따라 한다)

3. 여는 질문

- 첫 번째 질문은 '일 년 동안 반 친구들과 함께한 일 중에서 가장 기억에 남는 것은?'입니다. 제 왼쪽부터 토킹피스를 돌리겠습니다. 생각이 잘 나지 않는 친구들은 토킹피스를 옆 사람에게 넘기면 되고, 다시 자신의 차례가 돌아올 때 말하면 됩니다. (처음 말하는 친구는 솔직

하게 잘 말할 수 있는 사람으로 선정한다)

- 두 번째 질문은 '일 년 동안 했던 일 중 스스로 칭찬하고 싶은 것
  은?' 입니다. 이번에는 제 오른쪽부터 토킹피스를 돌리겠습니다. 방
  법은 이전과 같습니다.

  【 이 외 질문 예시 】

  – 학년 말을 맞은 현재의 느낌은?(현재의 기분을 색으로 표현한다면? 그 이
    유는?)

  – 올 한 해 친구들에게 고마웠던 일은?

  – 올 한 해 내가 한 일 중 가장 잘한 것은?

  – 올해 가장 후회되는 일은?

※ 아이들은 생각 외로 말을 짧게 하기 때문에 질문을 넉넉히 준비하
  는 것이 좋다.

4. 주제 활동

[친구의 어깨에 손 올려주기]

- 모두 바깥쪽으로 의자를 돌려 앉은 후 눈을 감습니다. 지금부터 선
  생님이 돌아다니면서 3명의 친구 어깨에 손을 올리겠습니다. 그 친
  구들은 자리에서 일어나 선생님의 질문에 해당하는 친구 어깨에 손
  을 올립니다. 누군가 자신의 어깨에 손을 올리면 눈을 뜨고 자리에
  서 일어납니다. 다른 친구 어깨에 손을 올렸던 친구는 다시 자기 의
  자에 앉으면 됩니다. (소외된 친구들의 어깨는 선생님이 손을 올려준다)

  – 모든 학급 친구가 해당될 수 있는 다양한 질문으로 준비한다

    마음이 따뜻한 친구는? 친구들의 부탁을 가장 잘 들어준 친구는?

    청소를 가장 잘하는 친구는? 20년 후에도 기억날 것 같은 친구

는? 잘 웃는 친구는?

[뜨거운 의자]

- 번호를 붙여 보겠습니다. '(한 학생을 가리키며) 일, (그 옆의 학생을 가리키며) 이, (그 옆의 학생을 가리키며) 삼' 이라고 해주세요. 그리고 나머지 학생들은 순서대로 숫자를 반복합니다. (학생들을 가리키며 일, 이, 삼을 말하게 한다. 같은 숫자를 외치는 학생들이 5~6명 정도가 되도록 외치는 숫자를 조정한다. 만약 총인원이 30명이라면 1~5까지의 숫자를 외치게 한다. 친한 아이들은 주로 몰려 앉기 때문에 덜 친한 아이끼리 모둠을 만들 수 있는 방법이다)

- (칠판에 모둠 위치를 그린다) '일' 을 외쳤던 사람들은 1모둠 자리에, '이' 를 외쳤던 사람들은 2모둠 자리에, '삼' 을 외쳤던 사람들은 3모둠 자리에 의자를 가지고 가서 작은 서클을 만들어주세요.

- 모인 사람 중에서 생일이 가장 빠른 사람은 의자를 가지고 서클 중앙으로 가서 앉고, 나머지 사람들은 최대한 가깝게 모여 앉으세요. (상황에 따라 가장 먼저 숫자를 외친 사람. 가장 예쁜 사람, 머리가 긴 사람 등으로 제시한다)

- (형광등을 끄고 양초에 불을 붙여 바깥 서클에 앉은 한 학생에게 준다. 잔잔한 음악을 튼다. 칠판에 '친구의 장점, 강점, 그 사람에게 받았던 감사함, 배운 점' 이라고 쓴다) 이번 활동은 양초로 토킹피스를 대신합니다. 가운데 의자에 앉아 있는 친구의 장점, 강점, 그 사람에게 받았던 감사함, 배운 점 등을 서클로 이야기합니다. 장난처럼 하지 말고 진지하게 생각해보고 말했으면 합니다. 가운데 앉아 있는 사람에 대해 모두 돌아가며 말하고 나면, 그 옆에 앉은 사람이 다시 가운데 의자에 앉고 똑같이 서클로 말하면 됩니다. 마지막 친구에 대한 이야기가 끝나면 전체 서

클로 돌아오면 됩니다. 자, 그럼 시작해봅시다.

[서로의 앞날 축하하기]
- 욕구 목록에서 새해에 자신이 꼭 갖고 싶은, 자신에게 선물하고 싶은 것을 고르고 색종이 위에 자신의 이름과 욕구를 매직으로 쓴 후 서클 중앙에 놓습니다. (이때 교사는 '소중한 우리 ○○야, 내가 너에게 ○○를 선물할게'라는 문구를 칠판에 적는다)
- 한 사람이 다른 친구의 색종이를 골라 "소중한 우리 ○○야, 내가 너에게 ○○를 선물할게"라고 말하면서 해당 사람에게 주고 포옹하거나 하이파이브를 합니다. 그 이후에 반복하면 됩니다.

[격려 샤워하기]
- 가운데 길을 두고 양쪽으로 모두 늘어섭니다.
- 맨 앞 사람은 가운데 서서 자신이 받고 싶은 격려의 행동을 합니다.(박수, 엄지 척, 손 하트 등)
- 맨 앞 사람이 가운데 길로 걸어가고, 나머지 사람들은 그 사람이 했던 행동으로 해당 사람을 격려합니다.
- 앞 사람이 중간쯤 걸어갈 때 다음 사람이 앞 사람이 한 대로 하면 됩니다. 잠시 자신이 받고 싶은 격려의 행동을 정할 시간을 드리겠습니다. (잠시 후) 혹시 아직 정하지 못한 사람 있나요? 그럼 지금부터 시작하겠습니다. (음악을 틀고 교사가 먼저 시범을 보인다)

5. 소감 나누기
- 마지막으로 소감을 나누겠습니다. 지금 떠오르는 생각이나 느낌을

자유롭게 이야기해주세요. (토킹피스를 돌린다. 교사는 마지막에 소감을 말한다) 일 년을 무사히 보낸 우리 모두에게 박수를, 우리 앞날에 축복을!

교사　이번이 우리의 마지막 서클이에요. 일 년간 학급 자치 시간마다 서클을 했는데 그때마다 즐겁게 참여해줘서 고마웠어요. 이번 시간은 일 년 동안의 추억을 함께 나누고 새로운 출발을 격려하는 시간이 됐으면 합니다. 서클 규칙은 늘 똑같은데 돌아가면서 칠판에 있는 내용을 한 번 읽어보겠어요. ○○이부터 읽어줬으면 하는데 괜찮나요?(또는 "다 같이 읽어볼게요. 시작~")

학생들　(돌아가면서 한 명씩 혹은 다 같이 읽는다) 토킹피스를 가진 사람만 이야기할 수 있다. 다른 사람의 이야기를 경청하며 자신의 발언 시간을 기다려야 한다. 상대를 존중하며 상대가 불쾌감을 느끼는 언행은 삼간다. 일방적으로 자리를 떠나지 않는다. 서클에서 나온 이야기는 비밀이 보장되어야 한다. 생각이 나지 않으면 '패스'라고 하고 다시 자신의 차례가 돌아오면 이야기한다.

교사　혹시 추가하고 싶은 규칙이 있나요? (학년 말 신뢰서클 목적에 맞는다면 수용한다) 왜 이렇게 조용하지요? 평소와 달리 너무 긴장하고 있는 것 같아요. (아이들 웃는다) 긴장된 분위기를 풀기 위해서 첫 번째로 몸풀기 활동을 할 거예요. 십시일반 체조라고 해요. 혹시 '십시일반'의 뜻을 아는 사람? 맞아요. 열 사람이 한 술씩 보태면 한 사람이 먹을 수 있는 한 그릇의 밥이 된다는 뜻이에요. 여러분이 한 동작씩 해주고 그걸 통해 몸을 풀어볼 거예요. 그러니까 자기 차례가 되면 몸동작 하나를 해주면 돼요. 체육 시간에 배운 것도 좋고 평소에 아는 간단한 동작도 좋고 간단한 춤 동작도 괜찮아요. 모두 돌아가면서 하나의 동작을 하면 나머지 친구들이 그대로 따라 하는 거예요. 1분 정도 동작을 생각할 시간을 줄게요. (1분 후) 자신만의 동작이 좋기는 하지만, 앞에서 했던 동작을 해도 됩니다. 너무 부담 갖지 않아도 돼요. 혹시 시간이 더 필요한 사람 있나요? ○○이부터 해줬으면 하는데 괜찮은가요? (처음으로 할 아이는 활발하고 부끄럼을 타지 않는 아이를 지목하는 것이 좋다. 혹은 교사가 먼저 시작해도 된다) 그럼 ○○이부터 오른쪽으로 돌아갈게요. (음악을 튼다)

교사 모두 협조해 줘서 고마워요. 이제 다시 서클로 앉읍시다. (모두 자리에 앉고) 지금부터는 선생님의 질문에 솔직하게 얘기해주면 돼요. 토킹피스를 돌릴게요. 첫 번째 질문은 일 년간 지내오면서 기억에 남는 일입니다. 생각이 안 나면 첫 번째는 패스를 해도 되고 다시 차례가 돌아왔을 때 얘기하면 돼요. 생각할 시간을 조금 줄게요. ○○이 쪽부터 돌리려고 하는데 괜찮나요? (진솔하게 말을 잘할 수 있는 친구부터 시작하는 것이 좋다)

학생 A 반장이랑 부반장이랑 힘들게 반티를 정했는데 애들이 마음에 안 든다고 다시 정하자고 해서 반장이 울었던 일이 제일 기억에 남아요. 미안한 마음이 많이 들었어요.

학생 B 저는 얼마 전 영국 음식의 날 때 ○○이가 제 소시지를 다 뺏어 간 것이 기억이 나요. 아무것도 못 먹었어요. (아이들 웃는다)

학생 C 저는 체육대회 축구 경기에서 우승한 거요. 전반전에는 2대 1

로 지고 있다가 후반전에 ○○이가 동점 골 넣고, 승부차기로 가서 이겼던 거요. 그때 심장 터지는 줄 알았어요.

(중략)

교사   두 번째 질문은 '일 년을 지내면서 스스로에게 칭찬해주고 싶은 말은?' 이에요. 소소한 칭찬부터 큰 칭찬까지 상관없습니다. 제 왼쪽에 앉은 사람부터 시작하고 싶은데 괜찮나요?

(토킹피스를 돌린다)

학생 A   맨날 다이어트 해야지 하면서 실패했는데 올해는 7킬로를 뺐어요. 먹고 싶은 거 못 먹고 괴롭긴 했지만, 그 모든 유혹을 이겨내고 예뻐지니까 좋아요. 엄청 뿌듯해요.

학생 B   제가 체육부장인데 애들한테 줄 서라고 해도 애들이 끝까지 제 말 안 듣고 줄 안 섰단 말이에요. 근데 포기하지 않고 끝까지 줄 세웠던 제 노력이요. 나중에 몇몇 아이가 제 그런 노력을 알고 도와줬어요.

학생 C   작년에는 친한 친구들과 자꾸 싸워서 힘들었는데, 올해는 한 번도 안 싸웠어요. 제가 잘 크고 있는 것 같아 좋아요.

(중략)

교사   이번에는 몸을 움직이면서 활동을 해보려고 하는데요. '친구의 어깨에 손 올려주기' 라는 활동이에요. 일단 의자를 바깥 방향으로 돌려서 앉아주세요. (학생들이 의자를 돌려 앉는다) 눈을 감아주세요. 제가 3명의 친구 어깨에 손을 얹을 거예요. 그 친구들이 일어나서 제 질문에 해당하는 친구 어깨에 손을 올려놓고 자기 자리로 돌아가 앉으면 돼요. 저도 참여하고 싶을 때 어떤 친구 어깨에 손을 올릴 수 있어요. 혹시 질문 있는 사람 있나요?

학생 겹치면 어떻게 해요?

교사 겹치지 않게 다른 친구의 어깨에 손을 올려놓아 주세요. 자, 모두 눈을 감아 주세요. 제가 지금 3명의 친구 어깨에 손을 올리면, 제 질문을 듣고 일어나서 해당하는 친구의 어깨에 손을 올려주고 다시 자기 자리에 앉으면 됩니다. (3명의 아이 어깨에 손을 올려놓는다) 첫 번째 질문은 '우리 반에서 신뢰할 수 있는 친구는?' 입니다. (지목받은 아이들이 일어나 해당하는 사람의 어깨에 손을 대고 자기 자리로 돌아와 앉는다) 지금 자기 어깨에 누군가의 손이 닿은 친구들은 제 질문을 듣고 일어나서 해당하는 친구의 어깨에 손을 올려주고 다시 자기 자리에 앉으면 됩니다. 두 번째 질문은 '유머 감각이 뛰어난 친구는?' 입니다. (질문을 바꿔 동일하게 진행한다. 모든 아이가 한 번 이상 일어날 수 있도록 다양한 질문을 한다. 그럼에도 지목받지 못한 아이가 있으면 교사가 어깨에 손을 올려준다)

(중략)

교사 이제 눈을 뜹니다. 의자를 다시 안쪽으로 돌려주세요. (아이들 서클 밖으로 향했던 의자를 안쪽으로 돌린다) 지금부터는 '뜨거운 의자'라는 활동을 할 거예요. ○○부터 순서대로 1~5 숫자를 외쳐 주세요. (아이들 순서대로 숫자를 외친다. 자기 순서 숫자를 모르는 친구가 있을 수 있으니 교사가 함께 외쳐 준다) 자, 그럼 1을 외친 친구들은 이쪽에, 2를 외친 친구들은 저쪽에… 모인 후, 작은 서클을 만들어주세요. (칠판에 위치도를 그린 후, 해당 위치로 의자를 가져가서 앉도록 안내한다)

교사 서로 생일이 몇 월인지 얘기를 나눈 후 생일이 가장 빠른 사람이 서클 가운데로 의자를 끌고 들어가 주세요. 다른 사람들은 원을 조금 더 좁혀 주시고요. 그 이후에는 왼편으로 돌아가면서 가운데 의자에 앉겠습니다. (아이들이 위치를 잡는 사이 칠판에 '이 사람에게는 이런 장점, 강점, 감사한 점. 혹은 배운 점이 있어요'라고 적는다. 아이들이 작은 서클을 다 만든 후) 가운데 의자에 앉아있는 사람에 대해 칠판에 있는 내용을 말해주면 됩니다. 이번 토킹피스는 촛불입니다. (작은 서클별로 초에 불을 붙여 나눠주고, 커튼을 치고 형광등을 끈 후 잔잔한 음악을 튼다) 자, 그럼 시작해볼까요?

학생들 (가운데 앉아있는 A를 바라보며) 너는, 내가 이상한 말이나 이상한 행동을 해도 항상 웃어주는 것이 장점이야. A는 참 착하고 배려가 많아. 내가 못 푸는 수학 문제를 자세히 설명해줘서 고마웠어. 말 걸 때마다 항상 답해줘서 고마워. (모두 돌아가면서 얘기가 끝나면, A의 왼쪽에 있던 B가 가운데 의자로 나온다)

학생들 B는 춤을 잘 추고 리더십이 있는 것 같아. 하나 잡으면 끝까지 노력하는 인내심을 칭찬해.

(중략)

교사 (활동이 끝난 후) 다시 큰 서클로 만들어주세요. (아이들이 다시 큰 원으로 앉는다) 이제 서로 앞날 축하하기 활동을 할 건데, 종이 한 장과 매직펜 한 개를 받으세요. (미리 준비한 A4 1/4 크기의 색종이, NVC 미니 카드, 매직펜을 서클 양쪽으로 나누어 돌린다. 이 사이 교사는 칠판에 예시 자료를 적는다) 이번 활동을 소개하면, 받은 종이에 자기 이름과 자신에게 필요한 것을 NVC 미니 카드의 파란색 욕구 목록에서 찾아서 써 주세요. 왼쪽의 빨간색 느낌말 목록 말고 오른쪽 파란색 욕구 목록에서 찾아요. (아이들이 종이에 쓰는 사이,

교사는 칠판에 '소중한 ○○(이름)야, 내가 너에게 ○○(욕구)를 선물할게. (하이파이브 혹은 포옹)'이라고 쓴다) 다 한 사람은 종이를 2번 접어서 중앙의 노란 바구니에 넣어주세요. (바구니 안의 종이를 섞는다) 처음에는 선생님이 해볼게요. 한 번 보면 따라 할 수 있을 거예요. (바구니에서 한 장의 종이를 고른 후 해당하는 사람 앞에 가서 따뜻한 시선으로 바라보며 "소중한 A야, 내가 너에게 사랑을 선물할게"라고 말한 후 종이를 A에게 주고, A를 안아준다) 이번에는 A가 할 거예요. 눈을 마주치면서 말하고, 종이를 줄 때는 그냥 주지 말고 하이파이브를 하거나 안아주세요.

학생들 (릴레이식으로 진행한다) 소중한 B야, 너에게 수면을 선물할게. 소중한 C야, 너에게 수용과 지지를 선물할게. 소중한 D야, 너에게 능력을 선물할게. 소중한 E야, 선택할 수 있는 자유를 너에게 선물할게. 소중한 F야, 내가 너에게 자신의 꿈과 목표를 선물할게. 소중한 G야, 내가 너에게 너의 꿈을 선물할게.

(중략)

교사 마지막 활동으로 '격려 샤워하기'를 할 건데요, 지금 머릿속으로 나에게 힘을 주는 행동을 떠올려 보세요. 하트, 박수, 엄지 척 뭐 이런 거 있잖아요. (1분 정도 시간을 준다. 교사가 교실 중앙에 선다) 여러분의 의자를 교실 양옆으로 붙이고 가운데로 나와서 2줄로 서 주세요. 한 사람이 지나갈 정도 사이를 두고 마주보고 서 주세요. 제가 먼저 시작해볼게요. 제가 중간쯤 갔을 때 A(1줄 오른편)가 제가 지금 있는 중앙 자리로 와서 자신에게 힘을 주는 행동을 친구들에게 보여주고 가운데로 걸어가세요. 그다음에는 B(1줄 왼편), C(2줄 오른편), D(2줄 왼편) 이렇게 지

그재그 순서로 앞으로 나옵니다. 자, 그럼 시작합니다. 저는 이렇게 박수를 치면서 환호를 해주면 힘이 나요. (박수를 치면서 환호하는 걸 먼저 보여준다) 여러분은 제가 했던 행동을 따라 해주세요. 제가 중간쯤 갔을 때 A가 나와서 새로운 행동을 보여줍니다. 제게 힘을 주는 행동은 박수와 환호입니다. (교사가 줄 사이로 걸어가는 동안 학생들은 환호와 박수를 계속한다. 교사는 두 손을 모으고 고개를 조금 숙여 감사의 인사를 하며 가고, 가장 끝에 있는 학생 옆에 선다)

교사 (교사가 중간쯤 걸어갔을 때 앞으로 나와서) 저는 반짝반짝하면서 환호하는 것이 힘이 납니다. (함께 손을 반짝반짝하면서 가운데로 걸어가 맨 끝에 선다)

학생 B (A가 중간쯤 걸어갔을 때 앞으로 나와서) 저는 엄지 척하면서 '넌 최고야' 라고 말할 때 힘이 납니다. (같이 엄지 척을 하면서 걸어간다)

(중략)

교사 소감 나누기를 할게요. 지금 드는 생각이나 느낌을 자유롭게 얘기해주세요. 마지막 소감은 반장이 먼저 했으면 하는데 괜찮을까요?

반장 네. 일 년 동안 좋은 일, 나쁜 일 있었는데 이번 활동을 끝으로 잘 마무리한 것 같아요. 마지막이라는 생각에 서운함도 있었는데 지금은 마음이 따뜻해요. (자신이 원하는 방향으로 토킹피스를 돌린다)

학생 A 저는 이전에 몰랐던 친구들의 모습을 새롭게 알게 돼서 좋았어요. 앞으로 다른 반이 돼도 서로 인사하면 좋겠어요.

학생 B 일 년 동안 많이 친해져서 좋았고 이제 헤어지니깐 슬퍼요. 학급 단톡방에서 계속 대화 나누면 좋겠어요.

학생 C 제가 전에 ○○이 소시지를 뺏어 먹었을 때○○이가 속상했다고 해서 미안한 마음이 생겼어요. ○○이의 마음을 알 수 있어서 좋았어요.

(중략)

교사 (교사는 소감 나누기를 맨 마지막에 하는 게 좋다. 이때 아이들에게 하고 싶은 마지막 말과 서클 마무리 말을 하면 된다) 올해 우리 반과 함께한 일 년을 떠올리면 저는 롤러코스터가 떠올라요. 체육대회, 단합대회, 소풍, 음악을 소개하는 조회 등 서로 알아간 즐거운 추억 때문에 두근대기도 하고, 갈등이 생기거나 수업 분위기가 나쁘다는 얘기를 듣고 어떻게 해야 하나 하고 고민하면서 힘든 시간도 보냈으니까요. 하지만 이렇게 서로 따뜻한 눈으로 바라봐 주고 끝까지 즐거운 시간을 함께하고 있다는 건 그 어려움을 함께 잘 넘겼다는 뜻일 거예요. 여러분과 일 년을 함께 이렇게 잘 마무리할 수 있다는 게 참 감사합니다. 마지막으로 우리가 서로에게 선물한 욕구말을 꼭 얻는 새 학년이 되면 좋겠어요. 여러분의 앞길에 축복과 평안이 함께 하기를! 우리 모두에게 격려의 박수를!

해보니까 이래요

학년 말 신뢰서클을 기획할 때 가장 유의할 점은 학년 말 신뢰서클을 하는 목적이 무엇인지를 명확하게 하고 출발해야 된다는 점이다. 보통 학년 말 신뢰서클을 맨 마지막 시간에 아이들과 단합대회 식으로 운영을 하는데, 이때 아이들에게 일방적으로 '계획을 한번 짜봐라'라고 하면 그냥 놀고먹는 자리로 끝나는 경우가 많다. 그러면 재미는 있으나 허무한 느낌으로 마무리를 하게 된다. 일 년을 돌아보는 것, 서로 추억을 공유하는 것, 앞으로 새로운 출발을 격려하는 것 등을 목적으로 설정하고 활동이나 질문을 구상하는 것이 중요하다. 그래야 재미뿐만 아니라 보람이나 의미를 충족하는 시간이 될 수 있다.

학년 말 신뢰서클 활동 중 '친구의 어깨에 손 올리기'에서 한 번도 지목받지 못하는 학생은 큰 상처를 받을 수 있다. 모든 학생의 특성이 포함되도록 질문을 다양하게 만들어야 하며 특히 학급에서 소외당하는 학생이 있을 경우 이 학생의 특성(특히 장점)에 맞는 질문을 꼭 넣어주어야 한다. 이렇게 질문을 다양하게 준비했는데도 한 번도 지목을 못 받는 학생이 있으면, 교사가 직접 손을 얹어서 소외되는 아이가 없도록 배려해야 한다.

또한 뜨거운 의자 활동을 할 때는 분위기 조성이 굉장히 중요하다. 그래서 커튼을 치고 불을 끈 다음 잔잔한 음악을 틀어 분위기를 만들어주는 것이 좋다. 분위기가 조성돼야 아이들이 장난식으로 이야기할 확률이 작아진다. 이 활동은 소그룹별로 진행되기 때문에 교사는 서클별로 진행 상황을 살피며 돌아다녀야 한다. 장점을 가장한 놀리는 말을 하거나 '친절해요', '착해요' 등의 단답형 반응만 보이는 경우 따뜻한 말이 구체적으로 오갈 수 있도록 유도해야 한다. 놀리는 말이 오갈 경우 "선생님은 오늘 자리가 진지하게 서로 칭찬하고 격려하는 자리가 되었으면 한다"라고 말할 수도 있고, 단답형의 반응만 보일 경우에는 "어떤 것을 보고 그렇게 생각했어?"라고 물어서 구체적으로 상황을 얘기할 수 있도록 유도한다.

그리고 중요한 또 하나는 교사의 태도이다. 교사는 진행도 해야 하지만, 활동도 함께해야 한다. 진지할 때는 진지하게, 따뜻할 때는 따뜻하게, 즐거울 때는 즐겁게 동참해야 한다. 특히 십시일반 체조나 격려 샤워하기 등은 교사가 먼저 나서서 즐겁게 활동을 이끌어주는 것이 좋다. 쑥스러워 말자. 교사가 먼저 신나야 아이들도 신난다.

2

학급문집

학년 말이 가까워질수록 이상하게 학급운영이 어렵다. 학생들은 시험
도 끝났고 새 학년이나 새 학교에 대한 설렘 때문에, 교사들은 학교생활
기록부 기록을 비롯한 업무 마무리에 바빠 서로를 섬세하게 돌아보지 못
할 때가 많다. 이제 곧 헤어질 텐데 하는 마음 때문일까? 하지만 일 년 동
안의 성장을 성찰할 수 있는 학기 말이 오히려 관계의 집을 짓는 데 가장

중요한 시간이다.

　학기 말 틈새 시간을 활용해 문집을 만들고, 책거리를 통해 학급운영을 마무리하는 활동을 제안한다. 서로의 성장을 축하하고 격려해주는 따뜻한 시간이 될 것이다.

학급문집 첫걸음

　학급문집은 학급 구성원의 글을 포함하여 그림, 사진 등 다양한 작품을 모아 편집한 책을 말한다. 문집을 시나 소설과 같은 문학작품만을 모아 편집한 책으로 알아 국어 교사들만 만들 수 있다고 생각하는 것은 오해이다. 일 년 동안 학급을 운영하면서 교과 시간과 학급 활동을 통해서 만든 작품과 학급의 추억을 모아 엮으면 훌륭한 문집이 된다.

　학급문집의 제작을 교사가 전담한다면 정말 부담이 된다. 학급문집은 당연히 학생과 함께 만들어야 하고, 문집을 만드는 과정 자체가 학급운영의 방법이 되어야 한다. 학기 초 1인 1역을 정할 때 학급문집 편집위원을 3~4명 뽑는다. 기자나 출판 편집자, 작가 등을 꿈꾸는 학생이 맡으면 진로교육도 함께 이루어질 수 있고, 컴퓨터를 잘 다루는 학생이 지원하면 편집이 조금 쉽다. 편집위원은 학교생활을 하면서 취재를 하고, 작품을 모아 분류하고, 책의 차례 정하기, 판본 정하기 등 편집 과정에도 참여한다.

　학급문집은 3월 첫 만남을 시작으로 종업식까지 이어지는 학교생활 전반에 관한 기록이 될 수 있다. 따라서 학급에서 일어나는 모두 일이 문집의 글감이 될 수 있으므로 평소에 자료를 수집하는 것이 필요하다. 글감이 부족할 경우 학기 말, 학년 말 틈새 시간을 활용하는 것도 좋은 방법이다. 1학기 말, 2학기 말 지필평가가 끝나고 방학이 시작되기 전과 같은 틈새 시간은 학생들에게도 교사들에게도 밀도 있게 쓰기 어려운 시간이다. 이런 틈새 시간에 글감 마련을 위한 활동을 하면 아이들도 가벼운 마음으로 즐겁게 참여하고, 친구 관계나 학교생활을 되돌아볼 수 있다.

책을 만드는 과정은 간단히 정리하면 기획하기, 편집하기, 인쇄하기로 볼 수 있다. 학기 초 학생 편집위원이 정해지면 기획회의를 통해 학급문집의 방향을 정하고 취재를 위한 역할을 분담한다. 역할에 따라 학교생활을 하면서 글과 그림, 사진 등을 모은다. 그리고 학기 말에 모인 자료를 분류하여 차례를 정하고, 한글 등의 프로그램을 활용해 보기 좋게 정리한다. 그리고 학교나 인쇄소를 활용해 인쇄를 한다.

기획에서 편집 그리고 인쇄까지

학급문집 만들기의 시작은 기획회의이다. 3월에 1인 1역으로 학생 편집위원이 정해지면 담임교사와 함께 학급문집의 방향에 관해 이야기를 나눈다. 이때 가장 중요한 원칙은 학급 구성원 모두의 작품을 싣는 것이다. 그리고 학교 일정표와 학급 운영 계획을 함께 보며 학급문집의 글감을 모을 방법을 생각해본다. 체육대회, 체험학습, 축제와 같은 학교행사나 생일잔치, 학급 신뢰서클, 어울림 활동(단합대회)과 같은 학급행사를 통해 글감을 어떻게 모을지 의논하고 취재를 위해 역할을 분담한다.

학급문집 제작이라는 학급운영의 방향을 학급 아이들과 공유하고, 평소 학급 생활을 다양한 글이나 사진, 그림 등으로 남기려고 노력해야 한다. 예를 들어, 학급에서 어울림 활동(단합대회)을 하고 난 뒤 아이들의 소감을 짧게라도 적는 활동을 하는 것이 좋다. 사진을 하나 골라 거기에 얽힌 이야기를 쓰게 하면 좀 더 구체적이고 생생한 느낌을 남길 수 있다. 그리고 체험학습과 같은 학교행사의 경우 소감문 쓰기 대회를 열기도 하는데, 이때 학급의 우수작을 모아 두면 좋다.

학급문집을 풍성하게 하는 좋은 팁 중의 하나는 교과별로 이루어지는 교육 활동 결과물을 모으는 것이다. 국어 교사를 통해서 아이들의 시나 수필 같은 글을, 진로 교사를 통해서 부모님 직장 탐방 보고서, 수학 교사를 통해서 통계 그래프나 수학 동화, 도덕 교사를 통해서 논술문, 미술 교사를 통해서 학생들의 작품 사진을 받을 수 있다.

지필평가가 끝나고 방학까지 2, 3주의 틈새 시간이 생긴다. 학생 편집위원들과 의논하여 주제를 정해 틈새 시간에 학급문집 글감을 마련하기 위한 다양한 활동을 할 수 있다. 예를 들어, 편지 이어 쓰기를 할 수 있다. 번호대로 하거나 제비뽑기로 순서를 정한 뒤 일 년 동안 고마웠던 순간을 떠올리며 릴레이 감사 편지를 쓰는 것이다. 설문 조사를 하는 것도 좋다. 모둠별로 설문 조사 항목을 정하고, 그중에서 몇 개를 골라 학급 전체를 대상으로 조사를 한다. '우리 학급 최고의 순간'이나 '가장 아쉬웠던 순간', '우리 반 닮은 꼴', '우리 반 대표 짱' 등의 설문을 통해 학급 생활을 돌아보는 시간도 갖고, 문집에 실을 글감도 마련할 수 있다. 가장 빨리 많은 글감을 마련하는 방법은 각자 하나씩 주제를 정해 1~2장씩 표현하게 하는 것이다. 그림이나 만화를 그릴 수도 있고 자신이 좋아하는 대상을 소개할 수도 있고 10년 뒤 자신에게 편지를 쓸 수도 있다. 늘 그렇듯 교사의 걱정과 달리 아이들은 창의적인 주제와 형식으로 다양하게 표현한다.

학기 말 또는 학년 말 어느 정도 자료가 모이면 자료를 분류하여 차례를 정해야 한다. 책을 만들기 위해서는 일정한 구조가 필요하므로, 자료를 분류해 몇 개로 유목화한다. 예를 들어 '봄 노래 / 여름 노래 / 가을 노래 / 겨울 노래' 처럼 시간의 흐름에 따라 월별이나 계절별로 정리할 수도 있고, '노래하며 / 이야기하며' 처럼 형식이나 내용에 따라 나눌 수도 있다. 항목에 따라 적절한 소제목을 짓고 분량이 한쪽에 치우치지 않도록 조정하며 차례를 완성한다.

문집 이름을 정하는 것은 틈새 시간을 이용해 학급 구성원 전체가 할 수 있다. 문집 이름을 공모하고, 출품한 학생들의 설명을 들은 뒤 투표하

차례

는 방식으로 결정할 수 있다. 이렇게 하면 문집 만드는 과정 자체가 학급
의 공동체성을 키우는 좋은 기회가 되고 아이들도 문집에 더 애착을 갖
게 된다. 표지도 공모를 통해 정할 수 있으나 공동 작업을 통해 만들 수
도 있다. 학급 구성원 전체가 자신의 모습이나 짝꿍의 모습을 종이 인형
으로 표현하게 한 후, 종이 인형을 모아 학급 단체 사진을 찍은 후 표지로
쓸 수 있다. 아니면 학급 단체 사진을 출력해 나누어 색칠하여 표지로 사
용할 수도 있다. 가장 흔한 방법은 학급 단체 사진을 싣는 것이다.

공동 작업으로 만든 표지

편집은 문집 크기와 글자체, 글자 크기, 속 표제지 등을 정하고, 책의
형태와 구성을 갖추도록 글과 그림을 보기 좋게 정리하는 것이다. 문집
크기는 가장 흔한 것은 A4 크기지만, 학년에 따라서 A4 절반 정도인 신
국판이나 국판 정도도 무난하다. 더 개성적인 크기의 문집도 가능하나
한글 프로그램에서 쉽게 찾을 수 있는 크기를 이용하는 것이 편리하다.
문자 크기나 글자체는 눈이 아프지 않게 잘 읽힐 수 있도록, 즉 가독성을

고려하여 정해야 한다. 그리고 소제목은 같은 글자체를 사용하는 등 내용과 구성에 따라 일정한 패턴을 갖는 것이 좋다.

실제 편집은 시간과 노력이 많이 드는 작업이다. 평소 글감을 모으면 한글 파일로 작업을 해두고 그림은 스캔을 해두는 노력이 필요하다. 학생 편집위원들과 역할을 분담해서 작업을 하고, 휴대폰 밴드나 인터넷 카페를 만들어 자신의 글은 본인이 올리도록 할 수도 있다. 마지막 편집 점검과 교정 작업은 '학급문집 편집의 날'을 정해 편집위원들과 함께 방과 후에 작업을 하는 것도 좋다.

교정이 끝나면 인쇄를 한다. 원고는 디자인까지 완성된 상태로 최소 2주 전에 인쇄소에 보내야 한다. 인쇄소를 이용할 경우 비용이 들기 때문에 사전에 준비가 필요하다. 학기 초에 활용할 수 있는 학교 예산이 있는지 알아보고, 없을 시에는 비용 마련을 위해 학급 알뜰시장을 열어 수익금을 학급문집 인쇄를 위해 기부하는 방법도 있고, 출판사 등에서 진행하는 이벤트를 활용할 수도 있다. 비용 마련이 어렵다면 학교 프린터를

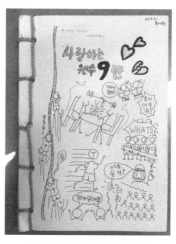

오침안정법으로 만든 학급문집

이용해 복사하고 스프링 제본을 할 수도 있고, 책의 등 쪽에 다섯 개의 구멍을 뚫고 실로 꿰매는 오침안정법을 활용하여 옛 책을 직접 만들어보는 것도 교육적으로 좋다.

책거리하며 학급운영 마감하기

책거리란 책씻이라고도 하는데 옛날 글방에서 학생이 책 한 권을 다 읽어 떼거나 다 베껴 쓰고 난 뒤에 선생님과 동료들에게 한턱내는 일을 말한다. 종업식이 있기 전에 학급문집이 완성되면 일 년 동안의 학급 생활을 잘 마무리한 것을 함께 축하하는 의미로 작은 잔치를 열 수 있다. 간

책거리를 겸한 작품 전시회

식을 준비하고 학급문집을 함께 읽으며 지난 일 년간의 학급생활을 공유하면 행복한 추억으로 남을 것이다.

책거리하는 방식을 편집위원들과 함께 정하되, 문집을 매개로 학급 생활을 돌아보고 서로의 성장을 축하하고 격려하는 자리로 만들어야 한다. 책을 나누어주고 자유롭게 읽는 시간을 주어도 좋지만, 편집위원의 진행으로 의미 있는 순간의 글을 몇 편 뽑아 낭독하거나, 문집에 실린 학급 구성원과 관련된 퀴즈를 푸는 것도 재미있다. 문집의 맨 마지막 장을 롤링페이퍼 양식으로 만들어 서로 문집을 돌리며 롤링페이퍼를 작성하는 것도 의미 있다.

학급문집을 단지 책을 만든다고 생각한다면 안 그래도 바쁜 학기 말에 해야 할 일이 하나 더 생겨 힘들게만 느껴질 것이다. 학급문집을 만드는 과정을 학급운영의 큰 줄기로 생각하고, 문집을 기획하고 편집하는 협력 과정에서 교육적 의미를 발견하는 것이 중요하다. 학급문집의 글감을 만드는 과정이 모두 학급운영의 소중한 순간이기 때문이다. 학기 말에 문집을 함께 읽으며 학급의 추억을 떠올려 보는 순간 지난 일 년간 공들여 쌓은 관계의 집이 완성되는 기쁨을 느낄 것이다.

해보니까 이래요

학급문집을 함께 읽는 순간은 언제나 따뜻했다. 무엇보다 아이들이 스스로 자신의 성장을 확인하고 기뻐하는 모습을 볼 수 있다는 것이 좋았다. 하지만 그 한 시간을 위해 학급문집이 존재하는 것은 아니다. 학급문집을 만든다는 것은 학급운영의 과정으로서 의미가 더 크다. 학급 생활을 기록하기 위해 학급 구성원과 학급 일에 관심을 가졌고, 내가 가르치는 교과 외에 다른 교과에서 어떤 활동을 하는지 들여다보며 학생들을 칭찬하고 격려하는 시간을 많이 가질 수 있었다. 편집위원 학생들과 돈독한 관계를 맺으며 시간을 보낸 것도 보람을 느낀다. 편집위원 학생들은 대부분 희망하는 진로가 출판 관련 직업이나 언론인이어서 함께 학급 문집을 만들면서 꿈에 관한 이야기를 듣고 지지해줄 수 있었다.

처음에는 대부분 학생이 손으로 쓴 것을 복사해서 묶는 형태의 문집을 만들었다. 아이들은 학급문집을 자랑스럽게 여기고, 특히 졸업한 아이들이 학급문집을 이야기하면서 찾아올 때, 책장 속 학급문집을 펼쳐보면서 떠난 보낸 아이들의 모습을 떠올릴 때 교사로서 보람을 느낀다.

이 책은 8명의 교사가

온·오프라인 연수, 공부 모임, 책 등을 통해 배운 내용을

학교에서 활용한 실천 결과물입니다.

이 책이 씨앗이 되어 독자 여러분이 회복적 생활교육에 관심을 가지고

학교에서 실천해보고 싶다는 엄두를 내 보시면 좋겠습니다.

배우고 실천하시면서 독자분들이

더 좋은 결과물들을 만들어주시면 좋겠습니다.

회복적 생활교육이라는 아름답고 느린 여정에 동참하실 선생님들께

지지와 격려와 감사의 마음을 드립니다.

끝으로, 참고하거나 인용한 자료는 출처를 밝혔으나,

미처 밝히지 못한 자료가 있을 수 있으니 너그러이 양해 바랍니다.

참고 문헌 및 자료

- 경기도교육연수원(2017), 회복적생활교육 직무연수 심화과정

- 경기도교육청 민주시민교육과(2014), 평화로운 학교를 위한 회복적 생활교육 매뉴얼

- 경기도교육청(2016), 평화로운 학급공동체 워크북

- 경기도 NVC 교육연구회 Daum 카페 자료

- 교사 동아리 구인회(2015), 회복적 생활교육 자료집

- 권재우(2016), 참여와 소통의 학교 회의 디자인, 경기도교육청 2016 혁신교육 교사대회 자료집

- 기은경(2017), 참여를 촉진하는 퍼실리테이션, 응곡중학교 교사 연수 자료, 쿠 퍼실리테이션 그룹

- 김병희(2014), 아이디어 발상법, 커뮤니케이션북스

- 김혜숙 외 공저(2011), 생각을 키우는 토론수업 레시피, 교육과학사

- 류한수(2012), 단순하지만 강력한 스마트 미팅, 학이시습

- 마셜 B. 로젠버그 저, 캐서린 한 역(2015), 비폭력대화, 한국NVC센터

- 박숙영(2014), 회복적 생활교육을 만나다, 좋은교사

- 정문성(2017), 토의 · 토론 수업방법 84, 교육과학사

- 정진(2016), 회복적 생활교육 학급 운영 가이드북, 피스빌딩

- 좋은교사운동 교육실천 블로그 http://gtcher98.blog.me/80184837563

- 채홍미 · 주현희(2016), 소통을 디자인하는 리더 퍼실리테이터, 아이앤유

- 한국NVC센터(2015), 비폭력대화 1 연수 교재

- 한국NVC센터(2017), 비폭력대화 2 연수 교재

- 한국NVC센터(2015), 회복적서클 진행자를 위한 교육 자료

- 한국NVC센터(2016), 회복적서클 연수 자료집

- 한국NVC센터, GROK NVC 카드 게임 소개 소책자

- EBS 지식채널e '욕의 반격' (2013.12.11.)

- MBC 한글날 특집다큐멘터리 '말의 힘' (2009.10.09.)

- KOPI(2017), 새학기 준비 워크숍 연수 자료집

- KOPI(2017), 회복적 정의/생활교육 연수 자료집

학급긍정훈육법 실천편
PD 코리아 지음

한국 교사들이 학급긍정훈육법(PDC)을 실천하고 적용해본 이야기를 담았다. 한국 교실의 사례를 담은 최초의 책으로 마치 '내 교실', '내 이야기' 같은 생생함과 공감을 느낄 수 있을 것이다.

리질리언스 (2018 세종도서 교양부문)
천경호 지음

현직 교사인 저자는 '어떻게 하면 아이들이 역경을 성장의 밑거름으로 삼도록 도울 수 있는지', 아이들에게 리질리언스를 키워주려면 가정과 사회가 어떤 노력을 해야 하는지 이야기한다.

제라드의 우주쉼터
제인 넬슨 지음, 빌 쇼어 그림, 김성환 옮김

이 책은 아이 스스로 감정을 조절할 수 있는 '긍정의 타임아웃'을 알려준다. '긍정의 타임아웃'이 무엇인지 알 수 있으며, 이 공간을 활용하여 어떻게 자기감정을 조절할 수 있는지 알 수 있다.

유치원 학급운영 어떻게 할까?
뿌리 깊은 유치원 교사 연구회 지음

유치원 학급운영을 고민하는 교사들에게 교실 환경 구성에서 모둠 운영까지, 등원 지도에서 귀가 지도까지, 문제해결을 위한 기술에서 학부모 상담까지 학급운영을 위한 모든 것을 알려준다.

과정중심평가
김덕년, 강민서, 박병두, 김진영, 최우성, 연현정, 전소영 지음

2015 개정 교육과정의 핵심 내용 중 하나로, 최근 교육 현장에서 가장 큰 화두인 '과정중심평가'를 소개한다. 특히 어떻게 실천할 것인가에 대한 실마리를 제시한다.

교육학 콘서트
밥 베이츠 지음, 사람과교육 번역연구팀 옮김

소크라테스, 플라톤, 아리스토텔레스에서 듀이, 비고츠키, 몬테소리, 가드너, 드웩, 블룸 등 고대에서 현대에 이르는 백여 명의 사상가와 그 이론과 모델을 구체적인 도표와 다양한 사례로 쉽게 이해할 수 있다.

놀이로 풀어보는 유치원 학급운영

정유진, 정나라 지음

'황금의 5주' 3월을 위한 놀이 중심 학급운영. 학급운영의 기초가 되는 기본생활습관 지도를 위한 다양한 활동과 팁, 친밀감을 높이는 관계형성놀이, 3월이 시작되기 전 교사의 마음가짐과 준비할 것들을 소개한다.

토론이 수업이 되려면

경기도토론교육연구회 지음

교실에서 가장 많이 활용되는 찬반 토론, 소크라틱 세미나, 하브루타, 에르티아 토론, 그림책 토론의 이론적인 토대와 어떻게 수업에 적용할 수 있는지를 여러 교과의 적용 사례로 보여준다.

교사, 여행에서 나를 찾다 (2019 세종도서 교양부문)

차승민 지음

마흔 넘어 여행을 시작한 현직 교사의 여행 이야기이면서 동시에 교육 이야기인 이 책을 통해 서 여행을 떠나야 하는 자신만의 이유와 여행을 떠나는 작은 용기를 얻을 수 있을 것이다.

서준호 선생님의 토닥토닥

서준호, 노동현 지음

"괜찮아요." "완벽하지 않아도 돼요." "잘하고 있어요." 교실과 학급, 수업, 학생, 학부모, 학교 내 관계 그리고 업무까지. 고민하고 아파하는 교사들에게 건네는 따뜻한 위로와 부드러운 조언.

나랑 너랑 우리랑

박광철, 박현웅, 임대진, 공창수, 황정회, 정유진 지음

건강한 관계는 평화롭고 행복한 교실의 시작과 끝이다! 첫 만남의 순간부터 헤어짐의 순간까지 일 년 동안 학급에서 건강한 관계를 맺고 유지하고 회복하는 데 도움이 되는 활동을 소개한다.

격려 수업

린 로트, 바버라 멘덴홀 지음, 김성환 옮김

지금 겪고 있는 문제를 해결하도록 돕는다. 무엇보다 용기를 잃고 낙담한 자신에게 용기를 준다. 주위 환경을 탓하고 자신을 비난하는 것이 아니라 어떻게 노력하여 성장하는지에 초점을 둔다.

놀이중심 교육과정

정나라, 정유진 지음

유아의 놀이를 지원해줄 수 있는 연간, 월간, 주간교육계획 수록! 실제 사례로 살펴보는 놀이중심 교육과정의 의미와 궁금증에 대한 해답, 놀이 속 교사의 역할과 기록까지!

그림책 놀이 82

성은숙, 이미영, 이은주, 한혜전, 홍표선 지음

상상놀이에서 인성놀이, 자연놀이, 문제해결놀이까지 그림책을 읽고 아이들과 함께 쉽고 재미있게 할 수 있는 다양한 놀이를 소개한다.

민주학교란 무엇인가

이대성, 이병희, 이지명, 이진희, 최종철, 홍석노 지음

민주학교의 길을 먼저 걸어간 사람들의 고민과 실천이 담겨 있는 소중한 보고이다. 교육 정책의 일선에서 갈고 닦은 교육 이론과 실무, 행정 경험에 바탕하여 민주학교가 무엇인지를 보여준다.

아마도 난 위로가 필요했나보다

이의진 지음

'학교' 라는 직장으로 출근하는 교사이며, 가족들의 끼니를 걱정하고 집안일을 챙기고 자녀의 육아에 힘쓰는 엄마와 아내이기도 하며, 또 때때로 딸과 며느리로 하루하루 애쓰며 살아가는 당신의 이야기.

교육전문출판사를 지향하는 '교육과실천' 은

현장에서 교육을 실천하시는 선생님들의 목소리를 잘 담아낸 한 권의 책이

아이들의 행복은 물론 학부모의 삶과 교사의 삶,

나아가 우리 교육이 더 나아지는 데 보탬이 된다고 믿습니다.

· 도서 구입 문의: 02-2264-7775 ·